Demokratie heute 2

Politik und Wirtschaft

Hessen

Dieter Deiseroth
Nicole Sauer-Happ
Heinz-Ulrich Wolf
Reinhard Ziegler

Schroedel

Demokratie heute 2
Politik und Wirtschaft
Hessen

bearbeitet von
Dieter Deiseroth, Nicole Sauer-Happ,
Heinz-Ulrich Wolf, Reinhard Ziegler
in Zusammenarbeit mit der Verlagsredaktion

mit Beiträgen von
Annette Adam, Alfons Brockhausen,
Dr. Detlef Eichner, Dr. Jelko Peters,
Cathrin Schreier, Dr. Hans-Jürgen Smula,
Dr. Hermann Tallen

Zu diesem Schülerband sind lieferbar:
Lehrerhandreichungen mit Kopiervorlagen
(Bestell-Nr. 978-3-507-11012-0)
Digitale Lehrermaterialien / CD ROM
(Bestell-Nr. 978-3-507-11015-1)

Druck A ²/ Jahr 2011
Alle Drucke der Serie A sind im Unterricht parallel verwendbar.

Redaktion: Dieter Deiseroth, Niederaula
Herstellung: Corinna Herrmann, Frankfurt a. M.
Umschlaggestaltung: Jürgen Kochinke, Holle
Grafiken: Langner & Partner, Hemmingen
Illustrationen: H.-J. Feldhaus, Münster;
D. Griese, Hannover
Satz: O & S Satz GmbH, Hildesheim
Druck und Bindung: Westermann Druck GmbH, Zwickau

ISBN 978-3-507-**11009**-0

Es reicht! Und zwar für alle.
Soziale Sicherheit statt Sozialabbau.

Liebe Schülerinnen, liebe Schüler,

Demokratie heute ist euer neues Buch für den Unterricht im Fach Politik und Wirtschaft. Dieser Band 2 enthält fünf Hauptkapitel: Parlamentarische Demokratie, Jugend in der Gesellschaft, Massenmedien im Wandel, Arbeit in der Informationsgesellschaft, Soziale Fragen in der Bundesrepublik Deutschland. Ihr könnt mit dem Buch viel über politische und wirtschaftliche Sachverhalte lernen.

Jedes Hauptkapitel besteht aus mehreren Kapiteln. So beinhaltet zum Beispiel das erste Hauptkapitel „Parlamentarische Demokratie" die drei Kapitel „Grundlagen der Demokratie", „Zusammenwirken der Verfassungsorgane" und „Das Bundesland Hessen". Die Kapitel sind in Teilkapitel gegliedert, die jeweils aus einer Buchseite oder zwei Buchseiten bestehen. Die einzelnen Sachverhalte werden euch somit in überschaubaren Einheiten vermittelt.

Jedes Kapitel endet mit der zusammenfassenden Seite „Das Wichtige in Kürze". Dort steht kurz und einprägsam, was ihr auf jeden Fall wissen solltet. Die Seite „Das Wichtige in Kürze" kann euch auch bei der Bearbeitung vieler Aufgaben helfen und später zur Wiederholung dienen.

Die beiden Seiten „Weißt du Bescheid?" am Schluss jedes Hauptkapitels bieten euch zudem die Möglichkeit, den eigenen Wissensstand zu überprüfen. Verschiedene Formen von Rätseln, Fragenkataloge und die Auswertung von Karikaturen sorgen dafür, dass das nicht langweilig wird.

Besonderes Augenmerk legt *Demokratie heute* auf methodenorientiertes Lernen. Auf blau unterlegten Seiten werden die folgenden Methoden vorgestellt: Ampelspiel, Expertenbefragung, Befragung, Rollenspiel, Umfrage, Selbsterkundung, Nachrichtenauswahl, Internetrecherche, Projekt, Erstellen einer Mind Map, Karikaturenrallye, Grafiken auswerten.

Das Internet bietet für die Arbeit im Fach Politik und Wirtschaft unendlich viele Informationen. Zur schnelleren Orientierung ist auf der folgenden Seite eine Auswahl an hilfreichen Adressen zusammengestellt.

Am Ende des Buches findet ihr ein ausführliches Stichwortverzeichnis mit Seitenverweisen und Begriffserklärungen. Greift auf diese Seiten zurück, wann immer es euch hilfreich erscheint.

Wo dieses Zeichen steht, sind Aufgaben in einer bestimmten Form schriftlich zu beantworten. In das Buch dürft ihr auf keinen Fall schreiben! Deshalb müsst ihr die vorgegebenen Tabellen, Übersichten oder Rätsel auf ein Blatt übertragen oder das Arbeitsblatt benutzen, das euch eure Lehrerin oder euer Lehrer aushändigt.

Die Autoren

Parlamentarische Demokratie

Bundesregierung	www.bundesregierung.de
Bundestag	www.bundestag.de
Bundesrat	www.bundesrat.de
Bundespräsident	www.bundespraesident.de
Bundesverfassungsgericht	www.bundesverfassungsgericht.de
Landesportal Hessen	www.hessen.de
Landeszentrale für politische Bildung Hessen	www.hlz.hessen.de
Bundeszentrale für politische Bildung	www.bpb.de

Jugend in der Gesellschaft

fluter – Magazin der Bundeszentrale für politische Bildung	www.fluter.de
Jugendportal des Deutschen Bundestages	www.mitmischen.de
Deutsches Kinderhilfswerk e. V.	www.dkhw.de
Kinderseite des Deutschen Kinderhilfswerks	www.kindersache.de
Hessischer Jugendring	www.hessischer-jugendring.de
Shell Jugendstudie	www.shell-jugendstudie.de
Bundesamt für Verfassungsschutz	www.verfassungsschutz.de
Landesamt für Verfassungsschutz Hessen	www.verfassungsschutz.hessen.de
Hessisches Ministerium der Justiz, für Integration und Europa	www.hmdj.hessen.de
Servicebüro für Täter-Opfer-Ausgleich und Konfliktschlichtung	www.toa-servicebuero.de

Massenmedien im Wandel

Deutscher Presserat	www.presserat.de
Bundesverband Deutscher Zeitungsverleger e. V.	www.bdzv.de
Fernsehen: ARD, ZDF	www.daserste.de / www.zdf.de
Hessischer Rundfunk	www.hr-online.de
Reporter ohne Grenzen	www.reporter-ohne-grenzen.de

Arbeit in der Informationsgesellschaft

Bundesministerium für Wirtschaft und Technologie	www.bmwi.de
Deutscher Gewerkschaftsbund	www.dgb.de
Bundesverband junger Unternehmer	www.bju.de
Bundesagentur für Arbeit	www.arbeitsagentur.de
Industrieroboter	www.roboter-info.de
Umweltinstitut München e. V. (Gentechnik u. a.)	www.umweltinstitut.org
Globalisierung: Ursachen, Fakten, Folgen	www.globalisierung-infos.de
Attac	www.attac.de
Eine-Welt-Portal	www.eine-welt-info.de

Soziale Fragen in der Bundesrepublik Deutschland

Informationsportal zur Sozialpolitik in Deutschland	www.sozialpolitik.com
Bundesministerium für Arbeit und Soziales	www.bmas.de
Deutsche Sozialversicherung	www.deutsche-sozialversicherung.de
Deutsche Rentenversicherung	www.deutsche-rentenversicherung.de
Krankenversicherung	www.krankenversicherung.net

Parlamentarische Demokratie

Die Bundesrepublik Deutschland ist eine Demokratie. Das klingt so selbstverständlich, dass sich viele gar nicht mehr fragen, was eine demokratische Gesellschaft überhaupt ausmacht.

Damit eine Demokratie im Alltag funktioniert, müssen viele zusammenarbeiten und gemeinsam Verantwortung tragen. Eine besondere Rolle spielen dabei die Parteien und die Politiker und Politikerinnen. Denn von den Politikern wird zum Beispiel im Bundestag, im Landtag und auf kommunaler Ebene über vieles entschieden, was uns alle betrifft.

Um diese Sachverhalte geht es auf den folgenden Seiten. Dabei erhaltet ihr unter anderem Antworten auf die nebenstehenden Fragen.

- Welche Grundprinzipien kennzeichnen unsere Demokratie? Welche Rolle spielen die Parteien?
- In welcher Weise können sich die Bürger und Bürgerinnen politisch beteiligen?
- Welche Aufgaben haben die einzelnen Verfassungsorgane? Wie wirken sie zusammen?
- Worin besteht die Tätigkeit eines Abgeordneten bzw. einer Abgeordneten?
- Was ist mit Föderalismus gemeint?
- Welche Besonderheiten weist Hessen als eins der 16 Bundesländern auf? Wie kommt ein Landesgesetz zustande?

HESSISCHER LANDTAG

Grundwerte der demokratischen Gesellschaft

Die Bundesrepublik Deutschland ist ein demokratischer Staat. In einer Demokratie zu leben, ist für die meisten Deutschen selbstverständlich geworden. Wir nehmen die Demokratie ungefragt hin und denken selten über sie nach. So vergessen wir häufig, dass es sehr lange gedauert hat, bis sich die Demokratie gegen andere Herrschafts- und Gesellschaftsformen durchsetzen konnte. In Deutschland wurde die in der Weimarer Republik (1918–1933) eingeführte Demokratie sogar wieder abgeschafft. Während der darauf folgenden Diktatur der Nationalsozialisten (1933–1945) wurden alle demokratischen Rechte und Werte außer Kraft gesetzt. Das hatte schlimme Folgen nicht nur für die Deutschen. Durch den von Deutschland ausgehenden Zweiten Weltkrieg (1939–1945) litten und starben Millionen Menschen in Europa und auf der ganzen Welt unter unmenschlichem Verhalten.

Du siehst: Es ist alles andere als selbstverständlich, in einer Demokratie leben zu dürfen.

Liebe Jugendliche,

sicherlich habt Ihr schon viel von mir gehört und auch schon einiges über mich erfahren. Schließlich lebt Ihr ja mit mir. Ja, Ihr habt richtig gehört! Ich bin es – Eure Demokratie!

Dort, wo ich auftrete, höre ich oft Kritik an mir. Zu langsam seien die Entscheidungen mit mir, viele hätten keine Lust mehr, mit mir etwas zu unternehmen, zum Beispiel wählen zu gehen. Und dann heißt es manchmal sogar noch, ich sei Schuld an der hohen Arbeitslosigkeit und mit mir könne man keine durchgreifenden Reformen verwirklichen.

Das geht doch zu weit, oder? Ich sitze jetzt etwas zerknirscht da und hoffe, dass Ihr mich ein wenig aufmuntern könnt! Schreibt mir einen kurzen Brief und teilt mir doch mit, was ich Euch bedeute und was Euch an mir wichtig ist!

Liebe Grüße
Eure Demokratie

(aus: Politik & Unterricht 2/3-2006: Demokratie (er-)leben, Hg.: Landeszentrale für politische Bildung Baden-Württemberg, S. 19)

Warum ist Demokratie soooooo wichtig und warum müssen Kinder das im Kindesalter auch schon lernen. Ist das nicht ein bisschen zu früh?

Natalie, 13 Jahre

Zu früh ist das bestimmt nicht. In der Demokratie lernt man ja zum Beispiel, was dazu gehört, dass die Menschen friedlich miteinander leben können; dass es wichtig ist, Probleme friedlich zu regeln, dass es nicht so ist, dass der Stärkere immer automatisch Recht hat. Deswegen ist Demokratie keineswegs nur etwas für Erwachsene!

(aus: Gerd Schneider / Christiane Toyka-Seid: Politik-Lexikon für Kinder, S. 61. Hg.: Bundeszentrale für politische Bildung, Bonn 2006)

1 *Partnerarbeit: Besprich mit einem Mitschüler bzw. einer Mitschülerin, was es für euch bedeutet, in einer Demokratie zu leben. Sammelt Stichworte.*

2 *Überlege: Bist du mit der Demokratie in der Bundesrepublik Deutschland sehr zufrieden, eher zufrieden, eher unzufrieden, sehr unzufrieden? Begründe deine Meinung schriftlich.*

Wie im Staat entschieden wird

Einer herrscht allein. Früher waren das z. B. die Könige. Sie besaßen die „absolute" Macht, d.h. sie herrschten unumschränkt. „Der Staat, das bin ich", sagte Ludwig XIV., der im 17. Jahrhundert Frankreich regierte. Später gab es andere Alleinherrscher, die Diktatoren. Hitler war ein solcher Diktator, der vor 75 Jahren in Deutschland herrschte. Diktatoren tarnen ihre Alleinherrschaft. Sie lassen Wahlen durchführen, die aber nicht frei sind, sondern von der Geheimpolizei überwacht werden.

Zwei teilen sich die Macht. Damit soll verhindert werden, dass einer allein alles bestimmt und seine Macht missbraucht. In der Vergangenheit hatten diese Herrschaftsform z.B. die Römer. In den Jahrhunderten vor der Zeitenwende standen an der Spitze ihrer Regierung zwei Konsuln. Sie waren außerdem auch gleichberechtigte oberste Heeresführer.

Es kann auch die Herrschaft einer kleinen Gruppe geben. Wenige teilen sich die Macht untereinander und bestimmen, was im Staat geschieht. In der Geschichte gab es das vor allem als Herrschaft einer Gruppe von Adligen oder von reichen Kaufleuten. Heute ist diese herrschende Gruppe meist die Führung einer Partei, die den Staat lenkt.

Demokratie bedeutet Herrschaft des Volkes. Damit ist gemeint, dass alle, die stimmberechtigt sind, über einen Vorschlag, ein Gesetz o. Ä. abstimmen. Dazu müssen alle Stimmberechtigten zusammenkommen. Das war früher – z. B. in den griechischen Städten vor 2500 Jahren – kein Problem. Heute gibt es diese Form der Demokratie u. a. nur noch in einigen kleinen Kantonen der Schweiz.

In größeren Staaten ist es unmöglich, dass alle zu Abstimmungen zusammenkommen. Daher wählen die Abstimmungsberechtigten Vertreter. Diese gewählten Vertreter entscheiden für einige Jahre im Namen der Bürger. Diese Herrschaftsform der parlamentarischen Demokratie gibt es z. B. bei uns. Das Foto zeigt einen Blick in den Bundestag in Berlin, das Parlament der Bundesrepublik Deutschland.

1 *Was unterscheidet die Demokratie von anderen Herrschaftsformen?*

2 *„Für die Minderheit ist eine Mehrheitsentscheidung ungerecht!" Was meinst du zu dieser Aussage? Formuliere eine schriftliche Antwort.*

Kennzeichen unseres Staates

Grundgesetz: Artikel 20

(1) Die Bundesrepublik Deutschland ist ein demokratischer und sozialer Bundesstaat.

(2) Alle Staatsgewalt geht vom Volke aus. Sie wird vom Volke in Wahlen und Abstimmungen und durch besondere Organe der Gesetzgebung, der vollziehenden Gewalt und der Rechtsprechung ausgeübt.

(3) Die Gesetzgebung ist an die verfassungsmäßige Ordnung, die vollziehende Gewalt und die Rechtsprechung sind an Gesetz und Recht gebunden.

Demokratie | **Bundesstaat** | **Rechtsstaat** | **Sozialstaat**

1 Die Bundesrepublik Deutschland besteht aus 16 Bundesländern.

2 Die Verwaltung hat sich bei allem, was sie tut, an die gesetzlichen Grundlagen zu halten.

3 Bei Wahlen hat jeder gleichviel Stimmen, unabhängig von Herkunft, Geschlecht, Religion, Beruf, Einkommen oder politischem Informationsstand.

4 Bei der Verabschiedung von Bundesgesetzen sind die Länder durch den Bundesrat beteiligt.

5 Die Gerichte entscheiden ohne Beeinflussung durch die Regierung oder andere Staatsorgane allein nach den Gesetzen.

6 Zwischen dem Bund und den Bundesländern sind die Aufgaben aufgeteilt.

7 Bei Wahlen und Abstimmungen ist maßgebend, was die Mehrheit will.

8 Menschen, die z. B. wegen Arbeitslosigkeit oder zu geringer Rente ihren Lebensunterhalt nicht bestreiten können, haben Anspruch auf Sozialhilfe.

9 Niemand darf für eine Tat bestraft werden, die vorher nicht durch Gesetz verboten war.

10 Wohngeld ermöglicht es einkommensschwachen Familien in einer angemessenen Wohnung zu leben.

11 Das Volk oder dessen gewählte Vertreter entscheiden in der Politik.

12 In der gesetzlichen Krankenversicherung sind 90 Prozent aller Arbeitnehmer versichert. Sie übernimmt weitgehend die Kosten für Arzt, Zahnarzt, Arzneimittel, Krankenhaus usw.

Drei Aussagen gehören jeweils zu „Demokratie", „Bundesstaat", „Rechtsstaat", „Sozialstaat". Ordne jedem Begriff die zugehörigen Aussagen zu.

Aufgaben der Parteien

Die CDU-Vorsitzende Angela Merkel

Der SPD-Vorsitzende Sigmar Gabriel

Parteiengesetz §1: (1) Die Parteien sind ein verfassungsrechtlich notwendiger Bestandteil der freiheitlichen demokratischen Grundordnung (...) Sie erfüllen mit ihrer freien, dauernden Mitwirkung an der politischen Willensbildung des Volkes eine ihnen nach dem Grundgesetz obliegende und von ihm verbürgte öffentliche Aufgabe.
(2) Die Parteien wirken an der Bildung des politischen Willens mit, indem sie insbesondere ...

Beispiele für Aufgaben

... auf die Gestaltung der öffentlichen Meinung Einfluss nehmen, **1**	Die Mitgliederversammlung einer Partei wählt die Kandidatin, die dann zur Landtagswahl aufgestellt wird. **A**
... die politische Bildung anregen und vertiefen, **2**	Die Bundestagsfraktion einer Partei wendet sich in einer Pressemitteilung gegen einen Gesetzentwurf der Regierung, um damit die Gesetzgebung zu beeinflussen. **B**
... die aktive Teilnahme der Bürger am politischen Leben fördern, **3**	Im Bürgerbüro eines Bundestagsabgeordneten können Bürgerinnen und Bürger ihre Anregungen und Beschwerden vorbringen. **C**
... zur Übernahme öffentlicher Verantwortung befähigte Bürger heranbilden, **4**	Die Parteien werben in der Öffentlichkeit um Zustimmung für ihre Programme und Argumente. **D**
... sich durch Aufstellung von Bewerbern an den Wahlen in Bund, Ländern und Gemeinden beteiligen, **5**	Eine von einer Partei eingerichtete Stiftung führt Seminare für Schulklassen zu politischen Themen durch. **E**
... auf die politische Entwicklung in Parlament und Regierung Einfluss nehmen, **6**	Eine Partei wirbt dafür, dass die Bürgerinnen und Bürger bei der nächsten Bundestagswahl auf jeden Fall ihre Stimme abgeben. **F**
... die von ihnen erarbeiteten politischen Ziele in den Prozess der staatlichen Willensbildung einführen und **7**	Der Kreisverband einer Partei führt ein Rhetorikseminar für Gemeinderatskandidatinnen und -kandidaten durch. **G**
... für eine ständige lebendige Verbindung zwischen dem Volk und den Staatsorganen sorgen. **8**	Eine Partei setzt die Aussagen ihres Programms zur Umweltpolitik in einen konkreten Vorschlag für eine Ökosteuer um. **H**

Ordne auf deinem Arbeitsblatt der jeweiligen Textstelle das entsprechende Beispiel zu:

Aus den Parteiprogrammen

A Liberale treten für mehr Freiheit für mehr Menschen ein und wissen, dass sie damit mehr Verantwortungsbereitschaft verlangen. Liberalismus vertraut auf den Willen und die Fähigkeit des Menschen, in eigener Verantwortung zu entscheiden und zu handeln. Für jeden Einzelnen gibt es Situationen, in denen er auf Hilfe angewiesen ist. Die Hilfe zur Selbsthilfe greift in die eigene Freiheit und Verantwortung am wenigsten ein. Sie ist daher die menschlichste und menschenwürdigste Form der Hilfe. Liberale setzen auf den mündigen Bürger, nicht auf den Vormundschaftsstaat mit Rundumbetreuung. Liberale muten den Bürgern mehr zu, weil sie ihnen mehr zutrauen.

3

1

B Unsere Geschichte ist geprägt von der Idee des demokratischen Sozialismus, einer Gesellschaft der Freien und Gleichen, in der unsere Grundwerte verwirklicht sind. Sie verlangt eine Ordnung von Wirtschaft, Staat und Gesellschaft, in der die bürgerlichen, politischen, sozialen und wirtschaftlichen Grundrechte für alle Menschen garantiert sind, alle Menschen ein Leben ohne Ausbeutung, Unterdrückung und Gewalt, also in sozialer und menschlicher Sicherheit führen können … Der demokratische Sozialismus bleibt für uns die Vision einer freien, gerechten und solidarischen Gesellschaft, deren Verwirklichung für uns eine dauernde Aufgabe ist.

C Wachsende Arbeitslosigkeit, soziale Unsicherheit und Armut, Hunger und Kriege, Fremdbestimmung und Gewalt sind Angriffe auf die Würde des Menschen. … Sozialismus ist für uns ein notwendiges Ziel – eine Gesellschaft, in der die freie Entwicklung einer und eines jeden zur Bedingung der freien Entwicklung aller geworden ist. Sozialismus ist für uns eine Bewegung gegen die Ausbeutung des Menschen durch den Menschen, gegen patriarchale Unterdrückung, gegen die Ausplünderung der Natur, für die Bewahrung und Entwicklung menschlicher Kultur, für die Durchsetzung der Menschenrechte, für eine Gesellschaft, in der Bürgerinnen und Bürger ihre Angelegenheiten demokratisch regeln.

4

2

D Im Mittelpunkt unserer Politik steht der Mensch mit seiner Würde und seiner Freiheit. Die Unantastbarkeit der menschlichen Würde ist unser Ausgangspunkt. Sie ist der Kern unserer Vision von Selbstbestimmung und Parteinahme für die Schwächsten … Als Teil der Natur kann der Mensch nur leben, wenn er die natürlichen Lebensgrundlagen bewahrt und sich selbst demgemäß Grenzen setzt. Der Schutz der Natur und ihrer Lebensformen ist auch um ihrer selbst willen geboten. … Unsere Grundposition heißt: Wir verbinden Ökologie, Selbstbestimmung, erweiterte Gerechtigkeit und lebendige Demokratie. … Wir laden alle zur Mitarbeit ein, die sich diesen Zielen verpflichtet fühlen. Wir wollen die Ideen, die Kritik und den Protest von Bürgerinnen und Bürgern aufnehmen, sie zu Aktivität ermutigen und ganzheitliche Konzepte entwickeln.

E Die … ist die Volkspartei der Mitte. … Wir orientieren uns am christlichen Bild vom Menschen und seiner unantastbaren Würde und davon ausgehend an den Grundwerten Freiheit, Solidarität und Gerechtigkeit. Wir streben nach dem richtigen Verhältnis der Grundwerte zueinander. In einer sich ändernden Welt bleibt es unser Auftrag, Werte und Wirklichkeit zusammen zu denken und entsprechend zu handeln. Die Einsicht in die Fehlbarkeit des Menschen bewahrt uns vor der Gefahr, Politik zu ideologisieren und zeigt uns die Grenzen der Politik auf. … Die … ist für jeden offen, der Würde, Freiheit und Gleichheit aller Menschen anerkennt und die hieraus folgenden Grundüberzeugungen unserer Politik bejaht.

7

Frank-Walter Steinmeier

5

SPD
www.spd.de

CSU
www.csu.de

FDP
Die Liberalen
www.fdp.de

CDU
www.cdu.de

BÜNDNIS 90
DIE GRÜNEN
www.gruene.de

DIE LINKE.
www.die-linke.de

8

Horst Seehofer

Sigmar Gabriel

Claudia Roth

Gregor Gysi

Wolfgang Schäuble

Angela Merkel

Guido Westerwelle

6

F Mittelpunkt der Politik sind weiterhin der Mensch und seine Freiheit. Denn der Mensch ist nach dem christlichen Menschenbild zur Freiheit, zur Selbstverantwortung bestimmt. Er lebt in der Spannung zwischen Selbstbestimmung und Solidarität. … Christliches Menschenbild, Selbstverantwortung in Solidarität und Subsidiarität als Markenzeichen christlich-sozialer Politik sind als Grundlagen und Ordnungsprinzipien für Staat und Gesellschaft aktueller denn je. … In einer Zeit wachsender Internationalisierung unseres Lebens ist es notwendig, bayerisches Lebensgefühl und bayerische Staatlichkeit zu stärken. Nur aus der kulturellen und landsmannschaftlichen Verwurzelung erwächst gefestigte Weltoffenheit.

Notiere jeweils das Zusammengehörige: abgekürzter Name der Partei, Auszug aus dem Parteiprogramm der Partei, Foto mit Name.

Methode: Ampelspiel

Thema: Politik und Parteien

Wenn man über ein Thema mit mehreren diskutiert, stimmt der eine einer Aussage zu, der andere lehnt sie jedoch ab und ein Dritter kann sich vielleicht noch nicht entscheiden. Mit dem Ampelspiel kann man für alle Teilnehmer gut sichtbar machen, welche Aussagen zu einem Thema Zustimmung, Ablehnung oder Enthaltung finden. So erhält man ein Stimmungsbild, in das auch Teilnehmer einbezogen sind, die sich mündlich nicht äußern würden.

Vorbereitung

Jede Schülerin und jeder Schüler erhält eine rote, eine gelbe und eine grüne Karte in Postkartengröße. Die Farbkarten könnt ihr aus farbigem Papier oder Karton ausschneiden.

Durchführung

Die Lehrerin, der Lehrer oder ein gewählter Schüler liest die einzelnen Aussagen langsam und deutlich vor. Nach jeder Aussage zeigen die Schülerinnen und Schüler mit ihrer Farbkarte an, ob sie der Aussage zustimmen (grüne Karte), sie ablehnen (rote Karte) oder ob sie sich enthalten bzw. noch keine abschließende Meinung gefunden haben (gelbe Karte). Die Zahl der Zustimmungen, Ablehnungen und Enthaltungen wird festgehalten. Es erfolgt jedoch keine Diskussion.

Auswertung

Anhand der festgehaltenen Aussagen ergibt sich das Meinungsbild der Klasse. Es kann auch festgestellt werden, bei welcher Aussage die größte Übereinstimmung bzw. die größte Meinungsverschiedenheit besteht. Man könnte außerdem noch nachfragen, bei welcher Aussage die Entscheidung besonders schwer fiel.

1 *Es gibt keine Partei, die die Interessen von Jugendlichen vertritt.*

2 *Politiker und Politikerinnen denken nur an ihre eigenen Interessen.*

3 *Aktivitäten von Jugendlichen werden von Politikern gewünscht.*

4 *Manchmal sind politische Ereignisse spannend.*

5 *Mit dem Begriff „Demokratie" verbinde ich keine besondere Bedeutung.*

6 *Jugendliche werden von der Politik stark vernachlässigt.*

7 *Die Politiker und Politikerinnen kennen die Probleme der Jugendlichen viel zu wenig.*

8 *Ohne Politiker und Politikerinnen gäbe es keine Demokratie.*

9 *Es ist von Bedeutung, welche Partei man wählt.*

10 *Die Interessen des kleinen Mannes zählen in der Politik doch gar nicht.*

11 *Die Parteien haben den Kontakt zu den Bürgerinnen und Bürgern doch völlig verloren.*

Führt das Ampelspiel durch.

Wahlgrundsätze

Grundgesetz

Artikel 38 (Wahl)
(1) Die Abgeordneten des Deutschen Bundestages werden in allgemeiner, unmittelbarer, freier, gleicher und geheimer Wahl gewählt.

Verfassung des Landes Hessen

Artikel 72
Abstimmungsfreiheit und Abstimmungsgeheimnis werden gewährleistet.

Artikel 73
... Das Stimmrecht ist allgemein, gleich, geheim und unmittelbar ...

Wahlgrundsätze: Erklärungen / Gegenbeispiele

A Die Wählerinnen und Wähler wählen selbst die Abgeordneten. Es gibt keine Zwischeninstanz, die dann die Abgeordneten wählt.

B Die Wählerinnen und Wähler können ihre Stimme ohne staatlichen Druck und ohne Angst vor Nachteilen abgeben.

C Jede Bürgerin und jeder Bürger darf wählen. Keine Gruppe ist von der Wahl ausgeschlossen.

D Alle Wählerinnen und Wähler haben gleich viele Stimmen und alle Stimmen haben gleiches Gewicht.

E Die Wähler und Wählerinnen müssen die Stimme unbeobachtet abgeben.

1 Frauen durften im Deutschen Reich bis 1918 nicht wählen.

2 In Diktaturen ist eine solche Stimmabgabe nicht oder kaum möglich. Oft fehlen Wahlkabinen.

3 In Diktaturen wird oft eine bestimmte Stimmabgabe erzwungen.

4 In Preußen hatte bis 1918 ein Wähler, der viel Steuern bezahlte, mehr Stimmen als ein Wähler, der wenig Steuern bezahlte.

5 Bei der Präsidentschaftswahl in den USA werden zunächst Wahlmänner gewählt, die dann den Präsidenten wählen.

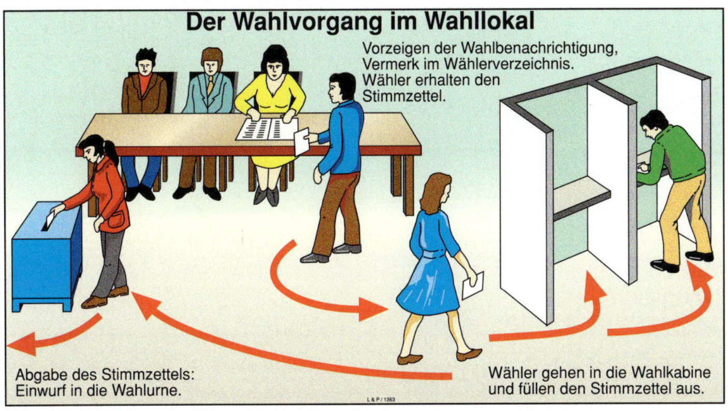

1 *Notiere zu jedem Wahlgrundsatz den Buchstaben der Erklärung und die Ziffer des Beispiels.*

2 *Wie zeigt sich in der Zeichnung „Der Wahlvorgang im Wahllokal“, dass Wahlen geheim sind?*

Funktionen der Wahl

1. Legitimation der politischen Herrschaft

In der Wahl der Abgeordneten des Deutschen Bundestages, die wiederum den Bundeskanzler oder die Bundeskanzlerin wählen, kommt der Wille der Wählerinnen und Wähler zum Ausdruck. Für vier Jahre erhalten die Abgeordneten das Recht (die Legitimation), das Volk im Parlament zu vertreten. Allgemeine Wahlen dienen somit der Legitimation (Rechtmäßigkeit) für die Machtausübung durch die Volksvertreter und Volksvertreterinnen.

2. Kontrolle und Abwahl der Mandatsträger

Die demokratische Wahl bedeutet immer Herrschaftsbestellung auf Zeit. Die Abgeordneten sind nicht Erwählte, sondern Gewählte. Periodisch wiederkehrende Kommunal-, Landtags-, Bundestags- und Europawahlen geben den Bürgerinnen und Bürgern die Möglichkeit, die Politik von Regierung und Opposition zu beurteilen. Amts- und Mandatträger können abgewählt, bestätigt oder neu gewählt werden.

3. Entscheidung über personelle und sachliche Alternativen

In Wahlen wird auch über Personen und Parteien, über unterschiedliche Programme und Ideen abgestimmt.

4. Repräsentation und Integration von Interessen

Die Mandatsträger sollen im Parlament die Meinungen und Interessen der Bürgerinnen und Bürger vertreten (repräsentieren) und diese in politische Entscheidungen umsetzen.

5. Bildung einer funktionsfähigen Regierung

Die Bürgerinnen und Bürger sollen mit ihrer Stimmabgabe dafür sorgen, dass eine zur Regierungsbildung und zum Regieren fähige parlamentarische Mehrheit geschaffen wird. Zugleich ist eine Opposition zur Kontrolle notwendig.

1

Wechsel in Bonn – Helmut Kohl ist Bundeskanzler
256 Abgeordnete unterstützen das konstruktive Misstrauensvotum (235 Nein-Stimmen, 4 Enthaltungen) – Lange und bewegte Debatte.

(02. 10. 1982)

2

(28. 09. 1998)

3

Schröder zum Bundeskanzler gewählt

(08. 10. 1998)

4

Kanzler wischt Vermögensabgabe vom Tisch
Schröder leitet mit Sparpaket Politikwechsel ein

(24. 06. 1999)

5

Umweltschutzverbände: Naturschutz muss in den Koalitionsvertrag

(02. 11. 2005)

6

DGB: Elterngeld jetzt nicht scheitern lassen

(03. 11. 2005)

7

Arbeitgeberpräsident Hundt: „Eine Menge richtiger Reformen und Schritte" im Koalitionsvertrag

(21. 11. 2005)

8

Zu den ersten Gratulanten Angela Merkels (CDU) zur Kanzlerwahl gehörte der Vorgänger Gerhard Schröder (SPD)

9

Angela Merkel Bundeskanzlerin

(23. 11. 2005)

10

FDP kündigt konstruktive Opposition an

(23. 11. 2005)

Die Schlagzeilen und Fotos zeigen an Beispielen aus den vergangenen Jahren, wie die fünf Funktionen der Wahl im politischen Alltag zum Tragen kommen. Wähle für jede der fünf Funktionen eine Schlagzeile bzw. ein Foto aus und begründe deine Auswahl.

Wahlsysteme

Alle Wähler haben das gleiche Stimmrecht. Doch welche Wirkung die angegebene Stimme hat, wie sie die Wahl beeinflusst, das hängt vom Wahlsystem ab. Es gibt zahlreiche Wahlsysteme. Sie lassen sich aber alle auf zwei Grundmodelle zurückführen, und zwar auf die Mehrheitswahl oder auf die Verhältniswahl.

Mehrheitswahl

Das gesamte Wahlgebiet wird in so viele Wahlkreise eingeteilt, wie Mandate zu vergeben sind. In den einzelnen Wahlkreisen stellen sich verschiedene Kandidaten zur Wahl. Gewählt ist der Kandidat, der die Stimmenmehrheit auf sich vereinigt. Die Zahl der Sitze, die eine Partei erhält, bestimmt sich nach der Zahl der von ihren Bewerbern gewonnenen Wahlkreise. Splitterparteien haben bei einer Mehrheitswahl kaum eine Chance, es sei denn, sie verfügen über regionale Schwerpunkte. Zu unterscheiden sind die relative Mehrheitswahl und die absolute Mehrheitswahl.

Relative Mehrheitswahl

Der Abgeordnete ist gewählt, der mehr Stimmen als jeder seiner Mitbewerber erhält, auch wenn sein Vorsprung nur eine einzige Stimme beträgt. (Beispiel: In einem Wahlkreis bewerben sich drei Kandidaten. Es werden 76 000 Stimmen abgegeben. Kandidat A erhält 28 000, Kandidat B 28 100 und Kandidat C 19 900 Stimmen. Kandidat B ist gewählt.)

Absolute Mehrheitswahl

Gewählt ist hierbei der Abgeordnete, der mehr als die Hälfte der in seinem Wahlkreis abgegebenen Stimmen auf sich vereint. Gelingt das im ersten Wahlgang keinem der Kandidaten, dann findet zwischen den beiden erfolgreichsten Bewerbern des ersten Wahlganges eine Stichwahl statt. Gewählt ist dann der Kandidat, der die meisten Stimmen erhält.

Verhältniswahl

Bei der Verhältniswahl fallen keine Stimmen wirkungslos weg, sondern die Abgeordnetensitze im Parlament werden den Parteien proportional zu den Stimmenzahlen, das heißt entsprechend ihrem Anteil am Wahlergebnis, zugeteilt. Der Wähler gibt seine Stimme für die Liste (deswegen auch „Listenwahl" genannt) einer bestimmten Partei ab, nicht für einzelne Personen. Die gewonnenen Sitze werden Wahlbewerbern in der Regel entsprechend der Reihenfolge auf den von den Parteien aufgestellten Kandidatenlisten zugeteilt. Das Verhältniswahlrecht führt dazu, dass das Parlament das genaue Spiegelbild der abgegebenen Stimmen darstellt.

Wahlsystem bei der Bundestagswahl

Auf Bundesebene wird zunächst errechnet, wie viele Sitze jeder Partei aufgrund der auf sie entfallenden Zweitstimmen zustehen. Dann werden diese entsprechend ihrem Stimmenanteil in den einzelnen Ländern auf die jeweiligen Landeslisten verteilt. Damit weiß man, wie viele Abgeordnete der Partei A beispielsweise aus Hessen einen Sitz im Bundestag erhalten. In einer letzten Rechenstufe wird die Zahl der direkt gewählten Abgeordneten einer Partei in den Wahlkreisen abgezogen. Die verbleibenden Sitze werden den Kandidaten entsprechend der Reihenfolge auf der Landesliste zugeteilt. Der Bundestag wird daher nach dem Verhältniswahlrecht gewählt, in das Elemente des Mehrheitswahlrechts (Wahlkreissieger) integriert sind.

1 *Notiere deine Meinung zu den beiden Wahlsystemen unter den folgenden vier Gesichtspunkten:*
- *Gerechtigkeit*
- *Vertretung verschiedener gesellschaftlicher Gruppen*
- *Verständlichkeit des Wahlrechts*
- *Verbindung von Wählern und Abgeordneten*

2 *Warum spricht man bei der Bundestagswahl von einer „personalisierten Verhältniswahl"? Formuliere eine Begründung.*

Bundestagswahl

Bundestagswahl 2009: Wahlplakat der CDU

Wahlplakat der SPD

Leon darf dieses Jahr zum ersten Mal wählen. Zwischen ihm und seiner Mutter kommt es vor der Wahl zu folgendem Gespräch:

L: *Ich habe in der Zeitung einen Stimmzettel für die Bundestagswahl gesehen. Danach habe ich zwei Stimmen. Warum das?*
M: Es gibt 598 Mandate im Bundestag. Davon werden 299 über Wahlkreise gewählt. Mit der Erststimme entscheiden die Wähler direkt darüber, welcher Kandidat aus ihrem Wahlkreis in den Bundestag kommt. Gewählt ist, wer die meisten Erststimmen erhält. Mit der Zweitstimme wählt man eine Partei bzw. deren Landesliste.

L: *Dann könnte ich meine Erststimme dem CDU-Kandidaten und meine Zweitstimme der Partei der GRÜNEN geben?*
M: Ja, das nennt man Stimmen-Splitting.

L: *Und wie wird nun ausgezählt?*
M: Die 598 Mandate werden nach dem Verhältnis der Zweitstimmen auf die Parteien verteilt. Man spricht daher von einer Verhältniswahl. Wenn eine Partei 50 % der Zweitstimmen erhält, stehen ihr 299 Mandate zu.

L: *Welche Kandidaten erhalten diese 299 Mandate?*
M: Zunächst kommen die Wahlkreiskandidaten zum Zuge, die ihren Wahlkreis gewonnen haben. Dies sind die sogenannten Direktmandate. Die dann noch verbleibenden Mandate werden an Kandidaten vergeben, die in einer bestimmten Reihenfolge auf der Landesliste stehen.

L: *Wenn also einer Partei 250 Mandate zustehen und sie in 100 Wahlkreisen ein Direktmandat bekam, erhält sie noch 150 Sitze über die Landesliste?*
M: Ja, so ist es.

Stimmzettel

für die Wahl zum Deutschen Bundestag am 27. September 2009
im Wahlkreis 170 – Werra-Meißner – Hersfeld-Rotenburg

Sie haben 2 Stimmen

hier 1 Stimme für die Wahl eines/einer Wahlkreisabgeordneten — **Erststimme**

hier 1 Stimme für die Wahl einer Landesliste (Partei) – maßgebende Stimme für die Verteilung der Sitze insgesamt auf die einzelnen Parteien – — **Zweitstimme**

	Erststimme		○	○	Zweitstimme		
1	**Roth, Michael** Bundestagsabgeordneter Heringen (Werra), Steinbergstraße 31	**SPD** Sozialdemokratische Partei Deutschlands	○	○	SPD	Sozialdemokratische Partei Deutschlands Heidemarie Wieczorek-Zeul, Michael Roth, Brigitte Zypries, Rüdiger Veit, Ullrich Meßmer	1
2	**Heiderich, Helmut** Dipl.-Volkswirt Friedewald, Vächer Weg 2	**CDU** Christlich Demokratische Union Deutschlands	○	○	CDU	Christlich Demokratische Union Deutschlands Dr. Franz Josef Jung, Prof. Dr. Heinz Riesenhuber, Erika Steinbach, Bernd Siebert, Andreas Storm	2
3	**Fehling, Thomas** Dipl.-Wirtschaftsinformatiker Bad Hersfeld, Heinrich-Heine-Straße 24	**FDP** Freie Demokratische Partei	○	○	FDP	Freie Demokratische Partei Dr. Wolfgang Gerhardt, Dr. Hermann Otto Prinz zu Solms-Hohensolms-Lich, Dr. Heinrich Leonhard Kolb, Hans-Joachim Otto, Mechthild Dyckmans	3
4	**Schmagold, Philipp** Politikwissenschaftler Witzenhausen, Lindenstraße 21	**GRÜNE** BÜNDNIS 90/ DIE GRÜNEN	○	○	GRÜNE	BÜNDNIS 90/DIE GRÜNEN Priska Hinz, Omid Nouripour, Nicole Maisch, Thomas Koenigs, Daniela Wagner	4

Bundestagswahl 2009: Der SPD-Wahlkreiskandidat im Wahlkreis Werra-Meißner – Hersfeld-Rotenburg lädt zu einer Wahlkampfveranstaltung ein.

Wahlplakat der FDP

Wahlplakat DIE LINKE

Wahlplakat B'90/GRÜNE

L: *Du sagtest, es gibt 598 Mandate, der letzte Bundestag hatte aber mehr Mandate.*
M: Dies kommt dann vor, wenn eine Partei z. B. 12 Direktmandate erringt, ihr aber nach dem Verhältnis der Zweitstimmenauszählung nur 9 Mandate zustehen. Dann gibt es für diese Partei 3 Überhangmandate. Die Gesamtzahl der Sitze im Bundestag erhöht sich damit.

L: *Und was besagt die 5 %-Klausel?*
M: Dass bei der Zuteilung der Mandate nach der Zweitstimmenauszählung nur solche Parteien berücksichtigt werden, die mindestens 5 % der Stimmen oder drei Direktmandate erreicht haben.

L: *Wenn also eine Partei nur 4 % der Stimmen erhält, kommt sie nicht in den Bundestag.*
M: Ja. Wenn sie jedoch Direktmandate erringt, kommen diese Kandidaten in den Bundestag.

Ergebnis der Bundestagswahl 2009
(Parteien mit über 5 %)

	Erststimmen		Zweitstimmen	
	Anzahl	%	Anzahl	%
Wahlberechtigte	62 168 489	–	62 168 489	–
Wähler	44 005 575	70,8	44 005 575	70,8
Ungültige	757 575	1,7	634 385	1,4
Gültige	43 248 000	98,3	43 371 190	98,6
CDU	13 856 674	32,0	11 828 277	27,3
SPD	12 079 758	27,9	9 990 488	23,0
FDP	4 076 496	9,4	6 316 080	14,6
DIE LINKE	4 791 124	11,1	5 155 933	11,9
GRÜNE	3 977 125	9,2	4 643 272	10,7
CSU	3 191 000	7,4	2 830 238	6,5

(www.bundeswahlleiter.de/... 25. 10. 2009)

Aussagen: 5-mal richtig – 5-mal falsch	richtig	falsch
1. Es werden bei jeder Wahl immer genau 598 Abgeordnete in den Bundestag gewählt.		
2. Die Erststimmen sind für eine Partei wichtiger als die Zweitstimmen, denn nach den Erststimmen wird bestimmt, wie viele Abgeordnete die Partei überhaupt in den Bundestag bringt.		
3. Jeder Wähler kann seine Erststimme nur dem Wahlkreiskandidaten geben, dessen Partei bzw. Landesliste er mit der Zweitstimme wählt.		
4. Wegen der Zweitstimmen ist die Wahl eine Verhältniswahl, durch die Erststimmen wird sie personalisiert.		
5. Ein Kandidat, der in einem Wahlkreis direkt gewählt wird, kommt auf jeden Fall in den Bundestag.		
6. Eine Partei kann auch in den Bundestag gelangen, wenn keiner ihrer Kandidaten seinen Wahlkreis gewinnt.		
7. Will ein Wahlkreiskandidat seinen Wahlkreis gewinnen, muss er mehr als 50% der Stimmen erhalten.		
8. Wer kein Direktmandat gewinnt, kann über eine Landesliste in den Bundestag gelangen.		
9. Höchstens 320 Mandate können an die Gewinner in den Wahlkreisen vergeben werden.		
10. Wenige Stimmen können darüber entscheiden, ob eine Partei in den Bundestag kommt oder nicht.		

1 *Welche der zehn Aussagen sind richtig, welche falsch? Stelle die falschen Aussagen richtig.*
2 *Was fällt dir bei den Ergebnissen der Bundestagswahl 2009 auf?*

Verbände, Verbände, Verbände

In einer demokratischen Gesellschaft gibt es Interessengruppen, z. B. Verbände, Gewerkschaften, Vereine, Bürgerinitiativen. Diese Gruppen sind für das soziale und politische Leben in unserer demokratischen Gesellschaft wichtig. Die Interessengruppen beeinflussen auch politische Entscheidungen, die mit ihren Interessen zu tun haben. Bei Gesetzesvorhaben werden oft Vertreter dieser Gruppen als Experten gefragt. Sie versuchen dabei, Abgeordnete für ihre Interessen zu gewinnen.

A Dieser Verband vertritt die wirtschaftspolitischen Interessen der Industrie gegenüber Parlament und Regierung, den Parteien, Gewerkschaften und anderen wichtigen gesellschaftlichen Gruppen.

B Dieser Verband setzt sich für den Schutz der Lebensgrundlagen vor allem im Umweltschutzbereich ein, manchmal durch spektakuläre Aktionen. Er ist unabhängig von Regierungen, Parteien und wirtschaftlichen Interessengruppen.

C Dieser Verband vertritt die Interessen von Frauen, Männern, Jugendlichen und Kindern auf dem Gebiet der Sexualität und Familienplanung. Die Schwangerschaftskonfliktberatung ist ein wichtiger Teil seiner Arbeit.

D Dieser Verband unterstützt obdachlose Kinder und Jugendliche. Straßenkinder sollen wieder in die Gesellschaft, in Schule, Beruf und Privatbereich eingegliedert werden.

E Diesem Dachverband gehören viele Sportverbände an, vom Deutschen Fußballbund (DFB) bis zum Deutschen Tauzieh-Verband. Er vertritt die Interessen der Sportvereine in Deutschland.

F Dieser Verband vertritt die Interessen der Verbraucher in der Öffentlichkeit, gegenüber Gesetzgeber, Verwaltung und Wirtschaft. Er gibt vielfältige Informationen zum Verbraucherschutz.

G Dieser Verband arbeitet für die Freilassung von gewaltlosen politischen Gefangenen und wendet sich gegen Folter und Todesstrafe.

www.bdi-online.de
www.agv.de
www.dsb.de
www.offroadkids.de
www.profamilia.de
www.greenpeace.de
www.amnesty.de

In seinem ursprünglichen Sinn meint das Wort Lobby die Vorhalle eines Parlaments, in der sich Abgeordnete mit Bürgern zu Gesprächen treffen können. Daraus entstand der politische Begriff „Lobby", der Personen und Organisationen meint, die im Vorfeld politischer Entscheidungen die gewählten Volksvertreter und die Regierungsbeamten in ihrem Sinne zu beeinflussen versuchen. Verbände und viele große Unternehmen unterhalten heute eigene Lobby-Vertretungen in Berlin, dem Sitz von Bundestag und Bundesregierung. Zugang zu den Abgeordneten, zur Ministerialbürokratie und zu den Anhörungen im Bundestag haben die Vertreter von Interessenverbänden, die sich in einem vom Deutschen Bundestag eingerichteten Verzeichnis („Lobby-Liste") haben registrieren lassen. Während diese Liste in den 1970er-Jahren nur etwa 700 Eintragungen aufwies, sind es derzeit etwa 1800.

Argumente: PRO

- Verbände vertreten die Interessen ihrer Mitglieder. Verbandsvertreter sind Experten auf ihrem Gebiet. Dieses Expertenwissen wird bei der Vorbereitung von Gesetzen und Regierungsentscheidungen benötigt. Nur durch die Mitarbeit von Verbandsvertretern können überhaupt praktikable Gesetze zustande kommen.
- Die Vielzahl der Verbände entspricht unserer freiheitlichen und pluralistischen Gesellschaft. Es kommen alle wichtigen Interessen zu Wort. In vielen Fragen des politischen Lebens erweisen sich die Verbände als „Motoren" von notwendigen Veränderungen. So wird erreicht, dass das Gemeinwohl gefördert wird.
- Verbände stehen in gegenseitigem Wettbewerb. Sie konkurrieren um Mitglieder und haben dabei die gleichen Chancen. Es kommt zu einem Machtausgleich zwischen den Verbänden. Kein Verband kann so zu stark werden.

Argumente: KONTRA

- Verbände vertreten egoistisch doch nur ihre eigenen Interessen. Sie nehmen keine oder zu wenig Rücksicht auf die Interessen der Allgemeinheit. Bei einer machtvollen Vertretung von Einzelinteressen leidet das Gemeinwohl.
- Verbände haben einen unterschiedlich großen Einfluss. Die Lobby der Autofahrer ist mächtiger als die der Fußgänger oder die der Hausfrauen. Deshalb setzen sich die Interessen der Autofahrer in unserer Gesellschaft eher durch als die der Fußgänger oder Hausfrauen.
- Verbände machen bei wichtigen Entscheidungen, die ihre Interessen berühren, politischen Druck. Sie versuchen, die Abgeordneten in den Parlamenten zu ihrem Vorteil zu beeinflussen. Wenn ihnen das gelingt, siegt das Interesse einer bestimmten Gruppe zulasten des Gemeinwohls.

Interessenverbände in der Politik – Einfluss wie und wo?

Parteien – Mitgliedschaft, Mitarbeit in Arbeitsgruppen, Spenden …
Parlamente – Anhörung in Ausschüssen, „Lobby", Verbandsvertreter als Abgeordnete …
Regierungen / Regierungschefs – Direkte Kontakte, Beratung, Berücksichtigung von Verbänden (z. B. Landwirtschaftsminister und Bauernverband)
Ministerialverwaltungen – Anhörung und Stellungnahmen bei der Vorbereitung von Gesetzentwürfen, wissenschaftliche und fachliche Beiräte …
Öffentliche Meinung / Presse, Medien – Öffentlichkeitsarbeit, Propaganda, Mitglieder in Rundfunkräten …

(Burkhard Mohr)

1 *Welcher Verband (Seite 20) vertritt welches Interesse? Ordne zu.*
2 *Pro und Kontra: Fasse jedes Argument in einem kurzen Satz zusammen.*
3 *Lobbyismus – nützlich oder schädlich? Wie ist deine Meinung?*
4 *Was will die Karikatur ausdrücken?*

Das Wichtige in Kürze

Demokratie

Demokratie bedeutet Herrschaft des Volkes. Damit ist gemeint, dass in einem Staat alle Erwachsenen mitbestimmen. Dazu können alle Stimmberechtigten zusammenkommen und gemeinsam abstimmen. In großen Staaten ist das nicht möglich. Daher wählen die Stimmberechtigten Vertreter. Diese stimmen im Namen der Bürgerinnen und Bürger bei der Entscheidung über Gesetze ab.

Repräsentative Demokratie

Nach Artikel 20 des Grundgesetzes ist die Bundesrepublik Deutschland ein demokratischer Staat und alle Staatsgewalt geht vom Volke aus. Die Bürgerinnen und Bürger entscheiden durch Wahlen, welche Abgeordneten sie in den Parlamenten auf Zeit repräsentieren, also vertreten. Man bezeichnet dies als parlamentarische oder repräsentative Demokratie.

Bundesstaat, Rechtsstaat, Sozialstaat

Die Bundesrepublik Deutschland ist ein Bundesstaat. Dieser besteht aus 16 Bundesländern. Die Zuständigkeiten sind zwischen dem Bund und den Ländern aufgeteilt. Die Bundesrepublik Deutschland ist ein Rechtsstaat. Dieser sorgt dafür, dass Gesetze demokratisch zustande kommen. Die Bundesrepublik Deutschland ist ein Sozialstaat. Dieser strebt an, die soziale Gerechtigkeit zu fördern.

Parteien

Die Parteien haben den wichtigen Auftrag, bei der politischen Willensbildung des Volkes mitzuwirken. Eine Demokratie kann ohne Parteien nicht funktionieren. Die Parteien legen ihre politischen Zielvorstellungen in Grundsatzprogrammen fest. So bündeln sie die unterschiedlichen Interessen und Zielvorstellungen der Bürgerinnen und Bürger. Die Parteien werben in der Öffentlichkeit um Zustimmung für ihre Programme und Standpunkte. Über die Beteiligung an den Wahlen konkurrieren sie um die Macht im Staat.

Wahlen

Nach unserem Wahlrecht müssen die Wahlen allgemein, unmittelbar, frei, gleich und geheim sein. Die Bundestagswahl ist eine personalisierte Verhältniswahl. Jeder Wahlberechtigte hat zwei Stimmen. Die Zweitstimmen allein bestimmen darüber, mit wie viel Sitzen die Parteien im Bundestag vertreten sind. Mit der ersten Stimme wird ein Wahlkreiskandidat gewählt. Ein Stimmen-Splitting ist möglich. Eine Bundestagswahl findet normalerweise alle vier Jahre statt.

Interessengruppen

In einer demokratischen Gesellschaft gibt es Interessengruppen, z. B. Verbände, Gewerkschaften, Vereine, Bürgerinitiativen. Diese Gruppen sind wichtig für das soziale und politische Leben in unserer demokratischen Gesellschaft. Wer sich nicht in einer Partei politisch engagieren will, hat die Möglichkeit, seinen Interessen gemäß in solchen Gruppen mitzuarbeiten.

Lobbyismus

Die Interessengruppen beeinflussen auch politische Entscheidungen, die mit ihren Interessen zu tun haben. Bei Gesetzesvorhaben werden oft Vertreter dieser Gruppen als Experten gefragt. Sie versuchen dabei, Abgeordnete für ihre Interessen zu gewinnen. Früher geschah dies vor allem in den Wandelhallen der Parlamentsgebäude (engl. lobby), daher spricht man von Lobbyismus, wenn man Beeinflussung von Abgeordneten durch Interessengruppen meint.

Gewaltenteilung

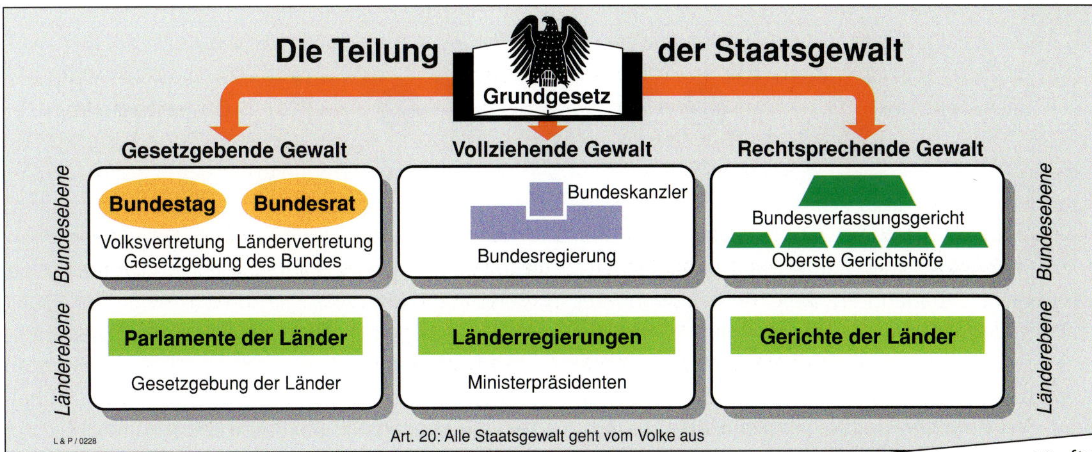

„Demokratie“ kommt aus dem Griechischen und bedeutet übersetzt „Herrschaft des …①…“. Eigentlich müsste das ganze …②… sich selbst die Regeln des Zusammenlebens, also die Gesetze, geben und sie vollziehen. Da dies nicht möglich ist, entscheiden die Bürgerinnen und Bürger durch …③…, welche Abgeordneten sie in den …④… repräsentieren, also vertreten. Man bezeichnet dies auch als parlamentarische oder repräsentative Demokratie.

…⑤…, also Volksentscheide, sind nach dem Grundgesetz nur dann vorgesehen, wenn das Bundesgebiet neu gegliedert werden soll. Dies ist z. B. der Fall, wenn …⑥… zusammengelegt werden sollen. 1996 wurde in den beiden Bundesländern Berlin und Brandenburg durch eine …⑦… gegen die geplante Zusammenlegung dieser Länder entschieden. Nach der Verfassung des Landes Hessen ist ein Volksentscheid herbeizuführen, wenn ein Fünftel der Stimmberechtigten das Begehren nach Vorlegung eines Gesetzentwurfes stellt.

Als …⑧… ist die Bundesrepublik Deutschland in 16 Bundesländer gegliedert. Die Aufgaben und Zuständigkeiten sind also zwischen dem Bund und den …⑨… aufgeteilt. Man nennt dies auch die vertikale, also senkrechte Gewaltenteilung.

Organe der …⑩…, der vollziehenden Gewalt und der …⑪… gibt es auf Bundesebene und auf Länderebene. Die Teilung in gesetzgebende, …⑫… und rechtsprechende Gewalt auf jeder Ebene bezeichnet man auch als horizontale, also waagerechte Gewaltenteilung.

Durch den …⑬… sind die Länder sogar an der …⑭… auf der Bundesebene beteiligt.

C. de Montesquieu (1689–1755)

Die Teilung der Gewalten und ihre gegenseitige Kontrolle ist das wichtigste Kennzeichen der Demokratie. Schon im 17. Jahrhundert entwarf der französische Staatsdenker Charles de Montesquieu in seinem Hauptwerk „Vom Geist der Gesetze“ das Modell der Gewaltenteilung und der gegenseitigen Machtkontrolle. Die staatliche Macht sollte nicht mehr zusammengeballt und damit missbraucht werden können. Deshalb soll sie auf verschiedene Organe verteilt werden.

Setze in den Lückentext Begriffe aus Artikel 20 des Grundgesetzes (siehe Seite 10) oder der Grafik oben ein. Dabei können sich Wortendungen ändern, weil du z. B. die Einzahl statt der Mehrzahl brauchst usw. Notiere zur jeweiligen Nummer den passenden Begriff oder benutze dein Arbeitsblatt.

Bundesstaat oder Einheitsstaat?

Bundesstaat 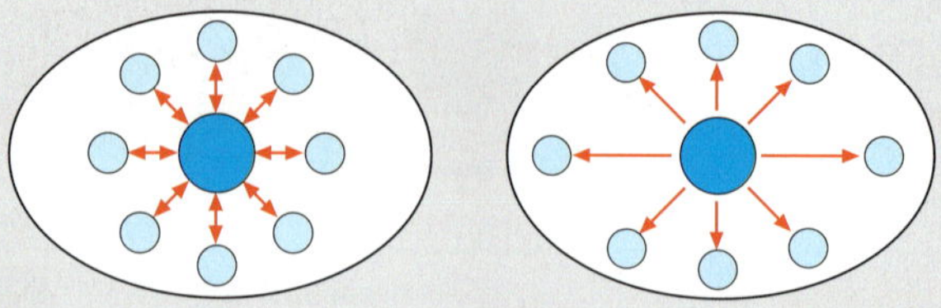 **Einheitsstaat**

Nicht jeder Staat ist ein Bundesstaat. Beispielsweise ist unser Nachbarland Frankreich ein sogenannter Einheitsstaat, in dem sich die politische Macht auf einen Ort (Paris) konzentriert. Von hier ausgehend werden alle Angelegenheiten des Staates bestimmt oder den örtlichen politischen Behörden zur Ausführung übertragen, wobei letztere keine eigenen politischen Rechte haben. In einem Einheitsstaat gibt es auch keine Länder mit eigener politischer Selbstständigkeit.

Außerdem gibt es andere Formen von Zusammenschlüssen von Staaten, zum Beispiel die Vereinten Nationen oder die Europäische Union. Dabei behalten die Staaten ihre politische Selbstständigkeit und Unabhängigkeit – auch wenn sie Mitglieder dieser Zusammenschlüsse sind.

Merkmale des bundesstaatlichen Systems		Vorteil	Nachteil
1	Nicht nur auf der Bundesebene gibt es eine Aufteilung der Staatsgewalten (Legislative, Exekutive, Judikative), sondern auch zwischen dem Bund und den Ländern. Machtverteilung bedeutet Machtkontrolle und Schutz vor Machtmissbrauch.		
2	Die Bürgerinnen und Bürger können des Öfteren von ihrem Wahlrecht Gebrauch machen. Sie haben die Möglichkeit, auf Gemeindeebene (Kommunalwahlen), Landesebene (Landtagswahlen) und Bundesebene (Bundestagswahl) zu wählen.		
3	Die Aufteilung in kleinere staatliche Einheiten erleichtert es den Bürgerinnen und Bürgern, politische Entscheidungen und staatliches Handeln zu überschauen und zu verstehen.		
4	Die Eigenstaatlichkeit der Länder fördert die Entwicklung von Selbstständigkeit und Selbstbewusstsein. Der Wettbewerb der Länder untereinander belebt den Fortschritt in ganz Deutschland und beugt bundesweiten Fehlentwicklungen vor.		
5	Bei der Vielzahl von Behörden, Ämtern und sonstigen politischen Einrichtungen ist oft unklar, wer für welche Politikbereiche und Fragen zuständig ist.		
6	Die Bürgerinnen und Bürger haben kurze Wege zu den staatlichen Stellen. Sie können eher Kontakte zu Behörden, Politikern und Politikerinnen bekommen als im Einheitsstaat mit einer anonymen, fernen Zentrale.		
7	Föderalismus kostet viel Geld. Denn jedes Bundesland hat sein eigenes Parlament, eine eigene Regierung und eigene Verwaltungen.		
8	Parlamente, Regierungen und Verwaltungen von Bund und Ländern müssen gegenseitig auf Anstöße, Entscheidungen und Zustimmungen warten und langwierige Verhandlungen miteinander führen, um zu gemeinsamen Lösungen zu kommen. Das kostet viel Zeit.		
9	Die Gliederung des Bundes in Länder ermöglicht, dass viele wirtschaftliche, politische und kulturelle Eigenheiten und Zentren erhalten bleiben und weiterentwickelt werden können. Diese Vielfalt kann zu mehr persönlicher Freiheit führen.		
10	Die vielen politischen Entscheidungszentren im Bund und in den Ländern müssen zusammenarbeiten und aufeinander Rücksicht nehmen. Dabei begrenzen sie sich bisweilen untereinander, was für die Bürger und Bürgerinnen oft schwer zu verstehen ist.		

1 *Erläutere die Unterschiede zwischen einem Bundesstaat und einem Einheitsstaat.*

2 *Beschreiben die Aussagen in der Tabelle jeweils einen Vorteil oder einen Nachteil des Föderalismus? Kreuze auf dem Arbeitsblatt an oder notiere von 1 bis 10 auf einem Blatt.*

Aufgabenverteilung zwischen Bund und Ländern

Nach dem Zweiten Weltkrieg stellten die Alliierten eine wichtige Bedingung für die Gründung eines neuen deutschen Staates: er sollte föderal aufgebaut sein. In einem föderalen Staat (lat. foedus = Bündnis) schließen sich mehrere Gliedstaaten zu einem Bündnis zusammen. Man wollte so verhindern, dass sich in Deutschland noch einmal eine Alleinherrschaft bzw. Diktatur bildet. Die Terrorherrschaft der Nationalsozialisten war unter anderem deshalb möglich geworden, weil sich die Macht in der Hand Hitlers und seiner Gefolgsleute konzentrierte. So kam es zu einem bis dahin ungekannten Machtmissbrauch, der letztlich den Tod von vielen Millionen Menschen zur Folge hatte. In einem föderalen Staat dagegen werden die politische Macht und die Verwaltung des Staates auf mehrere Ebenen verteilt.

Die 16 deutschen Bundesländer bilden den Bundesstaat Bundesrepublik Deutschland. Die Zuständigkeiten sind zwischen dem Bund und den Ländern aufgeteilt. Der Bund ist vor allem für Aufgaben zuständig, die in allen Bundesländern einheitlich geregelt sind (z. B. Passwesen) oder für Bereiche, in denen es um das Verhältnis zu anderen Staaten geht (z. B. Außenpolitik). Die Länder sind für Aufgaben zuständig, die nicht in allen Ländern einheitlich geregelt sind (z. B. Schulwesen, Hochschulen, Kultur, Polizei). Deshalb kann es passieren, dass eine Abschlussprüfung in Bayern anders bewertet wird als in Rheinland-Pfalz. So ist in der Bundesrepublik vieles einheitlich, vieles aber auch unterschiedlich.

Bundesflagge und Landesflagge von Hessen

Der Bundesrat ist das Bindeglied zwischen dem Bund und den Ländern. Er ist die Interessenvertretung der Länder auf Bundesebene. Über ihn können die Länder die Gesetzgebung des Bundes beeinflussen. Der Bundesrat kann eigene Gesetzentwürfe einbringen und die Gesetzentwürfe der Bundesregierung gehen ihm zur Stellungnahme zu. Wenn Gesetzentwürfe die Finanzen der Länder berühren, in ihre Verwaltung eingreifen oder das Grundgesetz ändern, hat der Bundesrat ein Vetorecht. Deshalb spricht man von zustimmungspflichtigen Gesetzen.

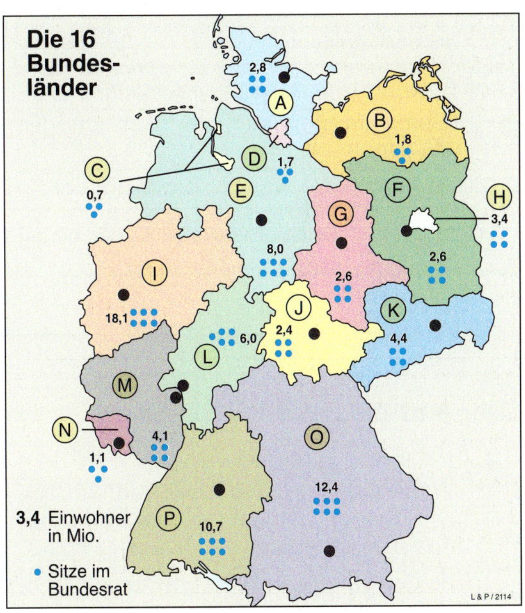

1 Baden-Württemberg (Stuttgart)
2 Bayern (München)
3 Berlin
4 Brandenburg (Potsdam)
5 Bremen
6 Hamburg
7 Hessen (Wiesbaden)
8 Mecklenburg-Vorpommern (Schwerin)
9 Niedersachsen (Hannover)
10 Nordrhein-Westfalen (Düsseldorf)
11 Rheinland-Pfalz (Mainz)
12 Saarland (Saarbrücken)
13 Sachsen (Dresden)
16 Thüringen (Erfurt)
14 Sachsen-Anhalt (Magdeburg)
15 Schleswig-Holstein (Kiel)

1 *Beschreibe in eigenen Worten, warum die Bundesrepublik Deutschland ein föderaler Staat ist.*

2 *Ordne die Bundesländer und ihre Hauptstädte der Karte zu. Benutze dazu das Arbeitsblatt oder notiere zum jeweiligen Buchstaben die zugehörige Ziffer.*

Regierungsbildung und Bundesregierung

Parteien, deren Programme nicht allzu stark voneinander abweichen, …	… führen dann die eigentlichen Koalitionsverhandlungen.
Wenn keine Partei bei der Wahl die absolute Mehrheit gewinnt, …	… haben oft schon im Wahlkampf eine Koalitionsaussage gemacht.
Wenn sich die Parteien im Wahlkampf nicht auf einen Koalitionspartner festgelegt haben, …	… die dann vom Bundespräsidenten ernannt werden und vor dem Bundestag ihren Amtseid leisten.
Die Parteien, die zusammen regieren wollen, …	… müssen sich Parteien zu einer Koalition zusammenschließen.
Die Verhandlungsdelegationen der Koalitionsparteien einigen sich auf ein Sachprogramm der künftigen Regierung, …	… führt die Partei, die die meisten Sitze errungen hat, als erste Gespräche mit anderen.
Gegen Ende der Koalitionsverhandlungen spricht man auch ab, …	… und anschließend ernannt sowie vor dem Bundestag vereidigt.
Der Bundeskanzler oder die Bundeskanzlerin wird auf Vorschlag des Bundespräsidenten vom Bundestag ohne Aussprache gewählt …	… wobei jede versucht, viel von ihrem Parteiprogramm und ihren Wahlaussagen durchzusetzen.
Der Bundeskanzler oder die Bundeskanzlerin schlägt dem Bundespräsidenten die Bundesminister und Bundesministerinnen vor, …	…, welche Koalitionsparteien in der neuen Regierung welche Ministerien erhalten.

Bundeskanzlerin Angela Merkel bei der Vereidigung

Der Amtseid des Bundeskanzlers

„Ich schwöre, dass ich meine Kraft dem Wohle des deutschen Volkes widmen, seinen Nutzen mehren, Schaden von ihm wenden, das Grundgesetz und die Gesetze des Bundes wahren und verteidigen, meine Pflichten gewissenhaft erfüllen und Gerechtigkeit gegen jedermann üben werde. So wahr mir Gott helfe."

(Der Eid kann auch ohne religiöse Beteuerung geleistet werden.)

Konrad Adenauer CDU (1949–1963)

Ludwig Erhard CDU (1963–1966)

Kurt Georg Kiesinger CDU (1966–1969)

Willy Brandt SPD (1969–1974)

Helmut Schmidt SPD (1974–1982)

Helmut Kohl CDU (1982–1998)

Gerhard Schröder SPD (1998–2005)

Die ehemaligen Bundeskanzler der Bundesrepublik Deutschland

Das Bundeskanzleramt in Berlin, Amtssitz der Bundeskanzlerin. Im Vordergrund eine Stahlplastik des baskischen Bildhauers Eduardo Chillida, die von vielen als Symbol für die wiedererlangte deutsche Einheit gesehen wird.

Die Bundeskanzlerin an ihrem Schreibtisch im Bundeskanzleramt: Von hier aus wird die Bundesrepublik Deutschland regiert.

Aus dem Grundgesetz

Die Bundesregierung besteht aus dem Bundeskanzler und aus den Bundesministern. **(A)**

Der Bundeskanzler bestimmt die Richtlinien der Politik und trägt dafür die Verantwortung. **(B)**

Innerhalb dieser Richtlinien leitet jeder Bundesminister seinen Geschäftsbereich selbstständig und unter eigener Verantwortung. **(C)**

Über Meinungsverschiedenheiten zwischen den Bundesministern entscheidet die Bundesregierung. **(D)**

Der Bundestag kann dem Bundeskanzler das Misstrauen nur dadurch aussprechen, dass er mit der Mehrheit seiner Mitglieder einen Nachfolger wählt ... **(E)**

Findet ein Antrag des Bundeskanzlers, ihm das Vertrauen auszusprechen, nicht die Zustimmung der Mehrheit der Mitglieder des Bundestages, so kann der Bundespräsident auf Vorschlag des Bundeskanzlers binnen einundzwanzig Tagen den Bundestag auflösen. **(F)**

Richtlinienkompetenz

Vertrauensfrage

Kollegialprinzip

Misstrauensvotum

Kabinett

Ressortprinzip

1. *Verbinde auf Seite 26 die Teile der Sätze so, dass sich ein Bericht über den Ablauf der Regierungsbildung ergibt. Benutze dazu das Arbeitsblatt.*
2. *Zu jeder Textstelle aus dem Grundgesetz passt ein Fachbegriff. Ordne zu.*
3. *Führt eine Internetrecherche zum Thema „Bundesministerien" durch und erstellt zu jedem Ministerium einen Steckbrief: Bezeichnung des Ministeriums, Name des Ministers/der Ministerin, Hauptaufgaben, aktuelle Nachrichten (www.bundesregierung.de).*

Gesetzgebung im Bund: ein Beispiel

Der Weg eines Gesetzes

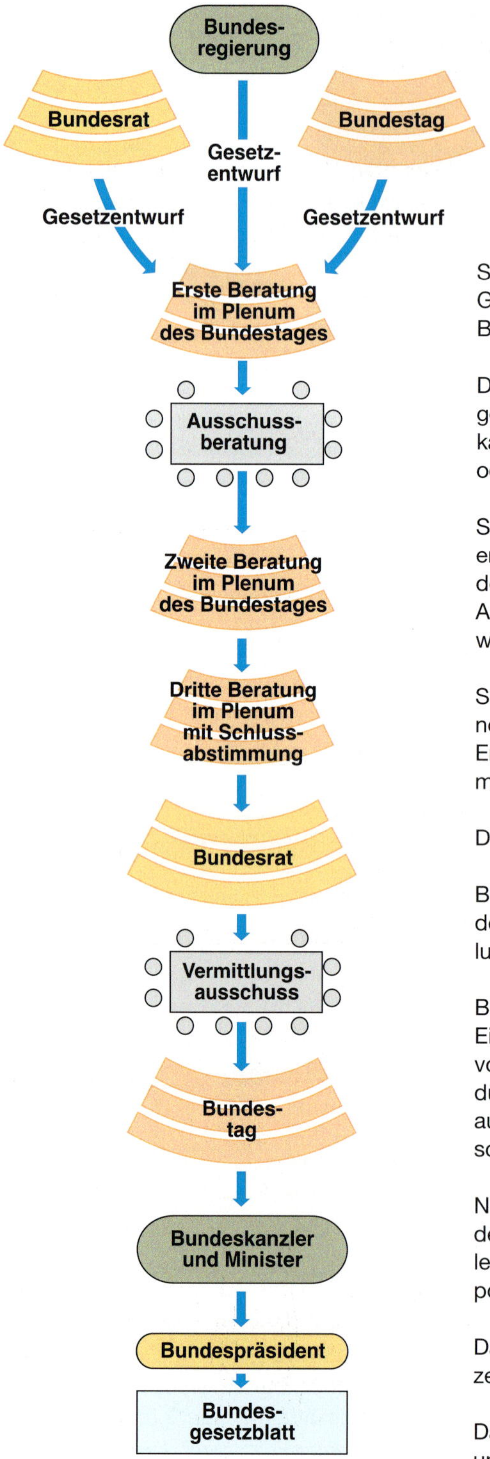

	PHASE
Gesetzentwürfe können von der Bundesregierung, aus dem Bundestag oder vom Bundesrat eingebracht werden.	**1**
Sie dient der Darlegung und der Erörterung der Grundsätze der Vorlage. Es erfolgt noch kein Beschluss.	**2**
Der Gesetzentwurf wird in dem fachlich zuständigen Bundestagsausschuss beraten. Der Ausschuss kann dem Plenum eine Abänderung, Annahme oder Ablehnung des Gesetzentwurfs empfehlen.	**3**
Sie erfolgt auf der Grundlage der Ausschussempfehlung. Über die einzelnen Bestimmungen des Entwurfs wird beraten und abgestimmt. Bei Ablehnung aller Teile einer Vorlage findet keine weitere Beratung statt.	**4**
Sie erfolgt auf die zweite Beratung und beginnt noch einmal mit einer Grundsatzaussprache. Am Ende dieser Beratung steht die Schlussabstimmung.	**5**
Der Bundesrat berät über das Gesetz.	**6**
Bei Meinungsverschiedenheiten zwischen Bundestag und Bundesrat wird versucht, im Vermittlungsausschuss einen Kompromiss zu finden.	**7**
Bei einfachen Gesetzen kann der Bundestag den Einspruch des Bundesrats und den Vermittlungsvorschlag zurückweisen. Bei zustimmungsbedürftigen Gesetzen muss nach dem Bundestag auch noch der Bundesrat den Vermittlungsvorschlag annehmen.	**8**
Nach der Verabschiedung eines Gesetzes wird es dem zuständigen Minister und dem Bundeskanzler vorgelegt, die durch ihre Unterzeichnung die politische Verantwortung dafür übernehmen.	**9**
Das Gesetz wird vom Bundespräsidenten unterzeichnet.	**10**
Das Gesetz wird im Bundesgesetzblatt verkündet und tritt somit in Kraft.	**11**

Beispiel: Gesetz zur Reform des Staatsangehörigkeitsrechts

Früher galt in Deutschland diese Regelung: Kinder, die deutsche Eltern hatten oder bei denen ein Elternteil deutsch war, erhielten mit der Geburt die deutsche Staatsangehörigkeit.

Zum 1. Januar 2000 trat ein Gesetz in Kraft, das das Staatsangehörigkeitsrecht neu regelt. Durch die Geburt in Deutschland erhält nun auch ein Kind ausländischer Eltern automatisch die deutsche Staatsangehörigkeit neben derjenigen der Eltern (Doppelpass). Voraussetzung ist, dass ein Elternteil sich seit mindestens acht Jahren rechtmäßig in der Bundesrepublik Deutschland aufhält.

Zwischen dem 18. und 23. Geburtstag muss sich das Kind für eine der beiden Staatsbürgerschaften entscheiden. Diese Regelung gilt auch für Kinder, die nach 1990 in Deutschland geboren wurden. Nachträglich können alle Ausländer ab acht Jahren Aufenthalt in Deutschland einen Antrag auf Einbürgerung stellen.

Die folgenden Zeitungsmeldungen stammen aus der Zeit, als damals das neue Gesetz im Bundestag beraten wurde. Sie enthalten daher zwar Namen damaliger Politiker, sind jedoch typisch für den Gang der Gesetzgebung.

A Der Bundestag debattierte in zweiter und dritter Beratung vier Stunden lang über die Reform des Staatsbürgerschaftsrechts. Bundesinnenminister Otto Schily (SPD) bezeichnete das neue Gesetz als einen Kompromiss von „historischer Dimension". Am Schluss sprachen sich in namentlicher Abstimmung 365 Abgeordnete dafür, 184 dagegen aus; 39 Parlamentarier enthielten sich.

B Der Bundesrat hat die Reform des Staatsbürgerschaftsrechts beraten. In der Diskussion gaben Bayerns Ministerpräsident Edmund Stoiber und Bundesinnenminister Otto Schily zu dem Gesetz unterschiedlicher Erklärungen ab.

C Bundespräsident Johannes Rau hat das Gesetz zur Reform des Staatsbürgerrechts unterzeichnet.

D Der Innenausschuss des Bundestages hat sich bei seiner letzten Sitzung zum neuen Staatsbürgerschaftsrecht vor allem mit Klärungen bei Verfahrensfragen befasst.

E Der Bundestag debattierte über den gemeinsamen Gesetzentwurf der Regierungsfraktion von SPD und BÜNDNIS 90/DIE GRÜNEN und den Entwurf der CDU/CSU-Fraktion zur Neuregelung des Staatsangehörigkeitsrechts in erster Beratung. Anschließend wurden die Vorlagen an die zuständigen Ausschüsse zur Weiterberatung überwiesen.

F Unbemerkt von der Öffentlichkeit wurde das neue Gesetz zur Staatsbürgerschaftsreform im Bundesgesetzblatt verkündet. Das neue Gesetz trat am 1. Januar 2000 in Kraft.

1 *Erkläre zum Weg eines Gesetzes: Warum gibt es verschiedene Beratungen? Welche Bedeutung hat die Ausschussberatung?*

2 *Stelle zu jedem Zeitungsausschnitt über das Gesetz zur Reform des Staatsangehörigkeitsrechts fest, zu welcher Phase der Gesetzgebung er gehört und bringe die Ausschnitte in die richtige Reihenfolge.*

3 *„Es dauert viel zu lange, bis bei uns ein Gesetz gemacht ist!" – Was meinst du zu dieser Aussage?*

Die Arbeit im Bundestag

Plenum des Bundestages

Fraktionen:

CDU/CSU
Fraktionsgemeinschaft
239 Abgeordnete

SPD
146 Abgeordnete

FDP
93 Abgeordnete

DIE LINKE
76 Abgeordnete

BÜNDNIS 90/ DIE GRÜNEN
68 Abgeordnete

622 Sitze insgesamt

(Stand: Februar 2010)

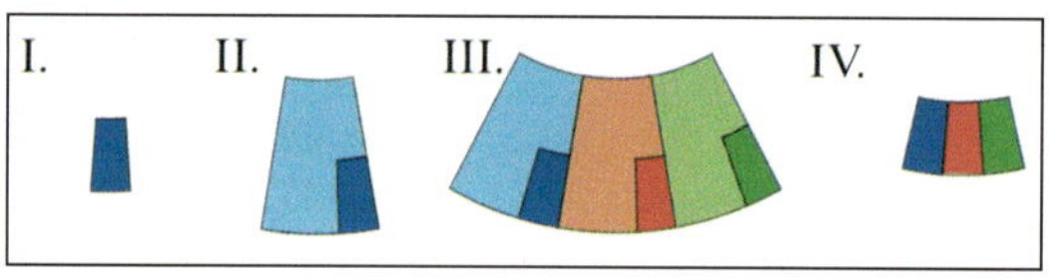

Ausschuss | **Plenum** | **Arbeitskreis** | **Fraktion**

A In ihr sind die Abgeordneten, die der gleichen Partei angehören, zusammengeschlossen. Aus ihr geht ein großer Teil der politischen Vorschläge für die Parlamentsarbeit hervor. Die Sitzordnung des Parlaments sieht vor, dass die Abgeordneten der gleichen Partei beieinander in einem Block sitzen. Vor Sitzungen lässt sich meistens abschätzen, welcher Anteil dieser Abgeordneten zustimmen oder ablehnen wird.

B Er ist der Ort für gründliche und ins Einzelne gehende Beratungen unter den Fachleuten aller Fraktionen. Er befasst sich nur mit Angelegenheiten, die ihm vom Plenum überwiesen worden sind. Die Beschlüsse des Plenums bereitet er mit vor, sodass Mehrheiten zustande kommen können. In „Hearings" werden auch außerparlamentarische Sachverständige und Betroffene angehört.

C Es ist die Vollversammlung des Parlaments. Von ihm werden die Beschlüsse gefasst. Es ist auch der Ort für die öffentlichen politischen Debatten sowie für Regierungserklärungen. Wichtige Debatten werden im Fernsehen gezeigt. In der Regel finden alle vier Wochen jeweils zwei oder drei Sitzungen statt, die vom Präsidenten oder einem Vizepräsidenten geleitet werden. Die Beschlüsse werden in den Fraktionen und Ausschüssen vorbereitet.

D Er wird innerhalb der Fraktion für die verschiedenen Sachgebiete gebildet, für die es auch Ausschüsse und Ministerien gibt. In ihm bereiten sich die Fachleute der Fraktion auf die Sitzungen des entsprechenden Ausschusses vor, denn sie vertreten auch die Fraktion im jeweiligen Ausschuss. Diese Fachleute bereiten auch Beschlüsse der Fraktion im jeweiligen Sachgebiet vor.

Ein zeichnerisches Element, ein Begriff und eine Beschreibung gehören jeweils zusammen. Ordne zu. Notiere entsprechend oder verwende das Arbeitsblatt.

Methode: Expertenbefragung

Thema: Politiker – ein Traumjob?

Viele Unterrichtsthemen beschäftigen sich mit dem, was Erwachsene beruflich tun oder womit sie sich besonders gut auskennen. Wenn Schülerinnen und Schüler solche Erwachsenen befragen, können sie viel über ihr Unterrichtsthema erfahren. Mit „Expertenbefragung" ist also gemeint, dass eine fachkundige Person zu ihrer Tätigkeit, ihren Erfahrungen, ihrem Wissen usw. befragt wird.
Experten können zur Befragung in den Unterricht eingeladen werden. Die Klasse kann den Experten aber auch an seinem Wirkungsort aufsuchen, z. B. einen Imker an seinem Bienenstand oder einen Unternehmer in seinem Büro, und dort die Fragen stellen.

Vorbereitung

Möglichst frühzeitig sollte bei dem Experten/der Expertin angefragt werden, ob und wann er/sie zu einer Befragung bereit ist. Dabei wird auch besprochen, wie der Zusammenhang der Befragung zum Unterrichtsthema ist, worum es der Klasse vor allem geht, ob der Experte/die Expertin in die Schule oder die Klasse zu ihm/ihr kommt usw. Die Klasse sammelt Fragen und legt fest, wer sie bei der Befragung stellt. Es wird verabredet, wie die Anworten festgehalten werden, z. B. mit dem Kassettenrekorder oder durch Notizen.

Durchführung

Die Befragung sollte mit einer Begrüßung beginnen und mit dem Dank enden. Wichtig ist es, immer wieder nachzufragen, wenn man etwas nicht verstanden hat.

Auswertung

Zunächst werden die Befragungsergebnisse in der Klasse zusammengetragen und eventuelle Unklarheiten gemeinsam geklärt. Dann werden die Erkenntnisse aus der Expertenbefragung zusammengefasst und festgehalten, z. B. von jedem Einzelnen als Hefteintrag oder gemeinsam auf einem Wandplakat.

1. *Nehmt mit einem Politiker oder einer Politikerin Kontakt auf und führt die Expertenbefragung durch.*
2. *Sammelt Fragen für eure Expertenbefragung. Die Beispiele können eine Anregung sein.*

1
Warum wollten Sie Bundestagsabgeordneter werden?

2
Haben Sie schon einmal anders als Ihre Fraktion gestimmt?

Eine Klasse im Gespräch mit einem Bundestagsabgeordneten

3
Haben Sie sich schon als Schüler für Politik interessiert?

4
Welche Eigenschaften und Fähigkeiten braucht man als Politker?

5
Wie ist Ihre Arbeitsbelastung als Abgeordneter?

6
Müssen Sie immer so abstimmen, wie Ihre Fraktion es will?

Zum Rollenverständnis der Opposition

Die klassische Lehre von der Gewaltenteilung entspricht heute nicht mehr der Wirklichkeit. Das Parlament steht nicht mehr als Ganzes der Regierung gegenüber. Vielmehr wird die Regierung von der Regierungsmehrheit im Parlament unterstützt. Die Kontrolle muss daher vorrangig von der Minderheit im Parlament, die in Opposition zu der Regierung steht, ausgeübt werden. Das Bundesverfassungsgericht hat das „Recht auf Bildung und Ausübung einer Opposition" zu den grundlegenden Prinzipien einer freiheitlichen demokratischen Grundordnung erklärt.

Norbert Lammert (CDU)

Auszug aus der Rede von Bundestagspräsident Dr. Norbert Lammert bei der ersten Sitzung des 16. Deutschen Bundestages am 18. 10. 2005

Liebe Kolleginnen und Kollegen, für die Arbeit wie für das Ansehen des Parlaments ist die Opposition im Übrigen nicht weniger wichtig als die Regierung. Regiert wird überall auf der Welt, von wem und unter welchen Bedingungen auch immer. Was ein politisches System als Demokratie qualifiziert, ist nicht die Existenz einer Regierung, sondern die Existenz eines Parlamentes und seine gefestigte Rolle im Verfassungsgefüge wie in der politischen Realität.

(http://www.bundestag.de/cgibin/druck.pl 27. 08. 2007)

Auszug aus der Antwort von Dr. Guido Westerwelle zur Regierungserklärung der Bundeskanzlerin – Rede im Deutschen Bundestag am 30. 11. 2005

„Eine Opposition ist in ihren Qualitäten nicht dann staatstragend, wenn sie eine wohlwollende Beurteilung durch die Bundesregierung oder durch ihre Parteien findet. ... Die Opposition ist die Begrenzung der Regierungsmacht und die Verhütung der Totalherrschaft."

Das waren die Worte des Oppositionsführers Kurt Schumacher am 21. September 1949 im Deutschen Bundestag. Was damals galt, bei einer Stimme Mehrheit, das gilt umso mehr bei der Begrenzung der Regierungsmacht einer sogenannten großen Koalition. Gerade in Zeiten einer großen Koalition kommt auch auf die Opposition eine besondere Verantwortung zu. Diese werden wir wahrnehmen.

Guido Westerwelle (FDP)

*(http://www.fdp-fraktion.de/... 27. 08. 2007 / *Kurt Schumacher, Parteivorsitzender der SPD, 1946–1952)*

Peter Müller (CDU)

Aus einem Brief des saarländischen Ministerpräsidenten Peter Müller an die CDU-Vorsitzende Angela Merkel, in: Welt am Sonntag vom 06. 08. 2000

Von der CDU als der größten Oppositionspartei erwarten die Menschen nicht Widerspruch zur Regierung als Selbstzweck, sondern klare, konstruktive Antworten auf die drängenden Fragen der politischen Tagesordnung.

(aus: Welt am Sonntag, 6. 8. 2000, S. 3)

Beschreibe anhand der Aussagen der drei Politiker die Aufgaben einer parlamentarischen Opposition. Welche Aufgabe hältst du für besonders wichtig? Begründe deine Meinung.

Kontrolle der Regierung durch den Bundestag

Vorgang

A Eine Oppositionsfraktion verlangt von der Bundesregierung eine ausführliche schriftliche Antwort zu einem Thema. Über die Antwort gibt es dann eine Aussprache im Bundestag.

B Eine Oppositionspartei schlägt in der Beratung in einem Ausschuss eine Änderung des Gesetzentwurfs der Regierung vor.

C Es wird aufgeklärt, ob der Verdacht stimmt, dass ein Minister sich unkorrekt verhalten hat.

D Nach der Regierungserklärung des Kanzlers wirft der Oppositionsführer der Regierung vor, sie habe sich zu wenig für die politische Stärkung des Europäischen Parlaments eingesetzt.

E Mitglieder einer Oppositionspartei beantragen schriftlich bei der Regierung, die finanziellen Mittel des Bundespresseamts für Informationsschriften erheblich zu kürzen. Über den Antrag wird von der Regierung eine schriftliche Stellungnahme vorgelegt. Dann wird über die Angelegenheit im Bundestag diskutiert und abgestimmt.

F In der Aussprache über ein bestimmtes aktuelles Thema wird in Kurzbeiträgen eine bestimmte Zeit lang diskutiert.

G Verschiedene Abgeordnete erhalten von der Bundesregierung eine mündliche Antwort auf Fragen, die sie in der Vorwoche formuliert hatten. Die Abgeordneten können jeweils Zusatzfragen stellen.

H Eine Fraktion lässt beim Bundesverfassungsgericht prüfen, ob ein Gesetz, das gegen ihre Stimmen zustande kam, mit dem Grundgesetz ganz übereinstimmt.

I Mehrere Abgeordnete einer Fraktion verlangen schriftlich zu einem bestimmten Thema eine kurze Auskunft der Bundesregierung, die als Bundestagsdrucksache veröffentlicht wird.

J Der Oppositionsführer verlangt in einer Rede im Plenum, dass die Bundesregierung noch mehr Geldmittel für den sozialen Wohnungsbau vorsehen soll.

K Abgeordnete können in den Sitzungswochen mittwochs um 13 Uhr 30 Minuten lang die Bundesregierung vor allem zu deren vorangegangener Kabinettsitzung befragen.

Mittel zur Kontrolle

1 Grundsatzdebatte im Plenum
2 Beratung in den Ausschüssen
3 Aktuelle Stunde
4 Fragestunde
5 Große Anfrage
6 Befragung der Bundesregierung
7 Antrag
8 Untersuchungsausschuss
9 Verfassungsklage
10 Verabschiedung des Bundeshaushalts
11 Kleine Anfrage

Der Abgeordnete Josef Winkler (Bündnis 90 / Die Grünen) eröffnet eine Aktuelle Stunde im Bundestag, 28.3.2007

Welcher Vorgang gehört zu welchem „Mittel zur Kontrolle"?

Weitere Informationen im Internet unter: www.bundestag.de

Das Bundesverfassungsgericht

Senat des Bundesverfassungsgerichts bei einer Urteilsverkündung

Aufgabe

Das Bundesverfassungsgericht in Karlsruhe wacht über die Einhaltung des Grundgesetzes.
Alle staatlichen Stellen sind zur Beachtung der Grundrechte verpflichtet. Kommt es dabei zum Streit, kann das Bundesverfassungsgericht angerufen werden. Seine Entscheidung ist unanfechtbar. An seine Rechtsprechung sind alle übrigen Staatsorgane gebunden.
Die Arbeit des Bundesverfassungsgerichts hat auch politische Wirkung. Das wird besonders deutlich, wenn das Gericht ein Gesetz für verfassungswidrig erklärt. Sein Maßstab ist allein das Grundgesetz. Bei seinen Entscheidungen darf nicht maßgebend sein, ob sie politisch zweckmäßig sind.

Organisation

Das Bundesverfassungsgericht wird nur auf Antrag tätig. Ein Katalog von Verfahrensarten schreibt vor, wann das Gericht angerufen werden kann. Die wichtigsten Verfahrensarten sind die Verfassungsbeschwerde, das Normenkontrollverfahren und der Verfassungsstreit. Außerdem ist das Gericht für Wahlprüfungsbeschwerden und Parteiverbote zuständig.
Das Bundesverfassungsgericht besteht aus sechzehn Richterinnen und Richtern. Die eine Hälfte wählt der Bundestag, die andere der Bundesrat, jeweils mit Zweidrittelmehrheit. Die Amtszeit beträgt zwölf Jahre.

Das Gericht setzt sich aus zwei Senaten mit jeweils acht Mitgliedern zusammen. Die Zuständigkeit für Verfassungsbeschwerden und Normenkontrollen ist auf beide Senate verteilt. In allen übrigen Verfahren entscheidet nur der Zweite Senat des Bundesverfassungsgerichts.
In jedem Senat gibt es drei Kammern mit jeweils drei Mitgliedern. Die Kammern entscheiden vor allem darüber, ob eine Verfassungsbeschwerde überhaupt angenommen wird. Die Arbeit der Kammern entlastet die Senate. Denn jährlich gehen mehr als 5000 Verfassungsbeschwerden beim Bundesverfassungsgericht ein. Geleitet wird das Bundesverfassungsgericht von einer Präsidentin bzw. einem Präsidenten.

Verfassungsbeschwerde
Wenn man sich durch eine Behörde, ein Gericht oder ein Gesetz in seinen Grundrechten verletzt fühlt, kann man eine Verfassungsbeschwerde erheben. Allerdings kann man das erst, wenn man vorher die zuständigen Gerichte erfolglos angerufen hat. Eine Verfassungsbeschwerde kann abgelehnt werden, wenn die geltend gemachte Grundrechtsverletzung kein besonderes Gewicht hat.

Normenkontrollverfahren
Nur das Bundesverfassungsgericht darf feststellen, dass ein Gesetz, also eine Norm, mit dem Grundgesetz nicht vereinbar ist (z. B. das Luftsicherheitsgesetz). Wenn also ein anderes Gericht ein Gesetz für verfassungswidrig hält und es deshalb nicht anwenden will, muss es die Entscheidung des Bundesverfassungsgerichts einholen. Darüber hinaus können die Bundesregierung, eine Landesregierung oder ein Drittel der Mitglieder des Bundestages überprüfen lassen, ob ein Gesetz verfassungsgemäß ist.

Verfassungsstreit
Das Bundesverfassungsgericht kann auch dann angerufen werden, wenn zwischen Verfassungsorganen oder zwischen Bund und Ländern Meinungsverschiedenheiten über die Auslegung des Grundgesetzes bestehen.

1 *Verfolge anhand des Schemas auf Seite 28 den Gang der Gesetzgebung beim Luftsicherheitsgesetz.*
2 *Welche Aufgabe obliegt dem Bundespräsidenten am Ende eines Gesetzgebungsverfahrens? Warum hat er empfohlen, das Gesetz vom Bundesverfassungsgericht überprüfen zu lassen?*
3 *Wie hat das höchste Gericht die Frage, ob es unter Umständen zulässig ist, unschuldige Flugzeuginsassen zu töten, entschieden?*
4 *Welche Verfahrensart war Grundlage für die Entscheidung des Bundesverfassungsgerichts?*

Luftsicherheitsgesetz ist verfassungswidrig

Den Hintergrund der Neuregelungen bildeten u. a. die terroristischen Anschläge auf das Word Trade Center in New York vom 11. 09. 2001. Konkreter Anlass des Gesetzentwurfs war allerdings erst die Entführung eines Kleinflugzeugs in Frankfurt am Main im Januar 2003.

Die erste Beratung (Lesung) des Gesetzentwurfes der Bundesregierung erfolgte am 30. 01. 2004.

Strittigster Punkt der Neuregelung war der § 14 Absatz 3. Danach sollte der Verteidigungsminister ermächtigt werden können, als äußerste Maßnahme den Abschuss von entführten Flugzeugen anzuordnen, wenn diese als „fliegende Waffen" gegen Menschen eingesetzt werden sollten.

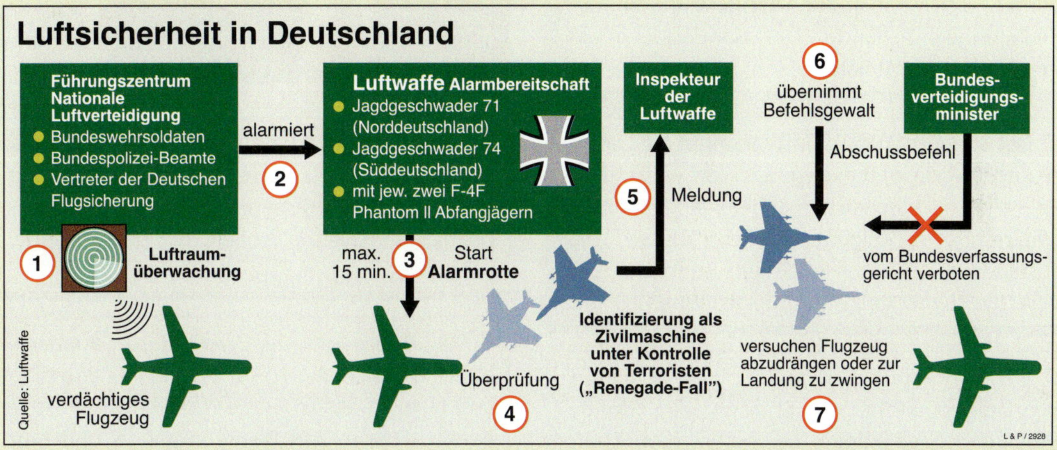

Nach Abschluss der 1. Beratung wurde der Entwurf an die zuständigen Ausschüsse überwiesen.

Die 2. und 3. Beratung fand am 18. 06. 2004 statt. Mit den Stimmen von SPD und Bündnis 90 / Die Grünen folgte das Parlament der Beschlussempfehlung des Innenausschusses und stimmte dem Entwurf zu.

Der Bundesrat rief den Vermittlungsausschuss an. Ein Einigungsvorschlag kam nicht zustande.

Der Bundesrat legte noch Einspruch ein. Dieser wurde aber vom Bundestag am 24. 09. 2004 mit den Stimmen von SPD und Bündnis 90 / Die Grünen zurückgewiesen.

Der Bundespräsident unterzeichnete das Gesetz. Es wurde verkündet und trat am 15. 01. 2005 in Kraft.

Bundespräsident Horst Köhler unterzeichnete zwar das umstrittene Gesetz, machte aber gleichzeitig verfassungsrechtliche Bedenken geltend und empfahl, das Gesetz vom Bundesverfassungsgericht überprüfen zu lassen. Der Bundespräsident bezweifelte vor allem die Vereinbarkeit der Bestimmungen mit dem Grundrecht auf Leben und körperliche Unversehrtheit. Einzelne Bürger legten Verfassungsbeschwerde ein. Klage erhoben auch einzelne Bundesländer.

Am 15. 02. 2006 verkündete das Bundesverfassungsgericht sein Urteil. Danach ist der Abschuss gekaperter Passagierflugzeuge zur Abwehr eines Terroranschlages mit dem Grundgesetz, insbesondere mit der Menschenwürdegarantie des Artikel 1 und dem Recht auf Leben nach Artikel 2 nicht vereinbar.

Mit dem Urteil war das Gesetz gescheitert. Es ist nun Aufgabe der Bundesregierung und des Parlamentes, auf der Grundlage des Urteils ein neues, verfassungskonformes Gesetz zu schaffen.

Der Bundespräsident

A Der Bundespräsident wirkt bei der Regierungsbildung mit: Er schlägt dem Bundestag den Bundeskanzler vor und ernennt ihn nach erfolgter Wahl. Auf Vorschlag des Bundeskanzlers ernennt und entlässt er die Minister.

B Der Bundespräsident oder sein Bevollmächtigter, z. B. der Außenminister, unterschreibt Verträge mit anderen Staaten. Die Verträge kommen vorher durch politische Verhandlungen der Regierungen zustande. Der Bundestag muss ihnen zugestimmt haben.

Horst Köhler (Bundespräsident von 2004–2010) mit seiner Ehefrau Eva. Nach seinem Rücktritt wurde Christian Wulff am 30.06.2010 zum neuen Bundespräsidenten gewählt.

C Der Bundespräsident unterzeichnet die Gesetze und lässt sie im Bundesgesetzblatt verkünden. Bei verfassungsrechtlichen Bedenken kann er die Unterschrift verweigern. Vor ihm müssen die zuständigen Minister und der Bundeskanzler bzw. die Bundeskanzlerin unterschreiben.

D Der Bundespräsident übt für den Bund das Begnadigungsrecht aus. Er kann also Strafen beseitigen oder mildern bei bestimmten Strafverfahren, z. B. bei Verurteilungen wegen Spionage oder wegen Terrorismus.

E Wenn ein anderer Staat einen Diplomaten als Botschafter nach Deutschland entsenden möchte, fragt er beim Bundespräsidenten nach, ob die Bundesrepublik dieser Entsendung zustimmt. Der Bundespräsident empfängt dann auch den Diplomaten und nimmt sein Beglaubigungsschreiben entgegen.

F Der Bundespräsident mahnt durch Reden und in Gesprächen zu parteipolitischer Neutralität. So kann er die Aufmerksamkeit auf langfristige politische Probleme lenken, die gelöst werden müssen.

G Der Bundespräsident vertritt die Bundesrepublik Deutschland völkerrechtlich. Er empfängt und besucht ausländische Politiker und Politikerinnen, Staats- und Regierungschefs und führt politische Gespräche. Dabei stimmt er sich mit der Bundesregierung ab.

H Der Bundespräsident vertritt die Ehrenhoheit des Bundes. Deshalb verleiht er Orden und Ehrenzeichen, z. B. das Bundesverdienstkreuz. Durch die Künstlerhilfe und die Übernahme von Ehrenpatenschaften hilft er vielen Menschen in der Bundesrepublik Deutschland.

Der Bundespräsident hat Aufgaben im Inland und Aufgaben gegenüber dem Ausland. Welche der genannten acht Aufgaben gehören zur ersten Gruppe, welche zur zweiten?

Weitere Informationen über den Bundespräsidenten gibt es im Internet unter: www.bundespraesident.de

Die ehemaligen Bundespräsidenten

Theodor Heuss 1949–1959

Heinrich Lübke 1959–1969

Gustav Heinemann 1969–1974

Walter Scheel 1974–1979

Karl Carstens 1979–1984

Richard von Weizsäcker 1984–1994

Roman Herzog 1994–1999

Johannes Rau 1999–2004

Das Wichtige in Kürze

Gewaltenteilung

Auf Bundesebene wie auf Landesebene ist die Macht zwischen der gesetzgebenden, der vollziehenden und der rechtsprechenden Gewalt aufgeteilt. Diese drei Gewalten kontrollieren sich auch gegenseitig.

Föderalismus

Das lateinische Wort „foedeus" bedeutet so viel wie Bündnis. Von Föderalismus spricht man, wenn sich mehrere Bundesländer zu einem Bundesstaat zusammenschließen und die Regierungen von Bund und Ländern eng zusammenarbeiten. Die Bundesrepublik besteht aus 16 Bundesländern, die über den Bundesrat an der Gesetzgebung mitwirken. Die Zuständigkeit bei der Gesetzgebung zwischen Bund und Ländern ist im Grundgesetz festgelegt. Im alleinigen Kompetenzbereich der Länder liegen z. B. die Bildung und die Polizei. Auf kommunaler Ebene werden die Fragen entschieden, die Bürger vor Ort direkt betreffen.

Gesetzgebung

Der Bundestag hat die gesetzgebende Gewalt (Legislative). Bevor ein Gesetzentwurf zum Bundesgesetz wird, müssen drei Beratungen im Bundestag stattfinden und der zuständige Ausschuss muss sich damit befassen. Auch der Bundesrat muss beteiligt werden; dabei wird zwischen einfachen und zustimmungsbedürftigen Gesetzen unterschieden. Der Bundespräsident unterzeichnet das Gesetz. Erst wenn das Gesetz im Bundesgesetzblatt verkündet wurde, tritt es in Kraft.

Regierungsbildung

Wenn bei der Bundestagswahl keine Partei eine absolute Mehrheit der Bundestagssitze erreicht hat, müssen sich Parteien zu einem Bündnis für die Regierungsbildung (Koalition) zusammenschließen. Die Koalitionsparteien einigen sich auf das Sachprogramm der künftigen Regierung.

Bundesregierung

Die Bundesregierung hat mithilfe der Verwaltung die Gesetze zu vollziehen (Exekutive). Bei wichtigen politischen Fragen fällt die Bundeskanzlerin bzw. der Bundeskanzler die Grundsatzentscheidung (Richtlinienkompetenz). Innerhalb der Richtlinien leitet jede Ministerin und jeder Minister sein Ministerium in eigener Verantwortung.

Parlamentarische Kontrolle

Die Bundesregierung wird durch den Bundestag kontrolliert. Dies geschieht vor allem durch Anfragen, Anträge, Fragestunden, Aktuelle Stunden, Debatten sowie bei der Verabschiedung des Haushalts. Die Kontrolle wird insbesondere von den Fraktionen wahrgenommen, die nicht die Regierung tragen, also von der Opposition.

Bundesverfassungsgericht

Das Bundesverfassungsgericht in Karlsruhe wacht über die Einhaltung des Grundgesetzes. Wenn Meinungsverschiedenheiten im Zusammenhang mit dem Grundgesetz entstehen, entscheidet das Bundesverfassungsgericht.

Bundespräsident

Der Bundespräsident ist das Staatsoberhaupt der Bundesrepublik Deutschland. Er hat insbesondere Aufgaben, bei denen er den Staat repräsentiert. So vertritt er die Bundesrepublik Deutschland völkerrechtlich gegenüber dem Ausland. In seinem Handeln und seinem Auftreten steht der Bundespräsident über den Parteien, er ist parteipolitisch neutral. Die Amtszeit des Bundespräsidenten dauert fünf Jahre; eine Wiederwahl ist einmal möglich.

Hessen – eins von 16 Bundesländern

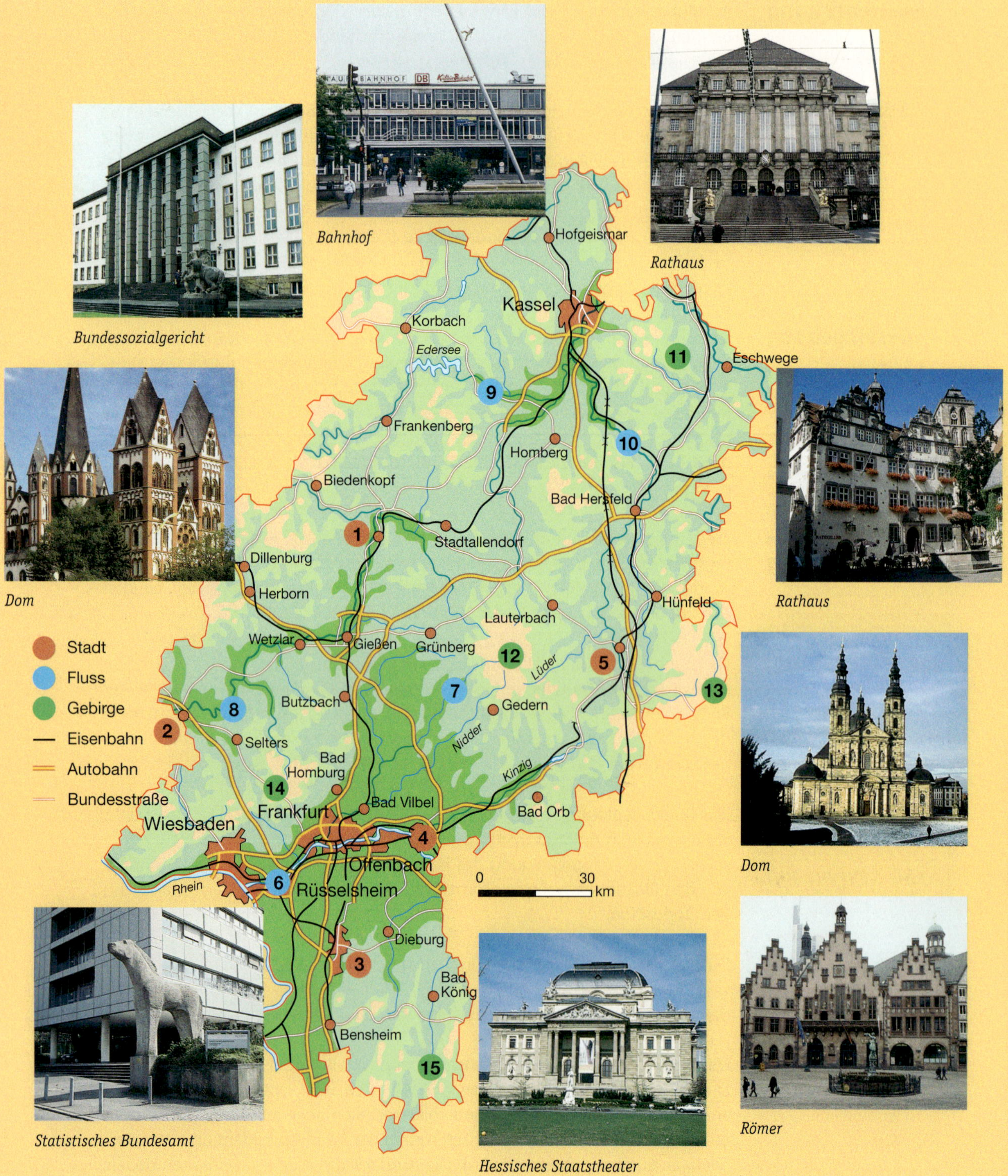

Bahnhof

Rathaus

Bundessozialgericht

Dom

Rathaus

Dom

Statistisches Bundesamt

Hessisches Staatstheater

Römer

Bundesland Hessen

Fläche: 21 115 km²
Einwohner: 6 069 333 (März 2008)
Bevölkerungsdichte: 287,4 Einwohner je km²
Arbeitslosenquote: 6,2 Prozent (Okt. 2008)
Größte Städte: Frankfurt (652 610), Wiesbaden (Landeshauptstadt, 275 562), Kassel (193 518), Darmstadt (141 257), Offenbach (117 564)
Politische Gliederung: 3 Regierungsbezirke (Darmstadt, Gießen, Kassel), 5 kreisfreie Städte (Darmstadt, Frankfurt/M., Kassel, Offenbach, Wiesbaden), 21 Landkreise, 426 Gemeinden
Regierung: Koalition zwischen CDU und FDP (Landtagswahl: 18. 01. 2009)
Ministerpräsident: Roland Koch (CDU)

Offizielle Website: www.hessen.de

Blick in den Plenarsaal des Landtags

Bund oder Land – wer ist zuständig?	**Bund**	**Land**
Direktwahl der Bürgermeister und Landräte hat sich bewährt		
Ausbau der Bundesautobahn beschlossene Sache		
Mehrwertsteuererhöhung noch in diesem Jahr?		
Die Polizei erhält neue Einsatzfahrzeuge		
Landesbürgschaft für die Maikorn AG im Gespräch		
Flughafen Rhein/Main: Ausbau ist beschlossene Sache		
Kündigungsschutz soll weiter gelockert werden		
Mehrere neue Ganztagsschulen geplant		
Kommunale Zuschüsse für Kläranlagen erhöht		
Deutsche Botschafterin für Nepal ernannt		
Neue Lehrpläne für die Realschule in der Diskussion		
Mehr Geld für Entwicklungshilfe		
Gesetz zur Gesundheitsreform in der Kritik		
Luftverkehrsabkommen mit Russland verlängert		

1 *Auf der Landkarte von Hessen fehlen die Namen von fünf Städten, fünf Flüssen und fünf Gebirgen. Ordne die Namen der jeweiligen Nummer zu: Darmstadt, Fulda, Hanau, Limburg, Marburg – Eder, Fulda, Lahn, Main, Nidda – Meißner, Odenwald, Rhön, Taunus, Vogelsberg.*

2 *Die neun Fotos auf Seite 38 zeigen bekannte Gebäude in hessischen Städten. Findet heraus, in welcher Stadt die einzelnen Gebäude jeweils stehen.*

3 *Sieben Schlagzeilen haben mit der Zuständigkeit des Landes Hessen, sieben mit der Zuständigkeit des Bundes zu tun. Kreuze auf deinem Arbeitsblatt an oder notiere die Schlagzeilen auf einem Blatt in zwei Spalten „Bund" und „Land".*

Informationen über das Bundesland Hessen gibt es im Internet unter: www.hessen.de

Landtagswahl

Der Landtag ist die gewählte Vertretung der Bürgerinnen und Bürger Hessens und damit das höchste Verfassungsorgan des Landes, von dem sich die gesamte Staatsgewalt in Hessen ableitet. Nur der Landtag darf Gesetze beschließen und den Landeshaushalt verabschieden. Er wählt zudem den Ministerpräsidenten oder die Ministerpräsidentin. Die Abgeordneten kontrollieren die Landesregierung und sorgen dafür, dass die Öffentlichkeit über das Tun der Regierung informiert wird.

Der hessische Landtag wird für eine Legislaturperiode von fünf Jahren gewählt. Gesetzlich vorgeschrieben ist eine Zahl von 110 Abgeordneten, die in einer Verbindung von Persönlichkeitswahl und Verhältniswahl gewählt werden. Jede Wählerin und jeder Wähler hat zwei Stimmen: eine Wahlkreisstimme für die Wahl eines Wahlkreisabgeordneten (Persönlichkeitswahl) und eine Landesstimme für die Wahl der Landesliste einer Partei (Verhältniswahl). Es ist möglich, die Wahlkreisstimme dem Kandidaten der einen Partei und die Landesstimme einer anderen Partei zu geben. Dies bezeichnet man als Stimmensplitting.

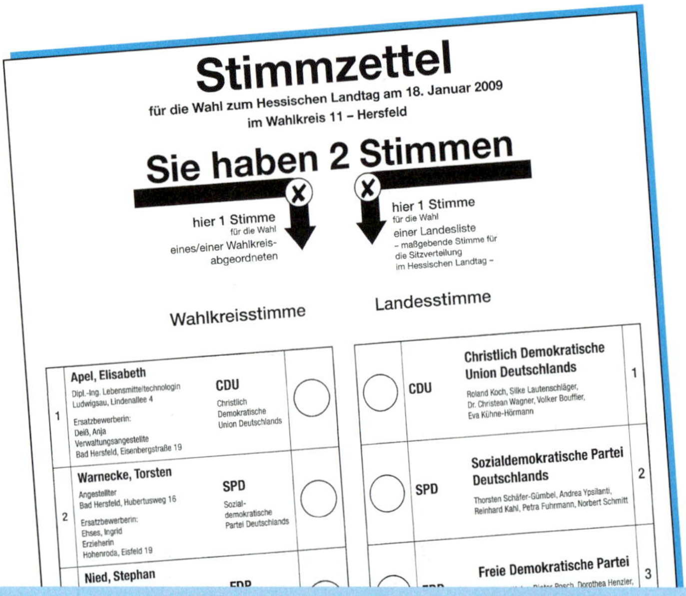
Stimmzettel
für die Wahl zum Hessischen Landtag am 18. Januar 2009
im Wahlkreis 11 – Hersfeld

Sie haben 2 Stimmen

hier 1 Stimme für die Wahl eines/einer Wahlkreisabgeordneten

hier 1 Stimme für die Wahl einer Landesliste – maßgebende Stimme für die Sitzverteilung im Hessischen Landtag –

Wahlkreisstimme

1	Apel, Elisabeth Dipl.-Ing. Lebensmitteltechnologin Ludwigsau, Lindenallee 4 Ersatzbewerberin: Deiß, Anja Verwaltungsangestellte Bad Hersfeld, Eisenbergstraße 19	CDU Christlich Demokratische Union Deutschlands	○
2	Warnecke, Torsten Angestellter Bad Hersfeld, Hubertusweg 16 Ersatzbewerberin: Ehses, Ingrid Erzieherin Hohenroda, Eisfeld 19	SPD Sozialdemokratische Partei Deutschlands	○
	Nied, Stephan	FDP	○

Landesstimme

○	CDU	Christlich Demokratische Union Deutschlands Roland Koch, Silke Lautenschläger, Dr. Christean Wagner, Volker Bouffier, Eva Kühne-Hörmann	1
○	SPD	Sozialdemokratische Partei Deutschlands Thorsten Schäfer-Gümbel, Andrea Ypsilanti, Reinhard Kahl, Petra Fuhrmann, Norbert Schmitt	2
○		Freie Demokratische Partei	3

Hessen ist in 55 Wahlkreise aufgeteilt. In jedem Wahlkreise wird ein Kandidat oder eine Kandidatin mit den Wahlkreisstimmen in den Landtag gewählt (Direktmandat). Gewählt ist, wer die meisten der gültigen Stimmen auf sich vereinigt. Die Landesstimmen entscheiden über die restlichen Abgeordnetensitze im Landtag. Für jede Partei werden die erhaltenen Landesstimmen addiert, sie erhält dann die Anzahl an Sitzen, die ihrem Stimmenanteil an den insgesamt abgegebenen gültigen Stimmen entspricht (Verhältniswahl). Es werden allerdings nur die Parteien berücksichtigt, die mindestens 5 % der Stimmen erhalten haben (Sperrklausel). Je weiter vorn ein Kandidat auf der Liste seiner Partei steht, desto besser sind seine Chancen, über die Landesliste in den Landtag zu kommen. Die Parteien veröffentlichen ihre Landeslisten vor der Wahl.

Überhangmandate entstehen, wenn von einer Partei mehr Wahlreisbewerberinnen und -bewerber in den Landtag gewählt werden, als der Partei Sitze nach der Verhältnisrechnung zustehen. Die hierdurch entstehenden Überhangmandate werden ausgeglichen. Das bedeutet, dass die Zahl der Mandate im Landtag über die gesetzlich festgelegten 110 hinaus so lange erhöht wird, bis die Partei mit den Überhangmandaten die entsprechende Anzahl an Man-

Landtagswahl 2009: Wahlplakate der fünf Parteien, die den Sprung in den Landtag geschafft haben

5-mal richtig, 5-mal falsch

1 Bei der hessischen Landtagswahl werden immer genau 110 Abgeordnete in den Landtag gewählt.
2 Ein Wähler kann seine Wahlkreisstimme dem Kandidaten der Partei A und seine Landesstimme der Partei B geben.
3 In den Landtag kommen nur die Kandidaten, die in ihrem Wahlkreis jeweils die meisten Stimmen erhalten haben.
4 Gewählt werden kann jede Person mit deutscher Staatsangehörigkeit, die am Wahltag 18 Jahre alt ist.
5 Landtagsmandate werden an die Gewinnerinnen und Gewinner in den Wahlkreisen vergeben.
6 Wenn eine Kandidatin ihren Wahlkreis gewinnen will, muss sie mehr als 50 % der gültigen Stimmen erhalten.
7 Wegen der Vergabe der Mandate nach der Wahlkreisstimme spricht man von einer Persönlichkeitswahl.
8 Eine Kandidatin, die in ihrem Wahlkreis die meisten Wahlkreisstimmen erhält, kommt in den Landtag.
9 Eine Partei kann auch in den Landtag kommen, wenn keiner ihrer Wahlkreiskandidaten seinen Wahlkreis gewinnt.
10 Ein Stimmzettel, auf dem nur die Landesliste einer Partei angekreuzt wurde, ist ungültig.

daten auch nach der Verhältnisrechnung erhält. Auf der Basis der erhöhten Mandatszahl werden dann auch die Sitzansprüche der übrigen an der Sitzverteilung teilnehmenden Parteien neu berechnet, sodass auch diese unter Umständen zusätzliche Mandate, sogenannte Ausgleichsmandate, erhalten.

Wahlberechtigt sind alle Deutschen, die am Wahltag das 18. Lebensjahr vollendet haben und seit mindestens drei Monaten in Hessen wohnen (aktives Wahlrecht). Wählbar sind alle Deutschen, die 21 Jahre alt sind und seit mindestens einem Jahr in Hessen wohnen (passives Wahlrecht).

Landtagswahl 2009 – das Ergebnis

	Landesstimmen		Wahlkreisstimmen	
Wahlberechtigte	4 375 286	–	4 375 286	–
Wähler/Wahlbeteiligung	2 670 385	61,0 %	2 670 385	61,0 %
ungültige Stimmen	78 513	2,9 %	89 961	3,4 %
gültige Stimmen	2 591 872	97,1 %	2 580 424	96,6 %
– CDU	963 763	37,2 %	1 083 174	42,0 %
– SPD	614 648	23,7 %	767 068	29,7 %
– FDP	420 426	16,2 %	304 755	11,8 %
– GRÜNE	356 040	13,7 %	274 492	10,6 %
– DIE LINKE	139 074	5,4 %	117 300	4,5 %

(Hessisches Statistisches Landesamt. Der Landeswahlleiter für Hessen/ www.statistik-hessen.de 30. 01. 2009)

Sitzverteilung im Landtag

CDU	46
SPD	29
FDP	20
B'90/DIE GRÜNEN	17
DIE LINKE	6
Sitze insgesamt	118

Die gesetzlich vorgeschriebene Anzahl von 110 Mandaten hat sich aufgrund von Überhang- und Ausgleichsmandaten auf 118 erhöht.

(Landesportal Hessen/ www.hessen.de 30. 01. 2009)

1 *Kreuze auf deinem Arbeitsblatt bei jeder Aussage an, ob sie richtig oder falsch ist oder notiere. Stelle anschließend die fünf falschen Aussagen richtig.*

2 *Was fällt dir beim Ergebnis der Landtagswahl 2009 auf, was bei der Sitzverteilung?*

Der Weg eines Landesgesetzes

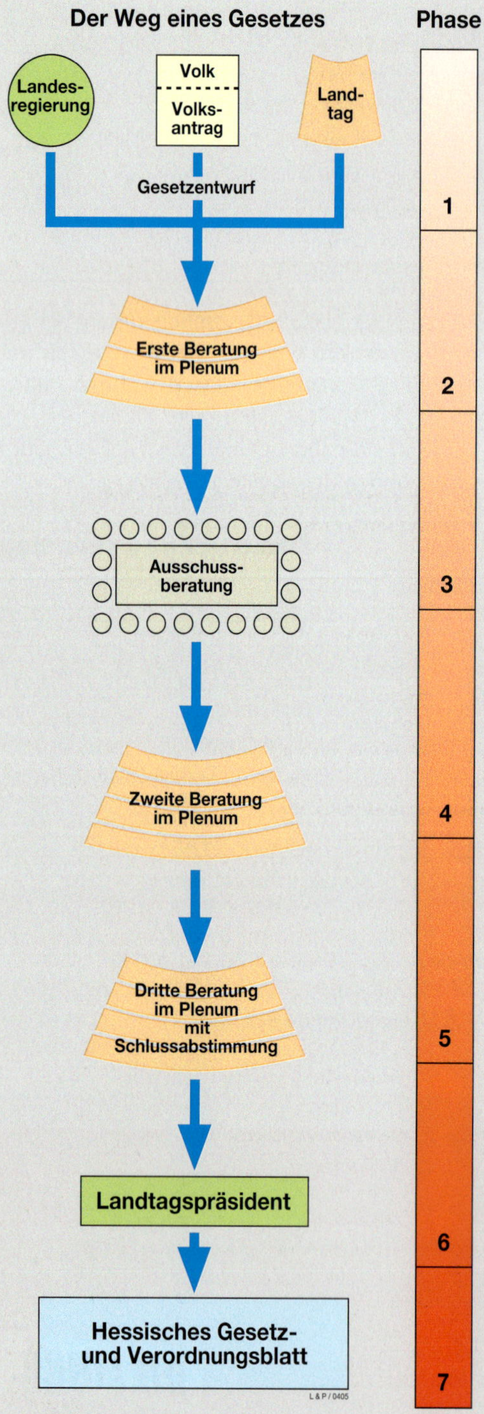

A Sie erfolgt auf die zweite Beratung und beginnt mit der nochmaligen Beratung der Einzelbestimmungen. Am Ende dieser Beratung steht die Schlussabstimmung. Ein Gesetz ist angenommen, wenn die Mehrheit der anwesenden Abgeordneten zustimmt. Bei verfassungsändernden Gesetzen ist in der Schlussabstimmung eine Zweidrittelmehrheit erforderlich.

B Der Landtagspräsident beurkundet und übermittelt das Gesetz.

C Gesetzentwürfe können von der Landesregierung, dem Landtag (mindestens fünf Abgeordnete oder eine Fraktion) oder vom Volk (Volksbegehren, mindestens 1/5 der Stimmberechtigten) eingebracht werden.

D Der Gesetzentwurf wird in dem fachlich zuständigen Landtagsausschuss beraten. Der Ausschuss kann dem Plenum eine Annahme, Abänderung oder Ablehnung der Gesetzesvorlage empfehlen.

E Das Gesetz wird im Gesetz- und Verordnungsblatt verkündet und tritt somit in Kraft.

F Sie dient der Begründung und Aussprache über die Grundsätze der Gesetzesvorlage. Das Plenum kann die Gesetzesvorlage ablehnen, für erledigt erklären oder zur weiteren Beratung an einen Ausschuss überweisen.

G Sie erfolgt auf der Grundlage der Ausschussempfehlung. Über die Einzelbestimmungen wird beraten und abgestimmt. Bei Ablehnung aller Teile einer Vorlage findet keine weitere Beratung statt, ausgenommen bei Haushalts- und verfassungsändernden Gesetzen.

Welche Beschreibung gehört zu welcher Phase?

Befragung eines Landtagsabgeordneten

Aus einem Interview mit dem Landtagsabgeordneten Aloys Lenz (CDU)

A *Seit weit über 30 Jahren bin ich Kreistagsabgeordneter im Main-Kinzig-Kreis, zwischenzeitlich war ich auch Gemeindevertreter in meinem Heimatort Großkrotzenburg. Über dieses ehrenamtliche Engagement bin ich vor gut 25 Jahren zur hauptberuflichen Politik als Nachrücker in den Hessischen Landtag gekommen. Danach wurde ich sieben Mal in meinem Wahlkreis Main-Kinzig II als Landtagsabgeordneter gewählt. Das Doppelmandat als ehrenamtlich und hauptberuflich tätiger Abgeordneter habe ich die ganzen Jahre bis heute beibehalten, weil der unmittelbare Kontakt zur Bevölkerung für mich als Abgeordneten unerlässlich ist.*

Aloys Lenz
Leitender Schulamtsdirektor a. D., CDU, Wahlkreis: 41 – Main-Kinzig II

B *Besuche bei Verbänden und Vereinen, die Teilnahme an repräsentativen Veranstaltungen und Gespräche mit Lobbyisten aus allen Bereichen gehören zur täglichen Arbeit. Dadurch und durch die vorgetragenen Anliegen bei Bürgersprechstunden und die Bearbeitung einzelner Petitionen von Bürgerinnen und Bürgern sowie durch vielfältige Kontakte bei Parteiveranstaltungen werden eine Vielzahl von Themen und Problemen an mich herangetragen. Um deren Lösung bemühe ich mich immer wieder intensiv bei den entsprechenden Behörden oder sonstigen Institutionen. Die Anwesenheit im Wahlkreis und die Pflege der Kontakte dort sowie die Wahrnehmung von örtlichen Terminen in den Städten und Gemeinden nimmt etwa die Hälfte meiner Zeit in Anspruch. Die zweite Hälfte füllen die parlamentarischen Verpflichtungen in der Landeshauptstadt Wiesbaden aus. Ich bin Vorsitzender des Europaausschusses sowie Mitglied des Kuratoriums der Landeszentrale für politische Bildung und des Ausschusses für Wissenschaft und Kunst. In diesen Funktionen muss ich neben den regelmäßigen Arbeitskreis-, Ausschuss-, Fraktions- und Plenarsitzungen an vielfältigen Gesprächs- und Anhörungsterminen teilnehmen. Bei meiner durchschnittlich 60–70 Stunden wöchentlichen Arbeitszeit gehört fast jeder Abend und ein Großteil des Wochenendes der Politik.*

C *In der Fraktion werden vor allem aktuelle landes- und bundespolitsche Themen besprochen – z. T. natürlich auch kontrovers. Hier erhält man auch wichtige Informationen zu vielfältigen Problemen und langfristigen Perspektiven der Landespolitik. Gemeinsam werden die Plenarsitzungen vorbereitet. Wenn es bisweilen unterschiedliche Positionen zwischen den verschiedenen Abgeordneten gibt, werden sie durch eine Abstimmung entschieden. – Das demokratische Prinzip, dass die Mehrheit entscheidet, gilt auch bei der Fraktionsarbeit. Um die Regierungsfähigkeit zu erhalten, werden auch Kolleginnen und Kollegen, die eine Minderheitsmeinung vertreten, bei den Abstimmungen in der Plenarsitzung des Landtages sich selbstverständlich der Mehrheit der Fraktion anschließen. Ausgenommen sind die Fragen, die das Gewissen des oder der einzelnen Abgeordneten betreffen.*

D *Als europapolitischer Sprecher habe ich in den letzten Jahren viele Anträge meiner Fraktion zum Themenbereich „Europa" im Plenum begründet und zu Initiativen der Opposition gesprochen. Ebenso habe ich dort zu mehreren Fachthemen aus dem Kulturbereich Stellung genommen. Aber auch zu aktuellen Themen, die meinen Wahlkreis betreffen, habe ich im Landtag eine Rede gehalten.*

(Originalinterview für dieses Buch, März 2009)

Notiere zu jeder Antwort ein, zwei Fragen, die dem Landtagsabgeordneten wohl gestellt wurden.

Die hessische Landesregierung

Roland Koch (hessischer Ministerpräsident von 1999 bis 2010) leistet zum Amtsantritt vor dem Landtag den Amtseid (Wortlaut siehe rechts: Artikel 111 der Landesverfassung)

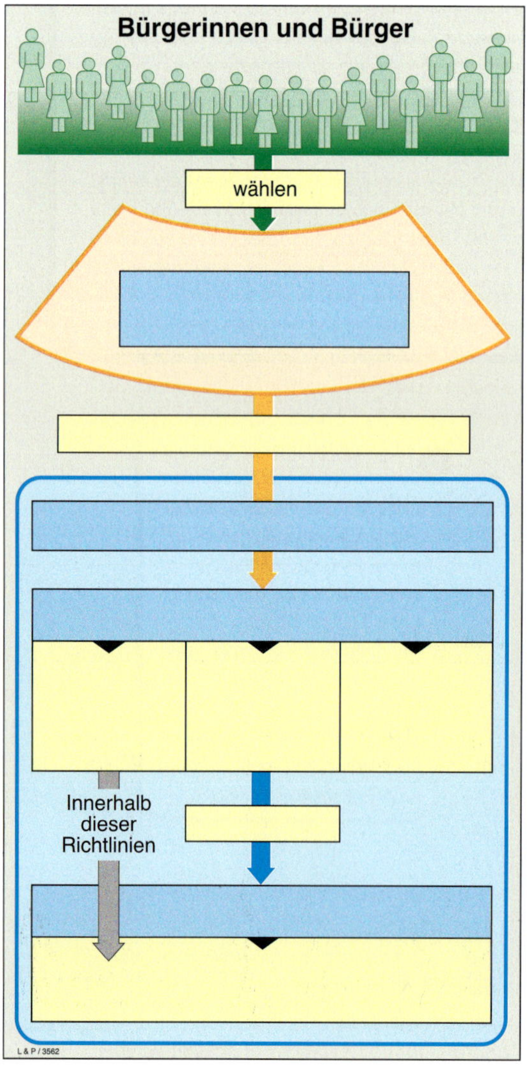

Verfassung des Landes Hessen

Artikel 100
Die Landesregierung (Kabinett) besteht aus dem Ministerpräsidenten und den Ministern.

Artikel 101
(1) Der Landtag wählt ohne Aussprache den Ministerpräsidenten mit mehr als der Hälfte der gesetzlichen Zahl seiner Mitglieder. Das Nähere bestimmt die Geschäftsordnung.
(2) Der Ministerpräsident ernennt die Minister. Er zeigt ihre Ernennung unverzüglich dem Landtag an.
(4) Die Landesregierung kann die Geschäfte erst übernehmen, nachdem der Landtag ihr durch besonderen Beschluss das Vertrauen ausgesprochen hat.

Artikel 102
Der Ministerpräsident bestimmt die Richtlinien der Regierungspolitik und ist dafür dem Landtag verantwortlich. Innerhalb dieser Richtlinien leitet jeder Minister den ihm anvertrauten Geschäftszweig selbstständig und unter eigener Verantwortung gegenüber dem Landtag.

Artikel 103
(1) Der Ministerpräsident vertritt das Land Hessen. Er kann die Vertretungsbefugnis auf den zuständigen Minister oder nachgeordnete Stellen übertragen.
(2) Staatsverträge bedürfen der Zustimmung des Landtags.

Artikel 104
(1) Der Ministerpräsident führt den Vorsitz in der Landesregierung und leitet deren Geschäfte. Bei Stimmengleichheit gibt seine Stimme den Ausschlag. (...)

Artikel 111
Beim Amtsantritt leisten der Ministerpräsident vor dem Landtag, die Minister vor dem Ministerpräsidenten in Gegenwart des Landtags folgenden Amtseid: „Ich schwöre, dass ich das mir übertragene Amt unparteiisch nach bestem Wissen und Können verwalten sowie Verfassung und Gesetz in demokratischem Geiste verfolgen und verteidigen werde."

Artikel 112
Der Ministerpräsident kann jeden Minister mit Zustimmung des Landtags abberufen.

Artikel 113
(1) Der Ministerpräsident und die Minister können jederzeit zurücktreten. Rücktritt oder Tod des Ministerpräsidenten bedeutet zugleich Rücktritt der gesamten Landesregierung. (...)

Eingang der Hessischen Staatskanzlei in Wiesbaden

Die Staatskanzlei ist der Amtssitz des Ministerpräsidenten und die Regierungszentrale des Landes. Hier treffen sich die Ministerinnen und Minister unter dem Vorsitz des Ministerpräsidenten zu ihren regelmäßig stattfindenden Kabinettsitzungen. Innerhalb der Landesregierung hat der Ministerpräsident den Vorrang, seine politischen Vorgaben sind für jeden Minister und jede Ministerin verbindlich.
Im Gebäude der Staatskanzlei befinden sich auch die Landeszentrale für politische Bildung und das Statistische Landesamt, zwei Landesbehörden, die der Staatskanzlei nachgeordnet sind.

Die Landesregierungen seit 1946

Zeitraum	Regierungspartei(en)	Ministerpräsident
1946–1950	SPD, CDU	Christian Stock (SPD)
1950–1954	SPD	Georg August Zinn (SPD)
1954–1958	SPD, GB/BHE	Georg August Zinn (SPD)
1958–1962	SPD, GB/BHE	Georg August Zinn (SPD)
1962–1966	SPD, GB/BHE	Georg August Zinn (SPD)
1966–1970	SPD	Georg August Zinn (SPD)
ab 1969		Albert Osswald (SPD)
1970–1974	SPD, FDP	Albert Osswald (SPD)
1974–1978	SPD, FDP	Albert Osswald (SPD)
ab 1976		Holger Börner (SPD)
1978–1982	SPD, FDP	Holger Börner (SPD)
1982–1985	SPD	Holger Börner (SPD)
1985–1987	SPD, GRÜNE	Holger Börner (SPD)
1987–1991	CDU, FDP	Walter Wallmann (CDU)
1991–1995	SPD, GRÜNE	Hans Eichel (SPD)
1995–1999	SPD, GRÜNE	Hans Eichel (SPD)
1999–2003	CDU, FDP	Roland Koch (CDU)
2003–2009	CDU	Roland Koch (CDU)
2009–2010	CDU, FDP	Roland Koch (CDU)
ab 2010	CDU, FDP	Volker Bouffier (CDU)

Die Landesministerien

Die Landesministerien
Hessisches Ministerium des Innern und für Sport
Hessisches Ministerium der Finanzen
Hessisches Ministerium der Justiz, für Integration und Europa
Hessisches Ministerium für Wissenschaft und Kunst
Hessisches Kultusministerium
Hessisches Ministerium für Wirtschaft, Verkehr und Landesentwicklung
Hessisches Ministerium für Arbeit, Familie und Gesundheit
Hessisches Ministerium für Umwelt, Energie, Landwirtschaft und Verbraucherschutz
Minister für Bundesangelegenheiten
Chef der Staatskanzlei im Rang eines Ministers

(Stand: 2009)

1 *Das Schaubild auf Seite 44 stellt den in den Verfassungsartikeln genannten Zusammenhang zeichnerisch dar. Trage auf deinem Arbeitsblatt die markierten Textpassagen in das Schaubild ein.*

2 *Was fällt dir in der Übersicht „Landesregierungen seit 1946“ auf? Erläutere in diesem Zusammenhang die Begriffe „Einparteienregierung“ und „Koalitionsregierung“.*

3 *Führe eine Internetrecherche zum Thema „Landesregierung“ durch:*
- *Erstelle einen Steckbrief zur Person des Ministerpräsidenten: Name, Parteizugehörigkeit, politischer Werdegang, aktuelle Meldungen.*
- *Ermittle die wichtigsten Aufgaben der Staatskanzlei.*
- *Erstelle zu jedem Ministerium einen Steckbrief: Bezeichnung, Name des Ministers/der Ministerin und Parteizugehörigkeit, Hauptaufgaben des Ministeriums, aktuelle Meldungen.*

Du kannst deine Recherche beim Landesportal Hessen beginnen: www.hessen.de. Über den Link „Bürger & Staat“ in der Kopfleiste gelangst du zu einer Stichwortleiste. Klicke dort „Landesregierung“ an …

Das Wichtige in Kürze

Bundesland Hessen

Landeswappen

Mit etwa sechs Millionen Einwohnern gehört Hessen zu den mittelgroßen Flächenstaaten der Bundesrepublik Deutschland. Das Land Hessen wurde im Jahr 1945 als eigenständiger Staat gegründet und erhielt seine Verfassung per Volksentscheid 1946. Die Landeshauptstadt ist Wiesbaden. Das Landeswappen erinnert an die geschichtlichen Ursprünge des Hessenlandes. Es zeigt im blauen Schilde einen silbern und rot geteilten steigenden Löwen mit goldenen Krallen. Auf dem Schild ruht ein Gebinde aus goldenem Laubwerk. Die hessischen Landesfarben sind rot-weiß.

Landesaufgaben

Der Zuständigkeitsbereich des Landes umfasst: Schulen, Kultur, Hochschulen, Polizei, Rundfunk, Landesplanung. Entsprechend erlässt das Land auch Gesetze für die Schulen, die Hochschulen, die Polizei. Im kulturellen Sektor finanziert das Land z. B. Staatstheater und -galerien, unterstützt Museen und Volkshochschulen. So sind z. B. Polizisten oder Lehrer Beamte des Landes. Die Gemeinden, Landkreise und Städte werden vom Land bei der Bewältigung ihrer Aufgaben unterstützt.

Gesetzgebung

Ein Gesetzentwurf kann per Volksantrag, vom Landtag oder der Landesregierung eingebracht werden. Mindestens zwei Beratungen müssen stattfinden und der zuständige Ausschuss muss sich damit befassen, bevor ein Landesgesetz verabschiedet werden kann. Der Landtagspräsident beurkundet das Gesetz. Der Ministerpräsident fertigt das Gesetz aus. Erst wenn es im Hessischen Gesetz- und Verordnungsblatt veröffentlicht wurde, ist es gültig.

Abgeordnete

Die Abgeordneten werden vom Volk gewählt und vertreten es im Parlament. Sie sind auf Zeit gewählt und erhalten für ihre Arbeit Diäten. Zu ihrer Arbeit gehört die Betreuung des Wahlkreises, die Tätigkeit im Plenum und in den Arbeitskreisen. Bei ihren Entscheidungen sind sie nicht an Aufträge oder Weisungen gebunden, sondern nur ihrem Gewissen verantwortlich.

Landtagswahl

Die Landtagswahl in Hessen ist eine Verbindung von Persönlichkeits- und Verhältniswahl. Jede Wählerin und jeder Wähler hat zwei Stimmen: Mit der Wahlkreisstimme wird ein Wahlkreisabgeordneter oder eine Wahlkreisabgeordnete und mit der Landesstimme die Landesliste einer Partei gewählt. Wer in einem der 55 Wahlkreise die meisten Stimmen erhält, zieht über ein Direktmandat in das Landesparlament ein. Die Landesstimmen entscheiden über die Verteilung der restlichen Abgeordnetensitze im Parlament. Alle fünf Jahre wird der Landtag gewählt.

Landesregierung

Der Ministerpräsident oder die Ministerpräsidentin wird vom Landtag gewählt. Er oder sie ernennt die Minister und Ministerinnen, die vom Parlament bestätigt werden müssen. Der Ministerpräsident oder die Ministerpräsidentin bestimmt die Richtlinien der Landespolitik und ist dem Landtag gegenüber verantwortlich. Die Minister und Ministerinnen leiten ihre Aufgabenbereiche nach diesen Richtlinien eigenverantwortlich.

Weißt du Bescheid?

Löse das Rätsel. Benutze das Arbeitsblatt oder notiere die gesuchten Begriffe untereinander und markiere anschließend die gelb unterlegten Buchstaben. Das Lösungswort ist die Amtsbezeichnung für eine wichtige Persönlichkeit im politischen Leben der Bundesrepublik Deutschland.

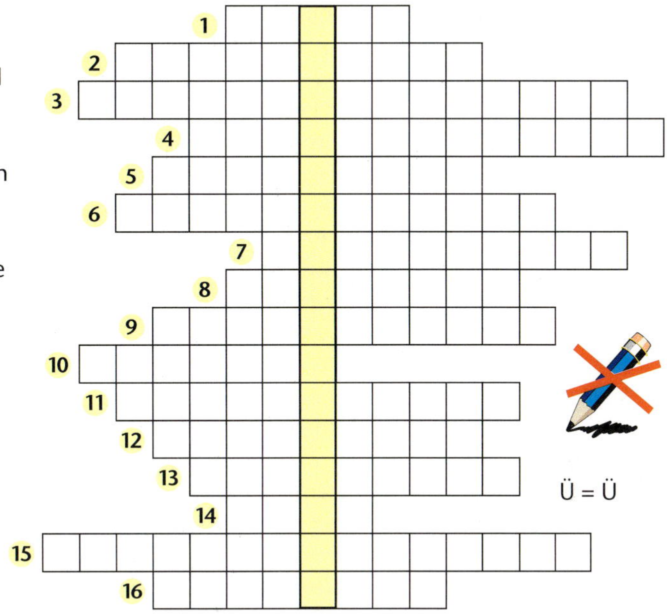

Ü = Ü

1 Anderer Begriff für Interessenverbände
2 Müssen stattfinden, bevor ein Gesetz verabschiedet wird
3 Können bei der Bundestagswahl entstehen, wenn sich für eine Partei viele Direktmandate ergeben
4 Bestimmt die Richtlinien der Politik im Bund
5 Ein Wahlgrundsatz
6 Sie geht vom Volk aus
7 Diejenigen, die in einem Parlament gegenüber der Regierung und den regierenden Parteien oft eine andere Meinung vertreten
8 Politische Gruppierungen, die Grundsatzprogramme haben und z. B. an der Willensbildung des Volkes mitwirken
9 Bezeichnung für einen Staat, in dem die Bürgerinnen und Bürger vor großer persönlicher Not geschützt sind
10 Mittel des Parlaments zur Kontrolle der Regierung
11 Bezeichnung für einen Staat, in dem z. B. die Richter unabhängig sind von Parlament und Regierung
12 Bündnis von Parteien zur Regierungsbildung
13 Organ, durch das die Bundesländer bei der Bundesgesetzgebung mitwirken
14 Anzahl der Stimmen bei der Bundestagswahl
15 Aufteilung der Macht im Staat
16 Zusammenschluss der Abgeordneten der gleichen Partei in einem Parlament

Was wollen die Karikaturen jeweils zum Ausdruck bringen?

(Peter Leger)

(Jan Tomaschoff)

Weißt du Bescheid?

Bilde aus den Silben die fehlenden Begriffe. Trage sie auf dem Arbeitsblatt in die freien Felder ein.

ä – Ab – Aus – Aus – be – bi – Bun – che – dat – De – de – de - den – des – Di – Di – en – fas – fas – Fö – ge – ge – hält – he – hen – Ka – kal – Karls – kra – lis – lo – man – men – mo – mus – ne – nett – nis – num – ord – Par – Ple – ra – rekt – richt – ru – schuss – schwer – stim – spra – sungs – sungs – tei – ten – ten – tie – Ver –Ver – ver – voll – Wahl – wahl – zie – Zweit

1 Die … wirken an der politischen Willensbildung mit.
2 In einer … geht die Staatsgewalt vom Volk aus.
3 Die Stimmabgabe bei Wahlen erfolgt in einem … .
4 Bei Bundestagswahlen erhält ein …, wer im Wahlkreis die meisten Stimmen bekommt.
5 Die Anzahl der … entscheidet darüber, wie viele Abgeordnete einer Partei in den Bundestag kommen.
6 Mit … ist gemeint, dass sich mehrere Länder zu einem Bundesstaat zusammenschließen.
7 Bei der … erhält eine Partei so viele Sitze, wie es ihrem prozentualen Wahlergebnis entspricht.
8 Nach dem Prinzip der Gewaltenteilung gehören Regierungen zur … Gewalt.
9 Die Vollversammlung eines Parlaments wird auch als … bezeichnet.
10 Bei der Gesetzgebung ist der … der Ort für gründliche und ins Einzelne gehende Beratungen.
11 Als … bezeichnet man die Regierungschefin bzw. den Regierungschef und die Minister und Ministerinnen.
12 Der Bundeskanzler bzw. die Bundeskanzlerin wird vom Bundestag ohne … gewählt.
13 Das … entscheidet bei Meinungsverschiedenheiten im Zusammenhang mit dem Grundgesetz.
14 Mit … sind die Gelder gemeint, mit denen Abgeordnete bezahlt werden.
15 Über die Nebeneinkünfte von … wird in der Öffentlichkeit immer wieder heftig gestritten.
16 Das Bundesverfassungsgericht hat seinen Sitz in … .
17 Wer sich in seinen Grundrechten durch den Staat verletzt fühlt, kann eine … erheben.

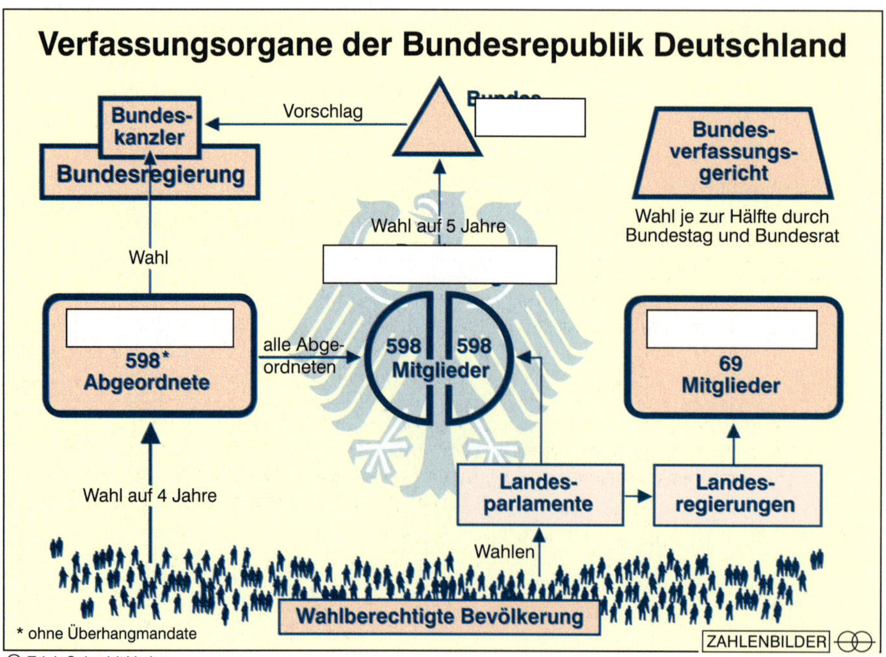

 62 110

Vervollständige das Schaubild.
Ergänze auf dem Arbeitsblatt die folgenden Begriffe:
- Bundesregierung
- Bundespräsident
- wahlberechtigte Bevölkerung
- Landesparlamente
- Bundesrat
- Bundeskanzler
- Bundesversammlung
- Bundestag
- Bundesverfassungsgericht

Jugend in der Gesellschaft

Mit zunehmendem Alter wachsen Jugendliche mehr und mehr in ihre Rolle als Staatsbürger oder Staatsbürgerin hinein. In einigen Bundesländern sind Jugendliche sogar bereits im Alter von 16 Jahren bei Kommunalwahlen wahlberechtigt und können über die Zusammensetzung der Gemeindevertretung oder des Stadtrates wie Erwachsene mitbestimmen. Oft wird Jugendlichen allerdings nachgesagt, sie hätten kaum Interesse an Politik. Zudem wird von manchen Erwachsenen bemängelt, die Jugendlichen würden sich nur um ihre eigenen Belange kümmern und sich zu wenig für andere engagieren.

In diesem Kapitel geht es um die neue Rolle, die Jugendliche als Heranwachsende in der Gesellschaft einnehmen. Dabei wird auf die folgenden Fragen eingegangen:

- Wie ist die Jugend? Welche Werte vertritt sie?
- Wie verbringen Jugendliche ihre Freizeit? Engagieren sie sich auch für andere?
- Haben Jugendliche Interesse an Poltik? Was ist mit Politikverdrossenheit gemeint?
- Warum ist Rechtsextremismus ein Problem? Welche Ursachen hat er? Was kann jeder Einzelne dagegen tun?
- Welche verschiedenen sozialen Gruppen gibt es? Wie kann Menschen mit besonderen Problemen geholfen werden?
- Wie sollte der Jugendkriminalität begegnet werden? Was ist Resozialisierung?

Wie ist die Jugend?

Null Bock war gestern

Es kann einem angst und bange werden. Die Jugend, unser aller Zukunft, kommt aus den Schlagzeilen gar nicht mehr heraus. Beim PISA-Test lag sie ganz hinten. Nur beim Prügeln, Mobben, Rauchen und Kiffen, da spielen die Sprösslinge angeblich in der ersten Liga. So legt es zumindest eine Studie der Weltgesundheitsorganisation nahe.

Fasst man die Berichte und gängigen Klischees zusammen, entsteht ein hässliches Zerrbild. Mal sind unsere Hoffnungsträger dumm, faul, aggressiv und respektlos. Dann verwöhnt, oberflächlich, asozial. Mit Neigung zu Markenklamotten und Handyschulden einerseits. Zu Zigaretten, Alkohol und Cannabis andererseits. Aber stehen diese Meldungen wirklich für die Mehrheit der Heranwachsenden in unserem Land?

Ehrgeizige Girlies holen auf

Der Jugendforscher Prof. Klaus Hurrelmann aus Bielefeld hält dagegen: „Antriebslos sind nur wenige. Der Großteil von etwa 55 Prozent ist sehr leistungsbereit. Gerade die Mädchen haben aufgeholt, sind fast ehrgeiziger als die Jungen." Er sieht das Dilemma der Generation woanders. Das Leben bietet ihnen scheinbar alles an, aber nichts ist beständig. Wirtschaftskrise, Globalisierung, Hartz IV. Mehr arbeiten für weniger Geld,

harter Aufprall im sozialen Netz, kein Job fürs Leben. Mehr als jeder dritte junge Angestellte hat einen befristeten Arbeitsvertrag. Sicher ist nur, dass nichts mehr sicher ist. [...]

Dabei hat die Pubertät, dieses große Tal der Tränen, Wutausbrüche und geknallten Türen, viel von seinem Schrecken verloren. [...] Nie war die Nähe der Kinder zu ihren Eltern stärker als heute. In einer aktuellen HÖRZU-Umfrage gab die große Mehrheit (93%) der 14- bis 21-Jährigen an, dass ihre Eltern immer für sie da waren. Mit ihren Problemen würden die meisten zu ihren Freunden gehen, aber mehr als jeder Dritte zu Mama und Papa. Zarte Abgrenzung statt harter Ablehnung.

Jugendliche wenden sich den Freunden zu, sind Cliquentiger statt junge Wilde – aber die Eltern werden als wichtiger Rückhalt empfunden. „Nervig wird es nur, wenn sie mich mit Fragen löchern, die ich lieber mit Freunden oder meinen Brüdern besprechen möchte", sagt beispielsweise Marian (14) aus Hamburg. Bei einem Streit in den eigenen vier Wänden geht es meist um Alltägliches wie „Ich ziehe an, was mir gefällt" oder „Ich will länger in die Disco". Die Weltanschauung der Eltern finden die meisten „ganz okay". „Die Stimmung in den Familien ist friedlicher, es wird mehr geredet, weniger verheimlicht. Auch das Thema Sex wird nur noch selten zum Kriegsschauplatz", sagt die Entwicklungspsychologin Bärbel Kracke aus Jena. Sie nennt die Basisqualifikationen der Zukunft: der Glaube an die Fähigkeiten, Eigeninitiative, Bereitschaft zur Mobilität und Flexibilität sowie Lernen bis ins hohe Alter.

Top: Beruf, Fairness, Sparsamkeit

Also keine Revolte, nirgends? Der Soziologe Heinz Reinders aus Mannheim ließ 1200 Jugendliche dazu befragen, was ihnen wichtig ist im Leben. Demnach steht die Vorbereitung auf den späteren Beruf an erster Stelle (93%), dicht gefolgt vom fairen und sozial verantwortlichen Handeln. Ebenfalls in den Top drei: Sparsamkeit. Meilenweit kein Punk, Öko, Hippie –

die Eltern waren rebellischer als ihre Zöglinge. Grundbürgerliche Vernunft, so scheint es, regiert die Nachkommen.

„Diese Generation mischt die Werte der Eltern mit denen der Großeltern", bestätigt Klaus Hurrelmann den Trend, der sich bereits in der Shell-Studie 2002 abzeichnete. „Die Kinder der Wohlstandsgesellschaft wachen auf und haben Angst vor der Zukunft. Aber sie sind nicht so gelähmt wie mancher Erwachsene." Denn sie wissen, dass ihnen nichts in den Schoß gelegt wird. Doch folgen den hehren Wünschen auch Taten? Der nötige „Benimm-Unterricht" an vielen Schulen weist auf Mankos hin. Andererseits: Im Juni fand in Norddeutschland der „soziale Tag" statt. 220 000 Schüler haben einen Tag lang geschuftet, beim Nachbarn den Keller ausgemistet oder den Rasen gemäht. Freiwillig und für einen guten Zweck – über drei Millionen Euro kamen zusammen. Wenn es um andere Kinder oder das eigene Umfeld geht, ist viel Tatkraft da – aber wenig Presse.

Etwa 80 Prozent der Jugendlichen entwachsen der Pubertät mit den üblichen Verwerfungen, doch ohne große Probleme. Rund 14 Prozent werden psychisch auffällig. Auch für Jungen wird das gute Aussehen immer wichtiger, sie entwickeln Essstörungen, die früher nur bei Mädchen diagnostiziert wurden. Die Medien machen es vor: Nur wer attraktiv ist, hat Erfolg. „Wer sich zu dick oder hässlich fühlt, kann ernsthafte Störungen entwickeln, Diäten sind schon bei jungen Mädchen üblich. Hinzu kommt: Viele haben jahrelang nur eines gehört – Jugendarbeitslosigkeit", so der Jugendarzt Uwe Büsching aus Bielefeld über die Ängste seiner Patienten.

Gerade die Hauptschulen haben sich von der einst anerkannten Schulform vielfach zu einer Verliererstraße für sozial Benachteiligte oder Ausländer gewandelt. „Bei einem Fünftel der Jugend, vor allem jungen Männern,

wächst das Potenzial für abweichendes, aggressives oder radikales Verhalten, das auch in rechten Gruppen ausgelebt wird", sagt Jugendforscher Hurrelmann und mahnt eine spezielle Männerförderung an. „Junge Menschen brauchen Erfolgserlebnisse, damit können die Lehrer gar nicht allein fertig werden." Leider passt es ins Bild, dass bei den Jungwählern im strukturschwachen Sachsen die rechtsextreme NPD jüngst zweitstärkste Kraft wurde. Hurrelmann: „Hier hat sich eine starke Unzufriedenheit mit den Volksparteien zusammengebraut. Darum haben die Braunen mit „Schnauze voll"-Parolen so viel Erfolg bei jungen Wählern, die sich eigentlich kaum für Politik interessieren."

Auch an einer anderen Front herrscht Handlungsbedarf. Laut HÖRZU-Studie hatte mehr als jeder Fünfte zwischen 11 und 14 Jahren bereits den ersten Vollrausch, 13 Prozent haben Cannabis probiert. Generell gilt: Je früher einer einsteigt, desto schwerer fällt später das Aufhören. Ganz abgesehen von den Schäden für einen jungen, sich in der Entwicklung befindlichen Körper.

(Dagmar Weychardt in: HÖRZU, Nr. 41, 1. 10. 2004, S. 7–9)

„Die Jugend heute …" – Fasse wichtige Ergebnisse des Zeitschriftenartikels zusammen, indem du den Satzanfang durch Kurzaussagen ergänzt:

- *Die Jugend heute ist überwiegend (55 Prozent) sehr leistungsbereit, wobei die Mädchen fast noch ehrgeiziger sind als die Jungen.*
- *Die Jugend heute …*

Jugend und Werte

Kriminologin: Jugend lernt Werte anders als frühere Generationen

Tübingen (dpa) – Die Moralvorstellungen Jugendlicher entstehen nach Beobachtungen der Tübinger Psychologin Kerstin Reich heute anders als bei früheren Generationen.

„Kinder nehmen Werte als verhandelbar wahr, daher sehen viele von ihnen Normverstöße auch als weniger problematisch an“, sagte Reich, deren kriminologisches Team an der Universität Tübingen über das Kriminalitätsverständnis Jugendlicher forscht, in einem dpa-Gespräch. Kinder ahmten dabei das Verhalten ihrer Eltern nach. „Die Sehnsucht nach den alten Werten ist allseits groß, aber für sich selbst machen auch Erwachsene gerne Ausnahmen“, sagte Reich. „Wenn der Vater gerne Verkehrsregeln bricht, darf er sich daher nicht wundern, wenn der Sohn ohne schlechtes Gewissen Raubkopien aus dem Netz zieht.“

Anders als bei früheren Generationen lernen Jugendliche Moral heute weniger als Sammlung autoritär durchgesetzter Ge- und Verbote kennen. „Prinzipien wie Menschenwürde und soziale Gerechtigkeit spielen eine viel größere Rolle“, sagte Reich. „Heutige Jugendliche suchen auch stärker nach differenzierten Antworten zu den Ursachen einer kriminellen Handlung – denken über die persönliche und soziale Situation eines Täters nach.“ Das erfordere ein größeres Urteilsvermögen als die klassische Moralvorstellung, führe aber gleichzeitig zu weniger eindeutigen Antworten. In der Grauzone des noch Erlaubten oder schon Verbotenen fällt es Jugendlichen heute oftmals schwer, sich richtig zu orientieren. „Gerade bei kleineren Normverstößen wie Kaufhausdiebstählen oder Graffiti-Schmierereien siegt im inneren Dialog oft der Wille nach sofortigem Genuss über das Bedürfnis, sich richtig zu verhalten“, sagte Reich. (...)

(http://www.newsclick.de/index.jsp/artid/5055634/menuid/2186 13.02.2006)

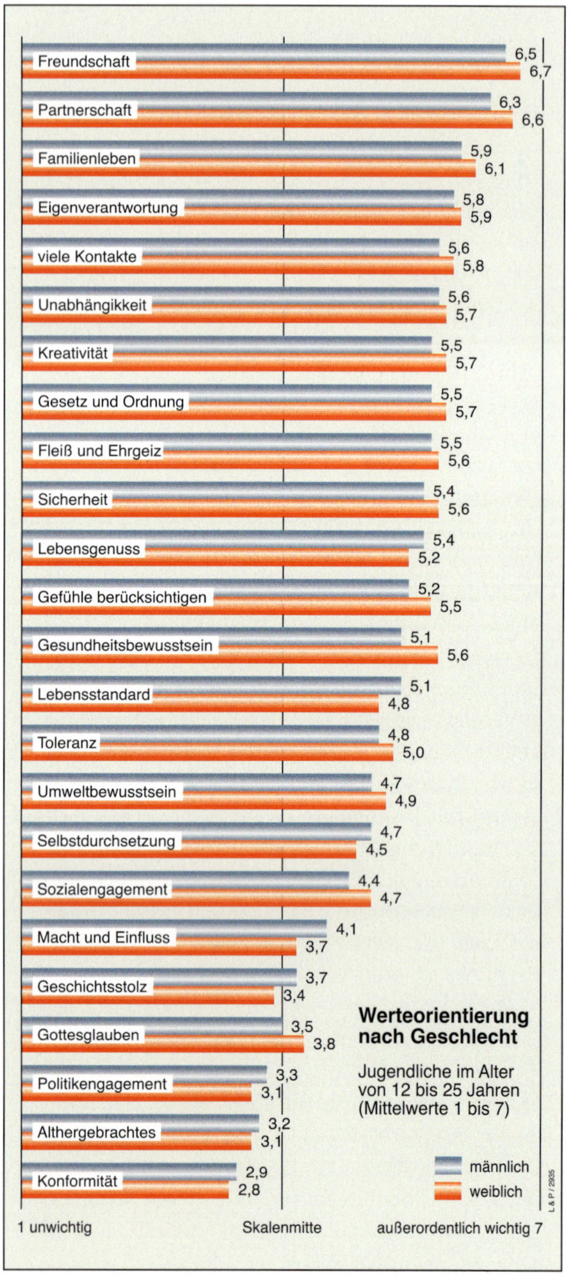

(aus: Jugend 2006, Abb. 57. Hg.: Shell Deutschland Holding GmbH, Hamburg und Fischer TB-Verlag, Frankfurt a. M. 2006)

1. *Was spricht dafür, dass Werte nicht mehr wie früher autoritär durchgesetzt werden? Was spricht dagegen, dass sie als verhandelbar angesehen werden?*
2. *Ist eine Straftat keine Straftat mehr, wenn der Täter für sein Delikt eine gute Begründung hat? Notiere deine Überlegungen und diskutiert anschließend in der Klasse.*
3. *Betrachte die Grafik: Was fällt dir auf, was hättest du so nicht erwartet?*

Jugend und gesellschaftliches Engagement

Engagement. Von wegen Spaßgeneration. Neue Studien zeigen: Vor allem Jugendliche setzen sich für andere ein. (...)

Helfen? Ist doch Ehrensache!" steht auf den T-Shirts der Jugendlichen, die sich rund um die begeisterte Bundesjugendministerin aufgestellt haben. Insgesamt sind es über 150 junge Leute, die im Dezember zum Tag des Ehrenamtes nach Berlin eingeladen waren. Stellvertretend für all diejenigen, die mit angepackt hatten, als einige deutsche Städte im Hochwasser nahezu versanken.

22 Millionen Menschen engagieren sich in Deutschland für die Freiwilligenarbeit. Weitere 20 Millionen geben in Umfragen an, dass sie gern ehrenamtlich arbeiten würden. 37 Prozent der fleißigen Helfer sind zwischen 14 und 24 Jahre alt. Die junge, noch vor kurzem als spaßlüstern verschriene Generation begeistert sich unentgeltlich besonders für Sport, Schule und in der Kindergarten-Betreuung. Lediglich drei Prozent engagieren sich in ihrer Freizeit für die Politik. Im Schnitt fünf Stunden pro Woche investieren die freiwilligen Helfer neben Schule, Studium und Beruf für die Arbeit in Vereinen und sozialen Einrichtungen.

(aus: Woman. Das Frauen- und Lifestyle Magazin, Ausgabe 02, Januar 2003, S. 26)

Wie bzw. wo man gesellschaftlich aktiv ist
Jugendliche im Alter von 12 bis 25 Jahren (in %)

Verein (z.B. Sport- oder Musikverein)	40
Schule / Hochschule	23
Kirchengemeinde, -gruppe	15
Selbst organisiertes Projekt	13
Jugendorganisation	12
Rettungsdienst, Feuerwehr	7
Greenpeace, Amnesty, Hilfsorganisation	4
Bürgerinitiative	3
Gewerkschaft	2
Partei	2
allein / persönliche Aktivität	35

(Shell Jugendstudie 2006 – TNS Infratest Sozialforschung)

Ersin, 16 Jahre, engagiert sich bei der Jugendfeuerwehr. Er möchte Menschen retten und in Notsituationen helfen. Im Winter werden die Jugendfeuerwehrleute theoretisch geschult, im Sommer finden eher praktische Übungen statt. Der Besuch von anderen Feuerwehren und Wettkämpfen stand auch bereits auf dem Programm. Im letzten Jahr war Patrick mit der Jugendfeuerwehr sogar im Ausland.

Nicole, 15 Jahre, ist bei der Umweltschutzorganisation Greenpeace aktiv. Sie hat schon an verschiedenen Workshops teilgenommen, unter anderem zu den folgenden Themen: „Rettet den Regenwald" und „Sicherung der Lebensgrundlage unserer heimischen Tierwelt". Ihr Engagement für die Umwelt und die Tiere hat ihr schon viel Lob eingebracht. Gemeinsam mit anderen Jugendlichen veranstaltet sie Straßentheater, um auf die Bedrohung für die Wildtiere hinzuweisen.

Marlon, 16 Jahre, arbeitet zweimal in der Woche ehrenamtlich im Behindertenwohnheim für Kinder und Jugendliche. Die Kinder dort sind auf ständige Betreuung und Pflege angewiesen. Marlon spielt mit ihnen, liest ihnen vor, füttert sie und begleitet sie mit erwachsenen Betreuerinnen und Betreuern bei Ausflügen. Manchmal assistiert er der Ergotherapeutin bei den gymnastischen Übungen mit den Kindern und Jugendlichen.

Lucy, 15 Jahre, gibt Nachhilfe im Aussiedlerwohnheim. Sie hilft den Schülern bei den Hausaufgaben und übt mit ihnen Deutsch. Neulich hat sie für die Kinder im Heim mit anderen Betreuern eine Jugenddisco organisiert.

1 *Notiere stichwortartig, wie sich die Jugendlichen für andere engagieren. Beziehe dabei sowohl den Zeitschriftentext und die Statistik als auch die vier geschilderten Fälle mit ein.*

2 *Sammelt Informationen und stellt eine Plakatwand zusammen, um eure Mitschülerinnen und Mitschüler über die Möglichkeiten eines Engagements für andere zu informieren.*

Jugend: Freizeit und Konsum

Lieber Freunde als Computer

Freizeitstudie: Mehr Kinder haben Handys – und mehr Kinder sind arm

BERLIN. Computer und Internet gehören für Kinder zwar immer mehr zum Alltag, die klassischen Freizeitaktivitäten wie Freunde treffen, radeln, lesen oder Fußballspielen stehen aber immer noch höher im Kurs. Das geht aus der „KidsVerbraucherAnalyse 2008“ hervor. (...)

Danach haben heute bereits 2,2 Millionen Mädchen und Jungen zwischen sechs und 13 Jahren ein eigenes Handy – Tendenz steigend. Unter den Zehn- bis Dreizehnjährigen besitzen zwei Drittel ein Mobiltelefon, bei den Jüngeren immerhin 13 Prozent. Kostenpunkt: Im Schnitt 295 Euro pro Jahr. Rund vier Millionen der knapp sechs Millionen Kinder in Deutschland nutzen zu Hause einen Computer, mehr als die Hälfte geht damit auch ins Internet.

Die Autoren der Studie sehen keinen Grund zum Kulturpessimismus. Die meisten Jungen und Mädchen halten die Nutzung von Handy und Computer zwar für selbstverständlich. Dennoch gaben rund 80 Prozent der befragten 1631 Kinder an, dass sie am liebsten Zeit mit ihren Freunden verbringen. Bei den Mädchen schafften es Computerspiele nicht einmal unter die Top Ten der beliebtesten Freizeitaktivitäten, obwohl Mädchen insgesamt bei der Computernutzung stark aufholen.

Die meisten Eltern setzen ihren Kindern außerdem klare Grenzen. So ist zum Beispiel der PC im Kinderzimmer nach wie vor die Ausnahme, nur 18 Prozent der Kinder haben der Studie zufolge einen eigenen Computer. Mehr als die Hälfte nutzt einen anderen PC oder Laptop mit. Großzügig sind die Eltern bei der Unterhaltungselektronik im Kinderzimmer. So haben inzwischen 40 Prozent der Kinder eine Stereoanlage und 33 Prozent einen Fernseher. Absolute Renner sind MP3-Player, die sich inzwischen schon in jedem dritten Kinderzimmer wiederfinden.

Lesen ist eine feste Größe für viele Kinder. Der Studie zufolge greifen regelmäßig rund vier Millionen Jungen und Mädchen zu Kinderzeitschriften, hinzu kommen Bücher und Magazine. Der Studie zufolge lesen fast die Hälfte der Gymnasiasten, aber nur 20 Prozent der Hauptschüler regelmäßig Bücher.

Mit rund 6,4 Milliarden Euro ist die Finanzkraft der Sechs- bis Dreizehnjährigen in Deutschland deutlich gestiegen. Nach Hochrechnungen der Autoren kommen bei den Kindern dieser Altersgruppe jährlich rund 2,6 Milliarden Euro an Taschengeld und Geldgeschenken zusammen, die vor allem für Süßwaren, Zeitschriften und Eis ausgegeben werden. Weitere 3,8 Milliarden Euro liegen auf Sparkonten. Für Bekleidung geben die Familien pro Kind im Schnitt 319 Euro jährlich aus, für Taschengeld 279 Euro, für Spielzeug 180 und für Geldgeschenke 153 Euro. Für die steigende Zahl von in Kindern in Deutschland, die in Armut leben, spiegelt dies nicht den Alltag. „Die Kluft zwischen Arm und Reich wächst“ (...). **ap**

(aus: Frankfurter Rundschau, 13. 08. 2008, S. 34)

Selbsterkundung: Meine Freizeit

Notiere eine Woche lang nach dem Muster, wie du deine Zeit verbringst. Die Spalte „Freizeit“ kannst du auf dreifache Weise nutzen:
- Setze ein Kreuz, wenn du die Aktivität deiner Freizeit zuordnest.
- Lasse die Spalte frei, wenn du sie nicht als Freizeit empfindest.
- Notiere ein Fragezeichen, wenn du unsicher in der Zuordnung bist.

Du kannst deine Aufzeichnungen nur für dich auswerten, z. B. den Umfang deiner Freizeit in Stunden ausrechnen. Interessanter ist es jedoch, wenn du deine Notizen mit denen einer Mitschülerin, eines Mitschülers vergleichst. Dann kann man auch über die Fragezeichen in der Spalte „Freizeit“ sprechen und gemeinsam überlegen, warum hier die Zuordnung Schwierigkeiten machte.

Tag	Aktivität	Uhrzeit	Freizeit
Mo	unseren Hund ausgeführt	14.30 – 15.00	?
	Hausaufgaben gemacht	15.00 – 16.20	
	am Computer gespielt	16.20 – 17.00	X
	Ballettunterricht	17.00 – 18.00	?
	...		
	...		
	...		

1 Werte den Zeitungstext auf deinem Arbeitsblatt durch Markieren bzw. Unterstreichen aus.
2 Notiere in Kurzaussagen die wichtigsten Feststellungen des Berichts.

Jugend und Politik: Was sagt die Statistik?

1
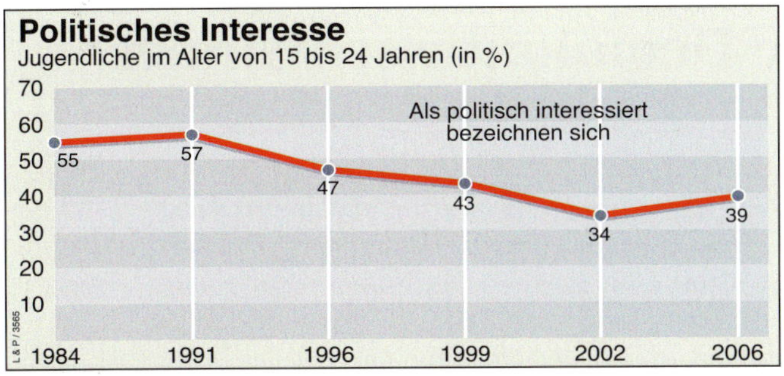

2
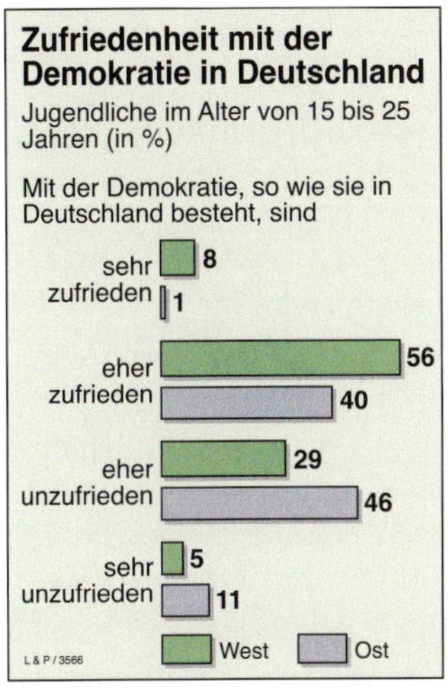

3
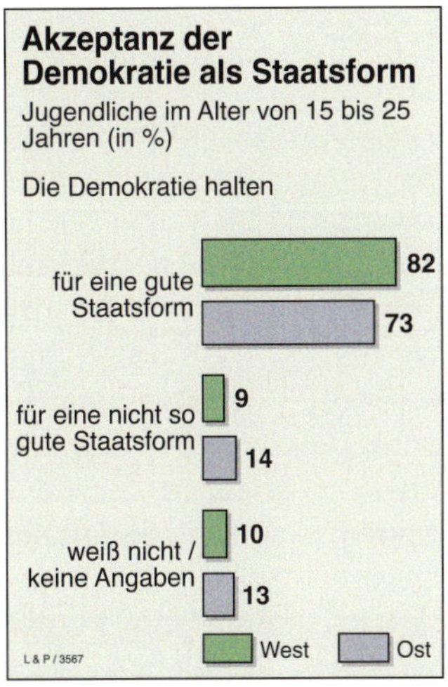

4
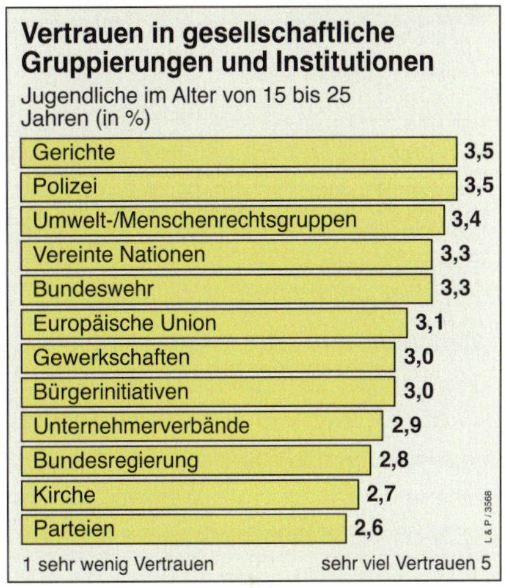

5
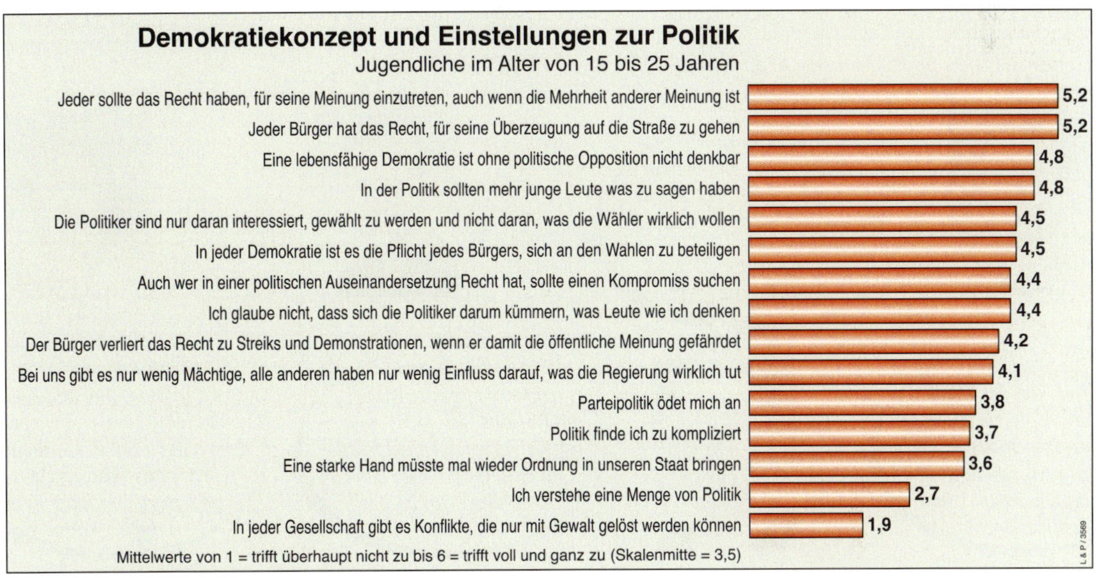

(Shell Jugendstudie 2006 – TNS Infratest Sozialforschung. Zit. nach: Shell Deutschland Holding (Hg.): Jugend 2006. Eine pragmatische Generation unter Druck. Fischer Taschenbuch Verlag, Frankfurt am Main 2006, S. 105, 111, 113, 114, 116)

Fasse die Kernaussagen jeder Grafik zusammen.

Politikverdrossenheit

Vertrauen in die Demokratie schwindet

Ergebnis einer Studie erschreckt selbst die Forscher / Jeder Zweite will nicht mehr wählen gehen

Bonn. Immer mehr Menschen entfernen sich von der Demokratie. Jeder dritte Bundesbürger glaubt einer Studie zufolge nicht mehr, dass Demokratie Probleme löst, und fast jeder Zweite kann sich vorstellen, bei der Bundestagswahl im kommenden Jahr nicht abzustimmen. (...)

Während im gesamten Bundesgebiet jeder Dritte glaubt, dass Demokratie keine Probleme mehr löst, sind in Ostdeutschland sogar 53 Prozent der Menschen dieser Ansicht. Vier von zehn Deutschen bezweifeln demnach insgesamt, dass die Demokratie überhaupt noch funktioniert.

Die Forscher hat bei ihren Interviews mit den repräsentativ ausgewählten Bürgern überrascht, dass sich nicht nur wirtschaftlich schwächere Schichten demokratiekritisch äußern, sondern der Glaube an das politische System offenbar insgesamt dramatisch zurückgegangen ist. Zuerst entfernen sich – wie erwartet – jene Schichten, die sich selbst als abgehängt oder arm betrachten. Die Distanz zur Demokratie reicht allerdings weit über diese Gruppe hinaus. „Das deutet darauf hin, dass viele Menschen fürchten, demnächst abzurutschen – und sie machen das System dafür verantwortlich", analysiert Karl.

Die Befragung hat ergeben, dass sich nur noch 62 Prozent der Bürger gerecht behandelt fühlen, während jeder Vierte (26 Prozent) sich ausdrücklich beklagt, er werde „ungerecht" behandelt. Nicht einmal jeder Dritte (31 Prozent) geht optimistisch in die kommenden Jahre; der große Rest befürchtet Einschränkungen oder sieht die Gefahr, gesellschaftlich und/oder finanziell abzurutschen.

Am ausgeprägtesten ist die Abwendung von der Demokratie aber unter Arbeitslosen und Hartz-IV-,Empfängern. „Aus persönlichem Misserfolg wird Staatsferne", urteilt Frank Karl. Die Volksparteien litten besonders stark unter diesem Vertrauensverlust: „Sie müssen Loyalität zum System organisieren und erreichen mindestens ein Drittel der Bevölkerung nicht mehr." (...)

(Jürgen Zurheide, in: Hannoversche Allgemeine Zeitung, 30. 06. 2008, S. 2)

1 *Politikverdrossenheit: Was versteht man darunter?*
2 *Werte die Zeitungsmeldung über die Studie aus. Notiere stichwortartig wichtige Erkenntnisse.*
3 *Die Forschen fanden das Ergebnis ihrer Studie „erschreckend". Warum?*
4 *Setze dich mit den vier Aussagen auseinander. Schreibe jeweils deine Meinung auf.*

Methode: Befragung

Thema: Jugend und politisches Engagement

Wenn man einzelnen Personen Fragen stellt, z. B. Passanten auf der Straße, spricht man von einer Befragung. Durch eine Befragung kann eine Klasse Interessantes zu vielen Themen erfahren, um die es im Unterricht geht.

Vorbereitung

Zunächst muss überlegt werden: Was wollen wir wissen? In welcher Reihenfolge sollen die Fragen gestellt werden? Dann muss geklärt werden, wie die Antworten festgehalten werden sollen, z. B. mit dem Kassettenrekorder oder mit der Filmkamera.

Eine Befragung kann auch mithilfe eines Fragebogens durchgeführt werden. Die Fragen müssen in diesem Fall klar und eindeutig formuliert sein. Man kann auch Antwortmöglichkeiten zur Auswahl vorgeben. Im Gegensatz zu einem Fragebogen hat eine persönliche Befragung den Vorteil, dass man differenziertere Antworten erhält, allerdings ist die Auswertung der Befragungsergebnisse meist aufwendiger.

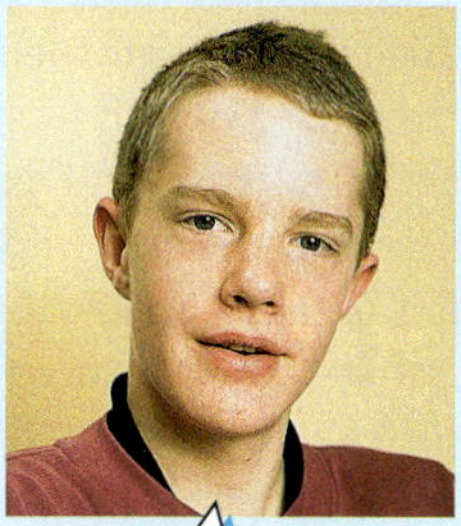

Durchführung

Bei der Durchführung der Befragung sind diese Punkte zu beachten:
- Beim Ansprechen der Personen erklären, wer man ist, und um Erlaubnis zur Befragung bitten.
- Erklären, welchem Zweck die Befragung dient.
- Nur Fragen stellen, die man selbst verstanden hat.
- Nachfragen, wenn man etwas nicht verstanden hat oder wenn sich aus einer Antwort ein unerwarteter Gesichtspunkt ergibt.
- Nach der Befragung nicht vergessen, sich zu bedanken.

Auswertung

Die Antworten der Befragten werden der gesamten Klasse mitgeteilt. Dazu können die aufgenommenen Interviews vorgespielt werden oder die Befragungsteams fassen die Ergebnisse zusammen und tragen diese den Mitschülern vor. Falls ein Fragebogen verwendet wurde, kann das Befragungsteam diesen auswerten und die Ergebnisse optisch aufbereitet der Klasse präsentieren, z. B. mithilfe von Übersichten und Grafiken.

Abschließend kann gemeinsam in der Klasse verglichen werden, ob die Befragten Ähnliches äußerten oder ob sich die Antworten voneinander unterscheiden.

Führt eine Befragung zum Thema „Jugend und politisches Engagement" durch.

Mach mit!

Die Bürgerinnen und Bürger in der Bundesrepublik Deutschland können ihr Recht auf Mitbestimmung oder Partizipation an gemeinsamen Angelegenheiten überwiegend durch politische Wahlen wahrnehmen. Daneben gibt es allerdings noch viele weitere Möglichkeiten, wie sie sich an der Gestaltung des Zusammenlebens in der demokratischen Gesellschaft beteiligen können. Auf den Karten an der abgebildeten Pinnwand sind einige Möglichkeiten aufgelistet.

Mitbestimmen? Wenn ich das schon höre! Wir Jugendliche haben doch gar nichts zu sagen, geschweige denn etwas zu bestimmen.

Politik ist Sache der Politiker. Die werden dafür bezahlt. Ich kümmere mich lieber um meinen eigenen Kram.

Nachrichtensendungen hören oder sehen, Zeitungen lesen, Leserbriefe schreiben kostet Zeit und Anstrengung. Es macht nicht immer Spaß. Wenn man sich mit seiner Meinung nicht durchsetzt, kann es sogar ziemlich frustrierend sein. Viel angenehmer ist es, sich mit Freunden zu treffen, Soaps zu gucken oder am Computer zu spielen, anstatt sich mit gesellschaftlichen oder politischen Fragen zu beschäftigen. Das stimmt. Es stimmt aber auch, dass niemand behauptet, die Demokratie wäre eine einfache oder leichte Angelegenheit.

Unsere Freiheiten, unsere Rechte, unsere Art des Zusammenlebens sind das Ergebnis einer Jahrhunderte dauernden Entwicklung. Die deutsche Geschichte hat gezeigt, dass eine Demokratie scheitern kann, wenn sich die Bürgerinnen und Bürger von ihr abwenden oder sich nicht mehr für sie interessieren. Die Wenigsten wollen Berufspolitiker werden. Wir alle sind aber dafür verantwortlich, dass die Demokratie bei uns weiterentwickelt und durch uns gelebt wird. Das ist die Verantwortung eines jeden Bürgers.

1 *Welche der auf der Pinnwand genannten Möglichkeiten hast du schon genutzt? Welche kämen für dich infrage?*

2 *Was könnte man den Aussagen in den Sprechblasen entgegenhalten? Diskutiert in der Klasse.*

3 *Worauf will die Karikatur hinweisen?*

Mitgliedschaft in einer politischen Partei

Politische Parteien spielen in der Bundesrepublik Deutschland eine wichtige Rolle. So tragen sie beispielsweise zur politischen Urteilsbildung der Bürgerinnen und Bürger bei und bilden befähigte Menschen zur Übernahme politischer Ämter aus. Jeder Bürger kann Mitglied in einer politischen Partei werden und an Parteiversammlungen teilnehmen. In den meisten Städten und Gemeinden haben sich Gruppierungen der Jugendorganisationen politischer Parteien gebildet. Diese setzen sich insbesondere für die Interessen jüngerer Bürgerinnen und Bürger ein.

Zeitungen lesen, Nachrichtensendungen schauen und hören

In nahezu jeder größeren Stadt, in jeder Region gibt es eine oder sogar mehrere Lokalzeitungen. Diese berichten darüber, was in der Welt und vor allem in der Region passiert. Hinzu kommen noch die überregional erscheinenden Tages- und Wochenzeitungen und die Fernseh- und Radiosender mit ihrem vielfältigen Angebot an Nachrichtensendungen und politischen Magazinen. Wer in der Demokratie mitbestimmen möchte, sollte informiert sein. Ansonsten trifft er oder sie Entscheidungen ausschließlich aus dem Bauch heraus. Nichts gegen den Bauch! Im Zusammenleben von Menschen treffen aber so viele unterschiedliche Meinungen und Interessen aufeinander, dass das Bauchgefühl für eine überlegte Entscheidung nicht taugt.

Leserbriefe schreiben

In jeder Lokalzeitung werden Leserbriefe abgedruckt. Sie haben den Zweck, dass Bürgerinnen oder Bürger ihre Meinung zu einer anstehenden Entscheidung oder zu einem Vorfall öffentlich äußern können. Andere Leserinnen und Leser werden so zum Nachdenken angeregt. Auf diese Weise entsteht Druck auf die gewählten Politiker und Verantwortlichen, Abhilfe zu schaffen. Aber Vorsicht: Wer einen Leserbrief schreibt, muss damit rechnen, dass dadurch andere Leser ermutigt werden, ihre abweichende Meinung ebenfalls in Leserbriefen in der Zeitung kundzutun. Man muss sich also von vornherein auf Gegenwind einstellen.

Briefe an Kommunalpolitiker schreiben

Kommunalpolitikerinnen und -politiker vertreten die Bürgerinnen und Bürger in den Angelegenheiten der Gemeinde, der Stadt oder des Landkreises. Politiker sind darauf angewiesen, von den Bürgern gewählt zu werden. Deshalb suchen sie den Kontakt zu den Bürgern. Man darf aber nicht vergessen, dass sich auch andere mit ihren Fragen und Interessen an die Politiker wenden. Die Entscheidung darüber, für wen oder was, gegen wen oder was sie sich einsetzen, liegt letztlich allein bei den politischen Akteuren.

Sich an Unterschriftensammlungen beteiligen

In Fußgängerzonen wird man manchmal angesprochen, ob man nicht für oder gegen etwas unterschreiben möchte. Auch bei Veranstaltungen werden oft Unterschriftslisten herumgereicht. Überall dort, wo viele Menschen zusammenkommen, treten Gruppierungen auf, die sich für oder gegen etwas einsetzen. Sie suchen Unterstützung für ihr Anliegen. Was man unterschreibt und was nicht, muss man sich genau überlegen. – Ganz allgemein gesagt können Unterschriftensammlungen ein gutes Mittel sein, um auf Politikerinnen und Politiker und andere Verantwortliche Druck auszuüben. Je mehr Bürgerinnen und Bürger bei einer Unterschriftensammlung mit ihrem Namen zeichnen, umso größer ist der Druck, der ausgeübt wird. Allerdings ist Vorsicht geboten! Nicht jede Unterschriftensammlung verfolgt einen guten oder demokratischen Zweck. Was man unterschreibt, muss jeder vorher genau durchlesen. Für seine Unterschrift ist ausschließlich er selbst verantwortlich.

An genehmigten Protestaktionen und Demonstrationen teilnehmen

Wir Deutschen dürfen uns mit Gleichgesinnten treffen, um unsere Meinung frei und öffentlich zu äußern. Das dürfen wir auch im Freien und dort Demonstrationen durchführen. Demonstrationszüge sollten aber bei der Polizei angemeldet sein. Nimmt man an einer nicht genehmigten Demonstration teil, können die Folgen erheblich sein: Man hat etwas Gutes gewollt und gerät völlig unbeabsichtigt mit dem Gesetz in Konflikt.

(Gerhard Mester)

Nein sagen

Du findest diesen Vorschlag lächerlich? Stelle dir folgende Situation vor: In einem Bus wird ein Mensch mit dunkler Hautfarbe von Mitfahrenden beschimpft, angepöbelt, angerempelt. Du findest das sicherlich unfair und ungerecht. Das ist es ja auch. Jetzt stelle dir vor, dass alle anderen Mitfahrenden gemeinsam laut sagen, dass sie dieses Verhalten einem Mitmenschen gegenüber ablehnen. Wäre das nicht toll? Leider kommt es allzu häufig vor, dass die Fahrgäste in Bussen, Straßenbahnen usw. in solchen Situationen so tun, als ob sie nichts mitbekämen. Den Tätern wird nicht deutlich, dass sie gegen den Willen der Mehrheit verstoßen. Das soll dich nicht auffordern, den Helden zu spielen. Hüte dich davor! Du kannst aber mit dem Handy die Polizei informieren. Du kannst den Busfahrer auffordern, die Polizei anzurufen. Du kannst auch an der nächsten Haltestelle aussteigen und dort unbeobachtet die Polizei benachrichtigen. Du kannst, ohne Schwäche zu zeigen, gaaanz laut um Hilfe rufen. Und manchmal reicht es schon, wenn wir mit anderen zusammen Kerzen anzünden. Die vielen kleinen Lichter zeigen denjenigen, die gegen unsere Demokratie sind, dass wir mit ihnen und ihren Taten nicht einverstanden sind.

Verantwortung für andere übernehmen

Es gibt so viel, was du für andere tun kannst. Du könntest dich zum Schulsanitäter oder Streitschlichter ausbilden lassen. Du kannst bei einem Tierheim in der Nähe fragen, ob sie deine ehrenamtliche Hilfe benötigen. Du kannst ...

Was ist Extremismus?

- Links
- Rechtsextre-mismus
- Radikalismus
- Neonazis
- Extremismus
- Terroristen
- Autonomen
- Rechts
- Ausländer-extremismus

Wenn einseitige, bis an die Wurzel (*radix* = Wurzel) gehende Lösungen politischer, sozialer oder anderer Probleme gefordert werden, spricht man von ...①.... Im engeren Sinne wird diese Einstellung oft mit ...②... gleichgesetzt. Gemeint ist damit ein kompromissloses Beharren auf Grundpositionen, das sich gegenüber den Einstellungen und Werten anderer intolerant verhält, demokratische Grundwerte (insbesondere Gleichheit und Vielfalt) letztlich ablehnt und sogar gewaltsame Handlungen befürwortet. Mit dem Begriff werden alle Bestrebungen bezeichnet, die darauf ausgerichtet sind, die freiheitliche demokratische Grundordnung bzw. das Grundgesetz der Bundesrepublik Deutschland zu beseitigen oder in wichtigen Teilen zu beeinträchtigen.
Man unterscheidet zwischen ...③...extremismus und ...④...extremismus. Die politischen Richtungsangaben zeigen an, dass die Extremisten auf den beiden äußersten Seiten des politischen Spektrums angesiedelt sind.
Fremdenfeindlichkeit, Rassismus und Antisemitismus (das heißt Verfolgung von Juden) sind grundlegende Kennzeichen des ...⑤.... Weitere Merkmale sind die Einschränkung von Grund- und Menschenrechten sowie die Vorstellung eines Staates ohne Opposition, der seine Bürger restlos kontrolliert und einer strengen Ordnung unterwirft.
Zu den Rechtsextremisten gehören die...⑥.... Diese haben aus den Gräueln des Dritten Reichs nichts gelernt. Im Gegenteil: Einige von ihnen leugnen oder preisen sogar die Verbrechen der Deutschen unter Hitler und wünschen sich einen starken Führer zurück. Sie nehmen sich das System des Nationalsozialismus zum Vorbild einer Gesellschaft. Ihr Name leitet sich vom Griechischen *neo* (= neu) und Nazis als Kurzform für Nationalsozialisten ab.
Zu den Linksextremen zählen die ...⑦.... Diese wollen herrschaftsfrei und selbstständig leben und lehnen staatliche Gesetze und Regelungen ab. Sie haben kein klares, festes Programm. Es gibt zwischen ihnen aber ein paar Gemeinsamkeiten: Sie kämpfen gegen Neonazis, Rassismus, Großverdiener („Bonzen") und die „Großmachtpolitik" z. B. der USA. Darüber hinaus greifen sie das gesellschaftliche und politische System der Bundesrepublik Deutschland an, das auch die demokratischen politischen Parteien mit einschließt.
Eine besondere Form des Extremismus ist der ...⑧.... Darunter werden vor allem Bestrebungen von Ausländern verstanden, die ihre politischen Ziele unter Missachtung der deutschen Rechtsordnung durchsetzen wollen, wobei sie auch auswärtige Belange Deutschlands gefährden können. Nur eine Minderheit der in Deutschland lebenden Ausländer unterstützt extremistische Organisationen, wie zum Beispiel die verbotene „Arbeiterpartei Kurdistans" (PKK).
Nicht alle Extremisten sind zugleich auch ...⑨.... Man spricht erst dann von Terrorismus, wenn Extremisten versuchen, ihre Ziele mit gewaltsamen Mitteln durchzusetzen.

(Reiner Schwalme)

1 *Ergänze den Lückentext mit den Begriffen in den Kästchen. Benutze dazu das Arbeitsblatt oder notiere von ① bis ⑨ auf einem Blatt. Ihr könnt die Aufgabe auch in Partnerarbeit lösen.*

2 *Worauf will der Karikaturist mit seiner Karikatur hinweisen?*

Rechtsextremismus

Der Begriff „Rechtsextremismus“ bezeichnet ein vielschichtiges politisches und soziales Glaubens- und Handlungssystem. Als historisches Vorbild dient der nationalsozialistische Staat. Der Nationalsozialismus wird verherrlicht und seine Verbrechen, z. B. die Vernichtung der Juden, werden verharmlost oder sogar geleugnet. Alle Einstellungen und Verhaltensweisen sind auf die Beseitigung oder nachhaltige Beeinträchtigung demokratischer Rechte und Prozesse gerichtet. Der Rechtsextremismus stellt eine Beeinträchtigung der inneren Sicherheit dar und ist oft mit der Begehung von Straftaten verbunden. Rechtsextremisten repräsentieren die radikale Verneinung von Freiheit und Demokratie, Humanität und Toleranz, Frieden und Völkerverständigung. Rechtsextremisten bekämpfen die Demokratie und lehnen es ab, Menschen grundsätzlich als gleichwertig und gleichberechtigt anzusehen.

Es gibt ganz verschiedene Strömungen in der rechten Szene. Sie reichen von unreflektierter, dumpfer Gewaltbereitschaft bis hin zu intellektuellem, eiskalt berechnendem Vorgehen. Bei aller Unterschiedlichkeit haben alle Strömungen die folgenden Merkmale gemeinsam, die sich aber unterschiedlich ausdrücken können.

Nationalismus: Die Nation wird in ihrer Bedeutung unangemessen übersteigert. Bisweilen ist dieser übersteigerte Nationalismus mit einem Großmachtstreben oder zumindest mit einer feindseligen Haltung gegenüber anderen Staaten oder Völkern verbunden.

Führerprinzip und Gehorsam: Rechtsextremisten wollen eine autoritäre Herrschaftsform (Diktatur). Das Volk wird z. B. von einem Führer regiert und steht „wie ein Mann hinter dem Führer“. Die Freiheit des Einzelnen ist nichts mehr wert.

Rassistische Sichtweisen: Die Zugehörigkeit zum eigenen Volk steht im Mittelpunkt. Das eigene Volk steht über den anderen Völkern. Gesellschaftliches Leitbild des Rechtsextremismus ist eine ethnisch gleichförmige („reinrassige“) „Volksgemeinschaft“.

Ablehnung von Fremden und Andersdenkenden: Ausländer, Farbige, Juden und andere Minderheiten gelten als minderwertig. Häufig wird diesen Minderheiten die Schuld an Arbeitslosigkeit, Kriminalität und weiteren sozialen Missständen zugeschrieben.

Verhöhnung der Demokratie/Antipluralismus: Die Rechtsextremen wollen eine Einheit der Gedanken herstellen. Die Meinungen von Einzelnen oder verschiedenen Interessengruppen (Parteien, Gewerkschaften, Presse) zählen nicht mehr bzw. sollen nicht mehr geäußert werden. Statt einer Vielfalt von Ansichten (Pluralismus) gibt es nur noch die Meinung der Rechtsextremen.

Abschaffung der Grundrechte/Menschenrechte: In wesentlichen Teilen werden demokratische Grundrechte abgeschafft. Dazu gehören das Recht auf Leben und körperliche Unversehrtheit, Freizügigkeit und soziale Sicherheit, das Recht auf Gedanken-, Gewissens- und Religionsfreiheit, das Recht auf freie Meinungsäußerung, das Recht auf freie Entfaltung der eigenen Persönlichkeit usw.

Gewalt: Statt andere Menschen durch Argumentation zu überzeugen, sind Rechtsextreme häufig bereit, zur Gewalt zu greifen, um ihre eigenen Ziele durchzusetzen.

	Aussagen zum Rechtsextremismus	richtig	falsch
1	Rechtsextreme Vorstellungen beziehen sich auf den Nationalsozialismus.		
2	Für Rechtsextreme sind alle Menschen gleichwertig.		
3	Die Meinungsfreiheit wird im Rechtsextremismus garantiert.		
4	Rechtsextreme versuchen auch mit Gewalt, ihre Ziele zu erreichen.		
5	Die Ursachen für Missstände suchen Rechtsextreme beim eigenen Volk.		
6	Rechtsextreme wünschen sich eine „reinrassige Volksgemeinschaft“.		
7	Für Rechtsextreme ist eine demokratische Herrschaftsform wichtig.		
8	Rechtsextreme stellen andere Völker auf eine Stufe mit dem eigenen Volk.		
9	Rechtsextreme fordern eine plurale Gesellschaft.		

Entscheide, welche Aussagen zutreffen. Stelle die falschen Aussagen richtig.

Ursachen des Rechtsextremismus

Warum werden Menschen anfällig für rechtsextremistische Einstellungen? Die Frage nach den Ursachen für rechtsextremistisches Denken und Handeln ist nicht leicht zu beantworten. Eine Verfassungssschutzbehörde ist dieser Frage in einer Veröffentlichung nachgegangen. Dabei wird betont, dass man keinesfalls von nur einer einzigen Ursache ausgehen dürfe, die Wissenschaft unterscheide vier Ursachenbereiche für Rechtsextremismus.

Rechtsradikale Jugendliche während einer Demonstration

1 Ursachen, die sich aus der Persönlichkeitsstruktur des jeweiligen Rechtsextremisten ableiten.

2 Ursachen, die sich aus der ökonomischen Situation des jeweiligen Rechtsextremisten ableiten.

3 Ursachen, die sich aus der sozialen Situation des jeweiligen Rechtsextremisten ableiten.

4 Ursachen, die sich aus der politischen Kultur und den Funktionsdefiziten der Bundesrepublik Deutschland und ihrer Funktionsträger ableiten.

A Nicht selten entsteht Rechtsextremismus vor dem Hintergrund wirtschaftlicher Krisen beziehungsweise der Enttäuschung ökonomisch-materieller Erwartungen: So kann eine akute ökonomische Krise mit deutlich steigender Arbeitslosigkeit, Ver- und Überschuldung ganzer Bevölkerungsschichten, damit einhergehendem sozialem Statusverlust und Verarmungsmerkmalen wie Obdachlosigkeit bei den Betroffenen die Sehnsucht aufkeimen lassen nach einfachen Lösungen und der Präsentation von angeblich an der Misere schuldigen „Sündenböcken" (z. B. Ausländern), wie sie nicht zuletzt von Rechtsextremisten propagiert werden.

B Extremisten verfügen (...) über ein geschlossenes Orientierungssystem, das gekennzeichnet ist durch Gleichgültigkeit, negative Grundeinstellungen (z. B. einen stark ausgeprägten Hang zu Bedrohungsszenarien), Pessimismus, Angst, absolute Autoritätsgläubigkeit, Intoleranz und eingeschränkte Realitätswahrnehmung.

C Aufgrund ihrer Sehnsucht nach hierarchischen Strukturen, einfachen Problemlösungen und kompromisslosen, schnellen Entscheidungen mangelt es Rechtsextremisten häufig an jedem Verständnis für die Komplexität parlamentarisch-demokratischer Strukturen und für kompromissorientierte, manchmal langwierige Entscheidungsfindungen.

D (...) Sehnsucht nach Geborgenheit, Solidarität, Anerkennung, Bestätigung, Kameradschaft, Leit- und Vorbildern in einer Gemeinschaft Gleichgesinnter (...). Rechtsextremistische Ideologien und Milieus geben vor, diese Sehnsüchte erfüllen zu können, beispielsweise durch die Schaffung einer auf ethnischer Homogenität beruhenden „Volksgemeinschaft" mit einem einheitlichen Volkswillen.

E Rechtsextremisten versuchen Parteien- und Politikverdrossenheit zu nutzen, um sich als vermeintliche Saubermänner und politische wie moralische Alternative zu den etablierten Parteien zu profilieren.

F Ein seit den 60er-Jahren in den westlichen Gesellschaften zweifelsohne zu beobachtender Wertewandel wird nicht zuletzt von deutschen Rechtsextremisten mit Werteverlust und amoralischem Verfall gleichgesetzt. Diesem vermeintlichen Werteverlust setzen Rechtsextremisten ihren ideologischen Gegenentwurf entgegen. Die Vertreter eines rechtsextremistischen Wertekanons, in dem „Nation" und „Rasse" höchste Wertigkeit eingeräumt wird, fühlen sich herausgefordert von einer Gesellschaft und ihren politischen Entscheidungsträgern, die auf Völkerverständigung, internationale Zusammenarbeit, auf die europäische, die Schranken des Nationalstaats sprengende Einigung setzen.

(Textauszüge aus: Ursachen und Anlässe für rechtsextremistisches Denken und Handeln, in: Rechtsextremismus in Baden-Würtemberg, Allgemeine Entwicklung, Hg.: Landesamt für Verfassungsschutz Baden-Württemberg, o. J., S. 51 ff.)

Welcher Textauszug aus der Schrift der Verfassungsschutzbehörde gehört zu welchem Ursachenbereich? Ordne zu.

Eine Mutprobe ...

Jana bekommt mit, dass Ralf bei der Klassenfete ein Lied von der rechtsextremistischen Gruppe „Die Härte“ überspielen will. Darin geht es um den Ku-Klux-Klan und die nächtliche Hinrichtung eines Schwarzen. Es endet mit den Zeilen: „Das ist geil, das ist geil, hurra, hurra, ein Nigger brennt.“

Versetzt euch in Janas Lage. Wie würdet ihr reagieren?

1. „Wenn Ralf das machen will, ist das seine Sache.“
2. „Ich bin gespannt, wie das ausgeht, und wie die Schüler und Lehrer darauf reagieren.“
3. „Ich halte mich da besser raus, am Ende bekomme ich noch als ‚Niggerfreundin‘ Ärger mit Ralfs Kumpanen.“
4. „Ich versuche ihm zu erklären, dass er sich damit viel Ärger einhandeln wird und dass das auch strafbar ist.“
5. „Ich bitte den Diskjockey, keine Musik von Ralf abzuspielen.“
6. „Ich sage ihm, dass ich den Lehrer informiere, wenn er den Blödsinn nicht lässt.“
7. „Ich versuche ihm klarzumachen, dass das ‚rassistische Scheiße‘ ist, was er da mitbringt.“
8. „Ich rate ihm, die Musik erst bei der Abschlussfete in vier Wochen abzuspielen. Da kann ihm nichts mehr passieren.“

► Beantwortet mit „ja“ oder „nein“, ob ihr so reagieren könntet. Stellt in Gruppenarbeit die nach eurer Auffassung drei besten und die drei schlechtesten Reaktionen heraus und begründet das vor der Klasse.

Strafbestimmungen gegen Rechtsextremismus

Von Rechtsextremisten verwandte Symbole sind grundsätzlich dann verboten, wenn es sich um Kennzeichen des Nationalsozialismus oder um Symbole verbotener rechtsextremistischer Vereine und Organisationen handelt.
(nach § 86a Strafgesetzbuch)

Der Volksverhetzung macht sich strafbar, wer zu Hass, Gewalt oder Willkürmaßnahmen gegen Bevölkerungsgruppen – etwa Ausländer oder Juden – aufstachelt, sie beschimpft oder diffamiert. Ferner wer den Holocaust leugnet, billigt oder verharmlost. Die Tat kann öffentlich, in einer Versammlung oder durch das Verbreiten in Schriften – das heißt auch auf Bild- oder Tonträgern, im Internet, über Computer oder Videospiel – erfolgen.
(nach § 130 Strafgesetzbuch)

(Zeichnung: Gerhard Mester)

(Text „Eine Mutprobe ...“ aus: basta. Nein zur Gewalt. Ein Heft für Jugendliche 2001/2002. Hg.: Arbeitsgemeinschaft Jugend & Bildung e.V., Wiesbaden, in Zusammenarbeit mit dem Bundesministerium des Innern, S. 16)

1 *Bearbeitet in der Gruppe das Fallbeispiel „Eine Mutprobe ...“.*

2 *Worauf will die Karikatur aufmerksam machen?*

Das Wichtige in Kürze

Jugend

Als Jugend bezeichnet man die Zeit zwischen Kindheit und Erwachsensein. Jugendliche sind also die Mädchen und Jungen zwischen 14 und 18 Jahren. Während der Jugend lösen sich die Jugendlichen vom Elternhaus und suchen ihre eigene Identität. Daher wird die Jugendzeit häufig sowohl vom Jugendlichen selbst als auch von seinen Eltern als nicht einfach angesehen. Studien belegen immer wieder, dass das eher negative Bild, das manche Erwachsene von der heutigen Jugend haben, nicht zutrifft. „Die" Jugend gibt es zudem nicht, vielmehr setzt sich die Jugend insgesamt aus zahlreichen Gruppierungen mit ganz unterschiedlichen Interessen und Einstellungen zusammen.

Ehrenamtliches Engagement

Viele Bürgerinnen und Bürger engagieren sich ehrenamtlich, insbesondere auch Jugendliche. Soziales Engagement kann vieles betreffen: die Arbeit mit Behinderten, die Integration von Ausländern, die Mitarbeit in Hilfsorganisationen u. a. In den meisten Fällen wird die Arbeit unentgeltlich für das Gemeinwohl erbracht. In Hessen wird soziales Engagement mit der Ausstellung von Bescheinigungen und der Verleihung von Urkunden besonders gewürdigt.

Freizeit und Konsum

Freizeit ist für Jugendliche eine wichtige Zeit, um sich weiterzuentwickeln. Jeder muss selbst entscheiden, welches Ziel er dabei verfolgt und welchen Freizeitbeschäftigungen er nachgeht. Für viele Jugendliche spielt der Konsum eine wichtige Rolle. Mit ihrer Kaufkraft von vielen Milliarden Euro sind Jugendliche für die Wirtschaft von großer Bedeutung.

Jugendliche und Politik

Bei Jugendlichen ist das Interesse an Politik noch nicht groß. Das liegt auch daran, dass ihnen oft das Sachwissen und die Lebenserfahrung fehlen, politische Streitfragen zu durchschauen. Dennoch gibt es Jugendliche, die in politischen Gruppen und Parteien mitarbeiten und dort die Interessen Gleichaltriger vertreten.

Politikverdrossenheit

Von Politikverdrossenheit spricht man, wenn jemand nicht mehr zur Wahl geht und keine Partei findet, von der er sich vertreten fühlt. Der Politik insgesamt wird kein Glauben mehr geschenkt. Die Demokratie an sich wird nicht angezweifelt, wohl aber die Parteien und die Arbeit der Politikerinnen und Politiker.

Extremismus/ Rechtsextremismus

Parteien, Organisationen und Gruppen, welche die freiheitliche demokratische Grundordnung beseitigen wollen, werden als extremistisch bezeichnet. Da sie sich mit demokratischen Mitteln nicht durchsetzen können, neigen sie zur Anwendung von Gewalt. Man unterscheidet Rechts- und Linksextremismus. Rechtsextremisten sind der Auffassung, dass zur Durchsetzung ihrer politischen Vorstellungen auch Gewalt eingesetzt werden dürfte. Anstelle der freiheitlichen demokratischen Grundordnung wollen die Rechtsextremisten die autoritäre Regierung durch die Stärkeren. Die Gesellschaft wollen sie zu einer „reinrassigen Volksgemeinschaft" umgestalten. Die aggressive Fremdenfeindlichkeit ist Ausdruck von Rassismus und Antisemitismus. Rechtsextremisten bekämpfen die Demokratie sowie deren Institutionen und diffamieren ihre Repräsentanten. Der Holocaust und die Verbrechen im „Dritten Reich" werden geleugnet oder relativiert. Zu den rechtsextremistischen Bestrebungen gehören rechtsextremistische Parteien wie die NPD und die DVU sowie die rechtsextremistische Szene, der sich z. B. die Skinheads zurechnen lassen.

Soziale Gruppen

1
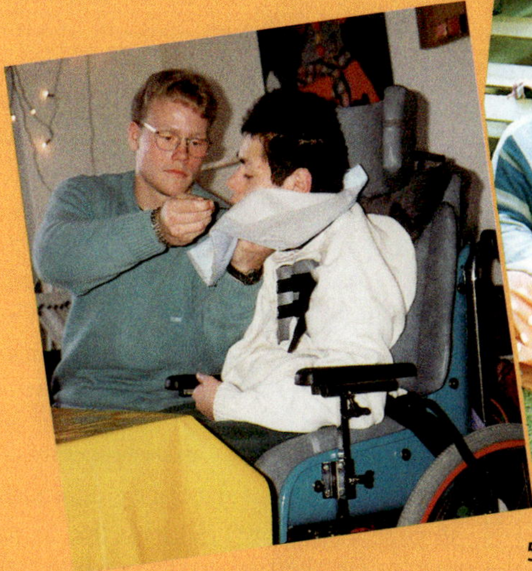
2

5

3
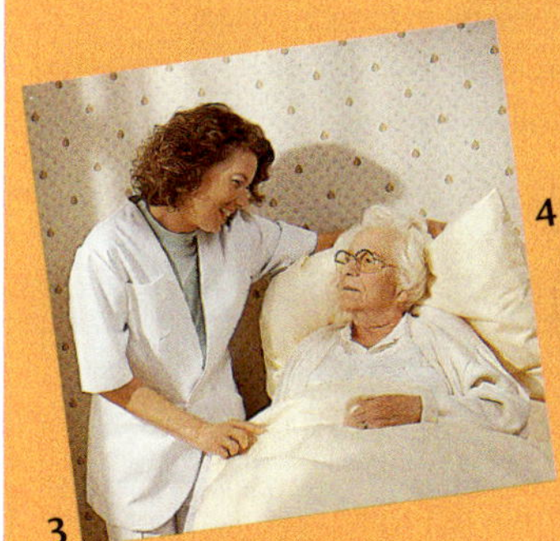
4

6

7

Jedes Foto weist auf eine soziale Gruppe hin. Welche Gruppe ist jeweils gemeint? Welche besonderen Probleme könnte sie haben?

Behinderte

Nicht behinderte und behinderte Schülerinnen und Schüler bei einem integrativen Schulsportfest, das den Zweck verfolgte, Berührungsängste abzubauen

Vor einigen Jahren machten Schüler ein Experiment. Um zu erfahren, wie es Behinderten ergeht, fuhren sie selbst im Rollstuhl durch die Innenstadt.

„Als André im Rollstuhl saß, hatte er ein ganz komisches Gefühl, das Gefühl, ein minderwertiger Junge zu sein. Fast alle schauten ihn mitleidig an oder wandten absichtlich die Augen zur Seite", berichtete eine Gruppe der Jugendlichen von ihrer ersten Erfahrung als Rollstuhlfahrer. Der Behinderte im Rollstuhl sieht sich gleich in eine Außenseiterrolle gedrängt, stellten die Gruppen übereinstimmend fest. Er hat Schwierigkeiten, die Nichtrollstuhlfahrer gänzlich unbekannt sind, wenn er zum Beispiel öffentliche Gebäude benutzen oder auch nur die Straße überqueren will. Überhaupt ist nach Ansicht der Schüler das gesamte Geschäftsleben der Stadt fast ausschließlich auf Gesunde zugeschnitten.

Passanten zeigten sich im Allgemeinen hilfsbereit, wenn ein Rollstuhlfahrer sie um Gefälligkeiten bat. Ansonsten fanden die Schüler, dass nicht viele wussten, wie sie sich gegenüber den Rollstuhlfahrern verhalten sollten.

Eine behinderte Schülerin berichtet:

Ich habe eine schwere Gehbehinderung, die durch Sauerstoffmangel bei der Geburt hervorgerufen wurde. Durch die Behinderung bin ich immer auf jemanden angewiesen, der mir hilft. Ich muss in die Schule gefahren und auch wieder abgeholt werden. Auch kann ich weite Strecken nicht gehen. Ich brauche meinen Rollstuhl zum Einkaufen, zu Ausflügen usw. Hilfe bekomme ich fast von jedem, aber meine Mutter hilft mir am meisten. Meine Probleme sind, dass ich schwer Kontakt bekomme, immer auf jemanden angewiesen bin und sehr wenig Möglichkeiten für die Berufsausbildung habe. Meine Schwierigkeiten in der Schule treten dadurch auf, dass ich einen leichten Sprachfehler habe und mich nicht ausdrücken kann, wie ich möchte. Meine Schwierigkeiten in der Freizeit sind, dass ich nicht wie andere einem Sport nachgehen kann, den ich möchte. Der einzige Sport, den ich ausüben kann, ist Schwimmen. Meine Mitschüler und Freundinnen verhalten sich mir gegenüber ganz normal. Sie sind sehr hilfsbereit.

Behinderte? Die haben halt Pech gehabt. Was geht mich das an – ein Glück, dass ich gesund bin!

Eine Behinderung kann jeden treffen – das sollte man sich stets vor Augen führen. Behinderte sind Menschen wie du und ich und verdienen die uneingeschränkte Solidarität der Gesellschaft und die Hilfe von uns allen.

Das ist schon schlimm, wenn man behindert ist. Da müssen sich aber die Behörden und die Versicherung drum kümmern – ich kann da nicht helfen.

1. *Welche Probleme von Behinderten kommen in den Texten zur Sprache?*
2. *Welchen Aussagen in den Sprechblasen möchtest du etwas entgegenhalten? Was?*

Senioren

In einem Gymnasium haben 50 Schülerinnen und Schüler einen „Service für Senioren" auf die Beine gestellt. Darüber schreibt ein Autor in einem Buch:

Die Kinder hatten erkannt, dass alte Menschen oft mit Dingen Schwierigkeiten haben, die für junge Menschen kein Problem sind: Treppen steigen, den Haushalt erledigen, Müll wegbringen, lesen usw. Besonders wenn sie krank oder behindert sind, sind Senioren auf Hilfe von außen dringend angewiesen. So entstand die Idee, den alten Menschen kostenlos zur Hand zu gehen.

Auf der Service-Liste steht beispielsweise: Einkäufe erledigen, bei der Gartenarbeit helfen, aus einem Buch oder der Zeitung vorlesen, zusammen spazieren gehen, die Katze versorgen, im Haushalt mitarbeiten, die Blumen gießen, gemeinsam spielen, mit dem Hund rausgehen, das Altglas entsorgen. Auch für andere kleinere Arbeiten stehen die Service-Mitarbeiter bereit. Da bei der Arbeit im Haushalt schon mal etwas zu Bruch gehen kann, war es zunächst notwendig, eine Versicherung für die helfenden Schüler abzuschließen. Versicherungen sind bekanntlich teuer, deshalb wurden einige Stellen angeschrieben, ob sie für die Versicherungsprämien aufkommen würden. Von der Stadtverwaltung kam die Zusage, alle anfallenden Kosten zu übernehmen.

Elfriede Jantsch, eine 82-jährige Dame, die allein in ihrer Zwei-Zimmer-Wohnung lebt, freut sich über das Engagement der Kinder: „Das zeigt, dass die Jugend von heute doch nicht so schlecht ist, wie viele sagen", meint sie. Zusammen mit ihrem Dackel Ronny freut sie sich auf den regelmäßigen Besuch „ihres" Service-Mitarbeiters. Der führt den Hund spazieren und geht für die alte Frau einkaufen. Noch wichtiger ist ihr jedoch, dass jemand da ist, mit dem sie sich unterhalten kann.

Das Beispiel zeigt, wie wichtig Projekte wie der „Service für Senioren" sind. Wenn alle Kinder ihre tägliche Fernsehzeit verwenden würden, um alten Menschen zu helfen, gäbe es unter den Senioren keine Einsamkeit mehr. Aber nicht nur das: Kinder können auch eine ganze Menge lernen, denn alte Menschen waren bekanntlich auch mal jung und haben viel zu erzählen …

(aus: Wolfgang Hölker (Hg.): Warte nicht auf andere, mach es selbst! Schieb die Welt an, damit sie sich weiter dreht. Münster: Coppenrath 2004, S. 42 f.)

Alt und allein – das muss nicht sein

Das Altenheim hat neulich mehrere Computer angeschafft, aber nur wenige Bewohner konnten mit dem PC umgehen. Da haben ältere Schüler von unserer Schule einen Internetkurs für die Senioren angeboten und ihnen beigebracht, wie man eine E-Mail-Adresse einrichtet und im Internet surft und sucht. Einige haben sich dann mit einer E-Mail bedankt.

Yvonne, 14 Jahre

Fabian, 13 Jahre

Wir hatten als Unterrichtsthema „Die Schule früher". Um zu erfahren, wie früher unterrichtet wurde, haben wir die Senioren in unserem Altenheim befragt. Die konnten sich noch an viele ihrer Lehrer erinnern und haben von lustigen Streichen erzählt. Selbst ganze Gedichte konnten manche noch aufsagen.

Einige alte Menschen können nicht mehr aufstehen und müssen den ganzen Tag im Bett liegen. Denen wollten wir helfen. Die Pflege können wir natürlich nicht übernehmen, aber wir haben ihnen vorgelesen. Darüber haben sich die alten Menschen sehr gefreut.

Nicola, 15 Jahre

1. *Liste auf, vor welchen Schwierigkeiten Senioren stehen können. Beziehe dabei den Text ein.*
2. *Beschreibe die hier vorgestellten gemeinsamen Aktivitäten von Schülern und Senioren.*
3. *Überlegt gemeinsam, ob euch weitere Möglichkeiten einfallen, wie man Senioren helfen könnte.*
4. *Eine Klasse will einen Besuch in einem Altenheim durchführen. Wie sollte sie ihn vorbereiten?*

Methode: Rollenspiel

Thema: Vorurteile

Ein Rollenspiel hilft, sich auf Situationen in der Wirklichkeit vorzubereiten. Man übernimmt dabei eine Rolle und spielt das Verhalten in einer vorgegebenen Situation. Der Rollenspieler muss sich also in die Lage eines anderen versetzen und versuchen, dessen Ansichten und Interessen im Spiel zu verdeutlichen. Wichtig ist, dass die Rollenspiele in der Klasse nicht nur dargestellt, sondern auch beobachtet und anschließend besprochen werden.

Vorbereitung

Zunächst wird die Ausgangslage gemeinsam besprochen, z. B. welche Ansichten, Einstellungen, Wünsche, Ängste die am Rollenspiel beteiligten Personen haben. Dann werden die Rollen verteilt, am besten auf Gruppen in der Klasse. Jede Gruppe überlegt sich für ihre Rolle Argumente und Verhaltensweisen. Die Gruppe wählt dann einen Spieler oder eine Spielerin. Manchmal gibt es auch Rollenkarten mit genauen Hinweisen, wie die jeweilige Rolle zu spielen ist. Die am Rollenspiel nicht als Spieler beteiligten Schülerinnen und Schüler erhalten Beobachtungsaufträge.

Durchführung

Die Szene wird von den Spielern möglichst ohne Unterbrechung gespielt. Die anderen beobachten das Rollenspiel und machen sich Notizen. Beobachtungsaufträge für die zuschauenden Schüler können sein:
- Was war gut am Rollenspiel, was besonders gelungen?
- Haben die Spieler ihre Rollen glaubwürdig gespielt?
- Ist das Rollenspiel so verlaufen, wie es während der Vorbereitung abgesprochen wurde?
- Was könnte das nächste Mal besser gemacht werden?

Auswertung

Bei der Auswertung geht es nicht darum zu diskutieren, wie gut die schauspielerische Leistung war, sondern wie mit dem Problem umgegangen wurde. Zunächst äußern sich die Spieler, wie es ihnen beim Spiel ergangen ist, wie sie sich dabei gefühlt haben, was ihnen Probleme bereitet hat. Dann berichten die Beobachter, was ihnen am Spiel besonders aufgefallen ist. Es kann sinnvoll sein, das Rollenspiel zu wiederholen.

Führt das Rollenspiel durch.

Typische Kennzeichen eines Vorurteils

Meinungen von anderen werden ohne eigene Erfahrungen übernommen.

Vorurteile entstammen der Gefühlswelt des Menschen und lassen sich deshalb nur schwer abbauen.

Einzelbeobachtungen werden verallgemeinert, Eigenschaften überzeichnet.

Es fehlt die Bereitschaft zur Überprüfung und Korrektur.

Behauptungen „wider besseres Wissen", also auch bei gegenteiligen Erfahrungen und Informationen, werden aufgestellt.

Vorurteile werden gefährlich, wenn man deshalb anderen Menschen schadet.

Rollenspiel

Ihr könnt in der Klasse die folgende Situation mit verteilten Rollen spielen: Eine Familie (Mutter, Vater, Sohn, Tochter) sitzt beim Abendessen zusammen. Man spricht darüber, was man vorhin erfahren hat: In die Wohnung nebenan wird nächste Woche eine afrikanische Familie einziehen.

Spielt das Gespräch zweimal: einmal so, dass Vorurteile deutliche werden – und dann ohne Vorurteile.

Die ausländischen Schüler und Schülerinnen können die Spielsituation so abändern, dass eine deutsche Familie in ein Haus einzieht, das bisher nur von Ausländern bewohnt wird.

Problem Integration

Aus einem Gespräch zwischen Aylin und Emel, Schülerinnen der 7. Klasse einer Realschule

Aylin: Unser Imam meint, dass Frauen ihr Haar nicht offen tragen sollen, meine Mutter findet das auch richtig. Sie sagt, dass wir uns dadurch offen zu unserem Glauben bekennen. Wir sind stolz, Türken zu sein, auch wenn wir in Deutschland leben. Ich will kein „Almanci" sein. Das heißt „Deutschländer", so werden die Türken genannt, die wie die Deutschen sein wollen.

Emel: Aylin, du weißt aber, dass das Kopftuch in Deutschland auch schwierig sein kann. Du hast mir erzählt, dass deine ältere Schwester keine Lehrstelle bei der Bank bekommen hat, weil sie ihr Kopftuch nicht abnehmen wollte. Ich will später aber mal das lernen können, was ich mag.

Aylin: Ja, meine Schwester ist sehr traurig, sie hat jetzt aber eine Stelle als Arzthelferin bei einem türkischen Arzt bekommen, da darf sie das Kopftuch aufbehalten.

Emel: Das weiß ich, der Arzt behandelt aber nur Türken und alle sprechen dort türkisch. Ich möchte in Deutschland deutsch reden können und nicht nur mit Türken zusammen sein. In dem Stadtviertel, in dem der Arzt seine Praxis hat, leben fast nur Türken. Wenn ich dort nach dem Weg frage, muss ich türkisch reden, weil meine Frage auf Deutsch gar nicht verstanden wird.

Aus einem Interview mit dem deutschen Politiker Mehmet Daimagüler

Sie werfen ihren Landsleuten vor, dass sie zu wenig für ihre Integration tun.
In Deutschland gibt es in einigen Städten Viertel, in denen lässt es sich heute leben, ohne Deutsch zu sprechen. Es gibt türkische Geschäfte und Ärzte, türkisches Radio und Fernsehen. Wenn meine Cousine aus Istanbul zu Besuch kommt, ist sie geschockt. In den türkischen Großstädten kennt sie keine verschleierten jungen Frauen auf den Straßen wie hier in Berlin.

Was sind die Gründe dafür?
Viele türkische Männer, die vor 40 Jahren nach Deutschland gekommen sind, leben hier noch wie in der Türkei vor 40 Jahren. Es hat sich dort aber viel geändert.

Muss die Regierung nicht auch etwas ändern?
Es müssen Sprachkurse angeboten und Sprachtests durchgeführt werden. Nur wer gut Deutsch spricht, hat auch Chancen. Wichtig sind auch Integrationskurse, in denen zum Beispiel erklärt wird, dass in Deutschland Männer und Frauen die gleichen Rechte haben.

(Originalinterview, sprachlich vereinfacht)

Deutsch-Pflicht auf dem Schulhof: Mutiger Schritt zur Integration oder Diskriminierung?

Berliner Schüler loben Hausordnung – Bildungssenator erklärt Fremdsprachenverbot zum Vorbild

Deutsch als Pflichtsprache auch im Schulhof, bei Wandertagen oder Klassenfahrten – eine Berliner Realschule führte diese Regel ein, weil die meisten ihrer Schüler nicht deutschstämmig sind. Sie sollen besser integriert werden.

„Es wird bei uns nicht nur Türkisch und Arabisch gesprochen, sondern es sind noch mindestens zehn weitere Sprachen vertreten", sagt Schulleiterin Jutta Steinkamp. Lange hat die Rektorin mit ihren Lehrerkollegen überlegt, wie die überwiegend schlechten Deutschkenntnisse der Schüler verbessert werden könnten, die in ihren Familien nur die jeweilige Muttersprache sprechen. Herausgekommen ist dabei vor gut einem Jahr die Erhöhung der Wochenstunden im Fach Deutsch als Fremdsprache von vier auf sechs Stunden und die generelle Verpflichtung, dass in der Schule bei sämtlichen schulischen Veranstaltungen und auf Klassenfahrten nur noch Deutsch gesprochen werden darf. „Es war der allgemeine Wunsch, dass sich alle sprachlich verstehen, deshalb haben wir dies auch in die Hausordnung aufgenommen", berichtet Steinkamp.

Während Zuwanderungsexperten den Finger heben und die Anweisung kritisieren („Damit wird den Kindern vermittelt, deine Sprache ist nicht erwünscht"), erklärt der Schulsenator die Regelung postwendend zum Vorbild. „Es gibt eine bestimmte Art falsch verstandener Toleranz, die desintegrierend wirkt", sagt Böger. Er ermuntert gar alle Berliner Schulen, ähnliche Regelungen zu treffen. […]

Die Rektorin hält die Sprachregelung an ihrer Schule für eine Selbstverständlichkeit. „Wer einmal einen Sprachkurs besucht hat" sagt sie, „weiß, dass eine Fremdsprache ständig geübt werden muss – eben auch außerhalb des Unterrichts." Außerdem sei diese Verpflichtung ganz im Sinn der Schüler: Die wüssten am besten, dass sie nur dann einen Ausbildungsplatz erhielten, wenn sie die deutsche Sprache gut beherrschten.

Das sieht der Schulsprecher genauso, der der Regelung nach gut einem Jahr ein gutes Zeugnis ausstellt. Die allgemeinen Deutschkenntnisse seien an der Hoover-Schule durch die Maßnahmen „auf jeden Fall besser geworden". Vonseiten der Schüler wird ausdrücklich darauf hingewiesen, dass die Hausordnung von der Schulkonferenz, in der neben Lehrern auch Eltern und Schüler vertreten sind, mitbeschlossen wurde.

(Peter Gärtner, Berlin, in: Marbacher Zeitung, 24. 1. 2006, S. 3)

1. *Welche Befürchtungen hat Aylin, welche hat Emel?*
2. *Auf welche Probleme weisen die Äußerungen von Mehmet Daimagüler hin?*
3. *Deutsch-Pflicht auf dem Schulhof? Wie ist deine Meinung zu dieser Regelung?*

Streitfall: Jugendkriminalität

Die Kinder sind allein gelassen

„Jugendkriminalität“, sagt der Frankfurter Jugendrichter Hartmut Welke, „ist etwas, das zum Menschenwerden gehört.“ „Regelverstöße“, sagt der Jurist, der täglich mit solchen beschäftigt ist, „muss man hinter sich haben, um zu lernen, was Gewissen ist.“

Aber was, wenn die Straffälligkeit immer härter wird, wie Welke sagt? Wie umgehen mit einer Gruppe, die „hochproblematisch“ ist? Der Richter hat auch keine Lösungen, nur Erfahrungen aus der täglichen Praxis, die Verallgemeinerungen erlauben.

Zu viele Paulinchens. Zu viele Schlüsselkinder. Eine Entwicklung, die nicht umkehrbar ist. Da mag die zuständige Bundesministerin noch immer die Institution der Familie preisen, die Familie als schützender Raum gebe es nicht mehr. „Das ist die gesellschaftliche Wirklichkeit.“ Kinder und Jugendliche, so Welkes Beobachtung, seien sich selbst überlassen. Sie probierten die Freiheit aus, ohne dass jemand die Grenzen dieser Freiheit aufzeige. „Sie leben grenzenlos.“ Keine Vorbilder, keine Anleitung, der Erfolg von Erfolg zu unterscheiden hilft. Erfolg ist erst einmal wertfrei, und wenn es der erfolgreiche Bruch ist.

Wenn ein Industrieland Zwänge schaffe, müsse es auch die Folgen tragen. Ganztagsschulen, mehr Betreuungsangebote. Kein Familienersatz, kein Ersatz für elterliche Fürsorge, aber die Mindestforderung an eine Gesellschaft, die Kinder bei der Aneignung von „Lebenswirklichkeit“ nicht allein lässt.

(Sabine Riedel in: Frankfurter Rundschau, 20. 3. 1992, sprachlich vereinfacht, zitiert nach: Wochenschau 4/1994, S. 141)

Wenn ich so etwas lese, habe ich den Eindruck, als solle die Jugendkriminalität entschuldigt werden.

Wieso entschuldigt? Der Richter nennt aus seiner Erfahrung Ursachen, z. B. dass bei jugendlichen Tätern oft die Familie versagt hat. Das hören Eltern natürlich nicht gerne, weil es sie an ihre Erziehungsverantwortung erinnert!

Natürlich kann es sein, dass ein Jugendlicher, der einer alten Frau auf der Straße die Handtasche entreißt, ein Schlüsselkind war. Aber entschuldigt das die Tat? Warum sagt sich der Jugendliche nicht: Ich darf dieser alten Frau die Handtasche nicht stehlen, egal ob ich viel allein war oder nicht.

Aber das ist es ja: Weil die Erziehung versagt hat, stellt sich der Jugendliche die Frage nicht. Die Eltern haben es nicht geschafft, ihrem Kind Wertmaßstäbe zu vermitteln, die es Recht von Unrecht unterscheiden lassen.

Also müsste man eigentlich die Eltern für den Handtaschenraub bestrafen! Oder die Gesellschaft, weil sie dem jugendlichen Täter keinen Besuch einer Ganztagsschule mit Betreuungsangebot finanziert hat.

Das ist übertrieben! Es gibt keinen Automatismus zur Kriminalität. Nicht jedes Schlüsselkind, nicht jeder, der kein staatliches Betreuungsangebot hatte, wird kriminell. Da kommt es auf die individuellen Umstände an.

Eben das meine ich! Ob man kriminell handelt oder nicht, hängt letztlich vom eigenen Willen ab, von der eigenen Entscheidung, ob man Unrechtes tut oder lässt. Das hat nichts mit der Gesellschaft zu tun!

Falsch! Die individuelle Entwicklung ist immer eingebettet in ...

1 *Was ist hier die Streitfrage? Nenne die beiden unterschiedlichen Positionen. Wie ist deine Meinung?*

2 *Gib die wichtigsten Aussagen des Zeitungstextes wieder. Lege deine eigene Position dar.*

Täter-Opfer-Ausgleich – eine Maßnahme zur Resozialisierung

Der Täter-Opfer-Ausgleich bietet …

… den Beteiligten einer Straftat die Möglichkeit, einen bestehenden personalen Konflikt freiwillig beizulegen oder zu entschärfen. Dabei ist es gleich, ob der Konflikt zu der Straftat geführt hat oder erst durch die Tat entstanden ist.

Eingeleitet wird …

… der Täter-Opfer-Ausgleich durch die Staatsanwaltschaft oder das Gericht. Kommt ein Staatsanwalt oder Richter nach Prüfung zu dem Ergebnis, dass ein Täter-Opfer-Ausgleich in Frage kommt, beauftragt er bei erwachsenen Beschuldigten als Schlichtungsstelle den Sozialen Dienst der Justiz, bei jugendlichen Beschuldigten das Jugendamt mit der Durchführung eines Täter-Opfer-Ausgleichs.

Beschuldigte oder Opfer können die Durchführung eines Täter-Opfer-Ausgleichs auch selbst anregen.

Vor dem Schlichtungsgespräch …

… führt die Schlichtungsstelle in der Regel ein getrenntes Gespräch mit dem Opfer und dem Beschuldigten, um die subjektiven Erwartungen und Empfindungen der Beteiligten kennen zu lernen und die Regeln eines Ausgleichsgespräches zu erklären. Als nächster Schritt des Täter-Opfer-Ausgleichs schließt sich das eigentliche gemeinsame Ausgleichsgespräch an.

Durch den Täter-Opfer-Ausgleich soll …

… eine außergerichtliche Versöhnung einschließlich einer Schadenswiedergutmachung angestrebt werden. Betreut wird das Gespräch von einem neutralen, in der Konfliktschlichtung besonders geschulten Vermittler. Der Konfliktschlichter wirkt auf eine ausgewogene Gesprächsführung hin und überwacht die Einhaltung der getroffenen Vereinbarung.

Die Vorteile eines Täter-Opfer-Ausgleichs sind …

… für das Opfer:
Es kann den Beschuldigten mithilfe eines neutralen Vermittlers unmittelbar mit den psychischen, physischen und materiellen Folgen der Straftat konfrontieren und Fragen und Erwartungen klären.

… für den Täter:
Er kann dazu beitragen den durch ihn entstandenen Schaden zu begrenzen und wieder gutzumachen, und er hat die Gelegenheit, sich tatsächlich und glaubhaft zu entschuldigen.

Mögliche Rechtsfolgen eines erfolgreichen Täter-Opfer-Ausgleichs sind …

… abhängig vom Einzelfall. So kann z. B.
- das Verfahren durch Staatsanwaltschaft oder Gericht eingestellt werden,
- die Strafe gemildert werden.

Täter-Opfer-Ausgleich: Kommunikation statt Strafe

Das ist ja das Letzte! Da wird mir der Geldbeutel gestohlen – und dann soll hinterher durch einen Händedruck alles erledigt sein? Wer mir etwas antut, der soll hart bestraft werden – mit dem will ich keine freundlichen Worte wechseln!

Seinem Opfer in die Augen schauen, mit ihm sprechen, sich zu entschuldigen – das ist doch gerade für Jugendliche eine härtere Strafe als nur ein, zwei Tage bequem im Jugendarrest zu verbringen. Und wenn man dann der alten Oma, der man die Handtasche geklaut hat, im Haushalt oder bei der Gartenarbeit hilft und sie persönlich kennenlernt, dann schämt man sich wirklich für seine Untat.

Ich habe Zweifel, ob Rechtsbrecher durch ein Gespräch mit dem Opfer wirklich gebessert werden können. Beim Ausgleichsgespräch gibt sich der Täter nach außen zerknirscht, innerlich grinst er aber über die lasche Gesellschaft. Und fünf Tage später ist der nächste Diebstahl fällig.

Oft beginnen kriminelle Karrieren mit einer kleinen Tat. Dann ist man vorbestraft, findet sich später nicht mehr zurecht, begeht die nächste Tat. Durch den Täter-Opfer-Ausgleich kann ein solcher Kreislauf verhindert werden.

1 *Was soll durch den Täter-Opfer-Ausgleich erreicht werden?*

2 *Welche Meinungsäußerung entspricht am ehesten deiner Einstellung? Was würdest du den anderen Meinungen entgegenhalten?*

Das Wichtige in Kürze

Soziale Gruppen

Der Gleichberechtigungsgrundsatz in Artikel 3 des Grundgesetzes gilt für die Gesetzgebung und das staatliche Handeln: Jeder soll gleich behandelt, keiner benachteiligt oder bevorzugt werden. In Wirklichkeit bestehen jedoch Ungleichheiten, die vom Gesetz allein nicht beseitigt werden können. So gibt es viele Menschen, die mit besonderen Problemen belastet und daher auf die Hilfe ihrer Mitmenschen und des Staates angewiesen sind.

Behinderte

In der Bundesrepublik Deutschland gibt es einige Millionen Menschen, die infolge körperlicher, geistiger oder seelischer Behinderungen auf die Hilfe anderer angewiesen sind. Wichtig ist dabei die persönliche Zuwendung, die durch technische Hilfe nicht ersetzt werden kann.

Senioren

Durch die steigende Lebenserwartung gibt es immer mehr alte Menschen. Viele von ihnen fühlen sich an den Rand der Gesellschaft gedrängt, weil die jüngeren Generationen sich wenig um sie kümmern und sich nicht für ihre Lebenserfahrungen interessieren.

Ausländer

In Deutschland leben über 7 Millionen Ausländer. Darunter sind ungefähr 3,3 Millionen Muslime, von denen 700 000 einen deutschen Pass besitzen. Viele von ihnen wurden in den vergangenen Jahrzehnten als „Gastarbeiter" ins Land geholt. Zahlreiche muslimische Familien leben schon seit mehreren Generationen bei uns. Ein Problem besteht unter anderem darin, dass Deutsche und Muslime meistens getrennt voneinander leben und zu wenig aufeinander zugehen.

Vorurteile

Vorurteile sind verallgemeinernde Meinungen und Vorstellungen über andere Menschen, Gruppen, Gemeinschaften oder Völker, die nur selten der Wirklichkeit entsprechen. Vorurteile werden oft von anderen übernommen und beruhen nicht auf eigener Erfahrung. Vorurteile können dazu führen, dass Menschen unmenschlich behandelt werden: Sie werden missachtet, ausgegrenzt und in ihren Gefühlen verletzt.

Integration

Randgruppen und Minderheiten stehen oft außerhalb der Gesellschaft. Unter Integration versteht man den Versuch, Menschen dieser Randgruppen in die Gesellschaft einzugliedern.

Jugendkriminalität und Resozialisierung

Die Ursachen der Jugendkriminalität sind umstritten. Die einen sehen darin eher ein individuelles Versagen, auf das man mit härteren Erziehungsmaßnahmen reagieren müsse. Die anderen machen eher den gesellschaftlichen Wertewandel dafür verantwortlich und fordern mehr Betreuungsangebote. Jugendliche Rechtsbrecher sollen durch die Strafe dazu erzogen werden, künftig ein gesetzmäßiges Leben zu führen (Resozialisierung). Dabei sollen Maßnahmen wie gemeinnützige Arbeit, soziale Trainingskurse oder der Täter-Opfer-Ausgleich helfen.

Täter-Opfer-Ausgleich

Beim Täter-Opfer-Ausgleich wird versucht, zwischen Opfer und Täter eine außergerichtliche Versöhnung herbeizuführen. Der Täter hat dabei die Gelegenheit, sich zu entschuldigen und soll versuchen, den durch ihn entstandenen Schaden wiedergutzumachen. Dafür kann auf eine gerichtliche Bestrafung verzichtet oder die Strafe abgemildert werden.

Weißt du Bescheid?

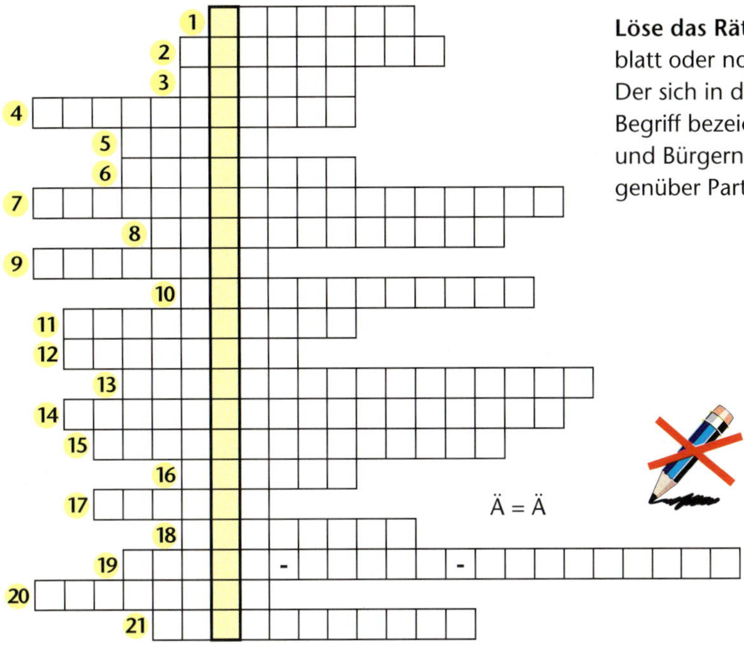

Löse das Rätsel. Benutze dazu das Arbeitsblatt oder notiere auf einem gesonderten Blatt. Der sich in der markierten Spalte ergebende Begriff bezeichnet eine bei vielen Bürgerinnen und Bürgern zu beobachtende Einstellung gegenüber Parteien, Politikern und Politikerinnen.

1 Unter ... versteht man die Ordnung und Führung eines Staates im Inneren und die Gestaltung seiner Beziehungen zu anderen Staaten.

2 Beim Aufeinandertreffen entgegengesetzter Interessen, Wünsche oder Verhaltensweisen können ... entstehen.

3 Eine Freundesgruppe gleichaltriger Jugendlicher mit gleichen Interessen, Vorlieben und Abneigungen nennt man ... .

4 Mit ... werden alle Bestrebungen bezeichnet, die darauf ausgerichtet sind, die freiheitliche demokratische Grundordnung zu beseitigen.

5 ... sind Überzeugungen und Einstellungen, die von der Mehrzahl der Menschen in einer Gesellschaft geteilt werden.

6 Die ... ist eine für Jugendliche wichtige Zeit zur Selbstfindung und Weiterentwicklung.

7 Die Gesamtheit strafbarer Handlungen von Jugendlichen wird als ... bezeichnet.

8 Mit ... ist gemeint, wenn sich jemand couragiert für andere oder das Gemeinwohl einsetzt.

9 Der ... ist bei Jugendlichen als Kommunikationsmittel und Spielgerät sehr beliebt.

10 Eine ... ist ein enges, von Vertrauen geprägtes Verhältnis zwischen zwei Personen.

11 ... sind Menschen mit einer körperlichen, geistigen oder seelischen Beeinträchtigung.

12 Ältere Mitbürger werden auch ... genannt.

13 ... bedeutet, dass jugendliche Rechtsbrecher durch die Strafe dazu erzogen werden sollen, künftig ein gesetzmäßiges Leben zu führen.

14 ... stellen die Rechte der Deutschen über die aller anderen. Ihre Richtschnur ist ein übertriebener Nationalismus, verbunden mit Rassismus und Antisemitismus.

15 Unter ... versteht man die Ablehnung und Verfolgung des Volkes der Juden.

16 Weil sie ihre politischen Ziele mit demokratischen Mitteln nicht verwirklichen können, greifen Extremisten oft zur ... .

17 Als ... bezeichnet man die Zeit zwischen Kindheit und Erwachsen sein.

18 Wer sich unentgeltlich in einer sozialen Einrichtung oder einem Verein für andere engagiert, bekleidet ein ... .

19 Beim ... wird versucht, zwischen Opfer und Täter eine außergerichtliche Versöhnung herbeizuführen.

20 Zu den Rechtsextremisten gehören die ... , die sich das System des Nationalsozialismus zum Vorbild nehmen.

21 Die Eingliederung von Ausländern oder Mitgliedern von Randgruppen in die Gesellschaft wird als ... bezeichnet.

Weißt du Bescheid?

Erläutere die Absicht, die das Plakat verfolgt.

(Gerhard Mester)

Was will der Zeichner mit seiner Karikatur zum Ausdruck bringen?

Partnerarbeit

Eine soziale Organisation will durch eine Serie von Plakaten zu mehr Gemeinsamkeit zwischen Jugendlichen und Senioren aufrufen. Damit die geplante Plakataktion bei Jugendlichen auch auf Aufmerksamkeit stößt, bittet die Hilfsorganisation Schülerinnen und Schüler um Ideen für die Plakatgestaltung.

Überlege mit deiner Partnerin bzw. mit deinem Partner, wie ein solches Plakat aussehen könnte. Arbeitet euren Vorschlag dann auf einem DIN-A3-Blatt als Skizze aus.

Massenmedien im Wandel

Wir alle nutzen täglich die Massenmedien, um uns zu informieren und um uns unterhalten zu lassen. Wir lesen die Zeitung, surfen im Internet, hören im Radio Nachrichten oder Musik, schauen im Fernsehen Filmberichte über Ereignisse weltweit oder Unterhaltungssendungen an.

Massenmedien liefern Informationen aller Art, auch jene, auf denen Menschen ihre politischen Überzeugungen aufbauen. Damit kommt ihnen eine große politische Bedeutung zu. Einer demokratischen Gesellschaft kann es deshalb nicht gleichgültig sein, wie die Massenmedien ihre Aufgaben wahrnehmen und wie frei die Berichterstattung ist.

Auf den folgenden Seiten geht es unter anderem um die nebenstehenden Fragen.

- Welche Massenmedien gibt es? Welche vermitteln politische Informationen?
- Welche Aufgaben haben die Medien in einer Demokratie? Wie ist das Verhältnis zwischen Politik und Medien?
- Zeitung, Fernsehen, Internet: Worin liegen die Stärken, worin die Gefahren dieser Medien?
- Wer bestimmt, was die Medien zum Thema machen? Wie werden Nachrichten ausgewählt?
- Welche Macht haben die Medien? Wie steht es um die Pressefreiheit – bei uns und weltweit?
- Wie nehmen die Massenmedien ihre Verantwortung wahr?

Massenmedien

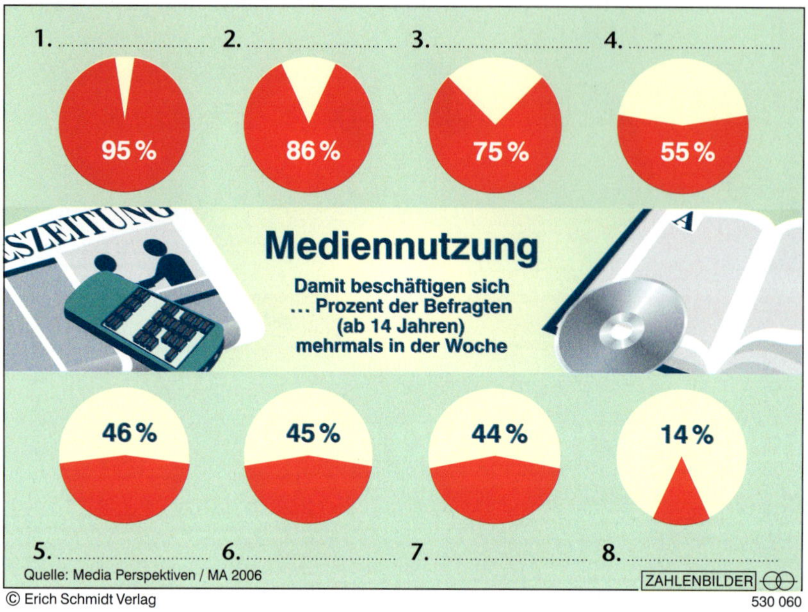

- Zeitschriften lesen
- Fernsehen
- Internet nutzen
- Bücher lesen
- Radio hören
- CD/Kassetten hören
- Videos/DVDs anschauen
- Zeitung lesen

Traditionellerweise werden Presse, Hörfunk und Fernsehen als Massenmedien bezeichnet. Ihr gemeinsames Merkmal ist, dass sie sich vorwiegend mit aktuellen Inhalten indirekt über ein technisches Mittel (zum Beispiel Funkfrequenzen) einseitig an ein unbegrenztes anonymes Publikum wenden, das aus einigen Tausend, aber auch aus Millionen Einzelpersonen bestehen kann. Dies gilt mit Einschränkungen (fehlende Aktualität, vorwiegend Unterhaltung) auch für den Film, der hier aber nur am Rande erwähnt wird.

Massenmedien stellen Massenkommunikation her. Im Gegensatz dazu handelt es sich bei der Individualkommunikation um den Informationsaustausch zwischen einzelnen Personen (zum Beispiel per Telefon oder E-Mail am Computer).

(aus: Informationen zur politischen Bildung, Heft 260, S. 3. Hg.: Bundeszentrale für politische Bildung, Bonn)

Die Tageszeitung bietet Informationen zu vielen Themenbereichen

Tageszeitung bleibt wichtigstes Medium

Frankfurt/M. (dpa) – Tageszeitungen bleiben für die Bundesbürger das wichtigste Medium. Das Ansehen von öffentlich-rechtlichem Fernsehen und Hörfunk steht nach einer repräsentativen Umfrage ebenfalls hoch im Kurs. Das Privatfernsehen gilt zwar als unterhaltsam, doch nur etwa jeder zweite Zuschauer hält es für kompetent. Das ist das Ergebnis einer Analyse der Zeitungs-Marketing-Gesellschaft. In fast allen Kategorien – wie „Kompetenz“, „Aktualität“, „Glaubwürdigkeit“ – liegen Zeitungen weit über dem Durchschnitt. Nur in der Kategorie Unterhaltung erreichen sie einen Wert knapp unterhalb des Durchschnitts.

(aus: Marbacher Zeitung, 28. 10. 1999, S. 1)

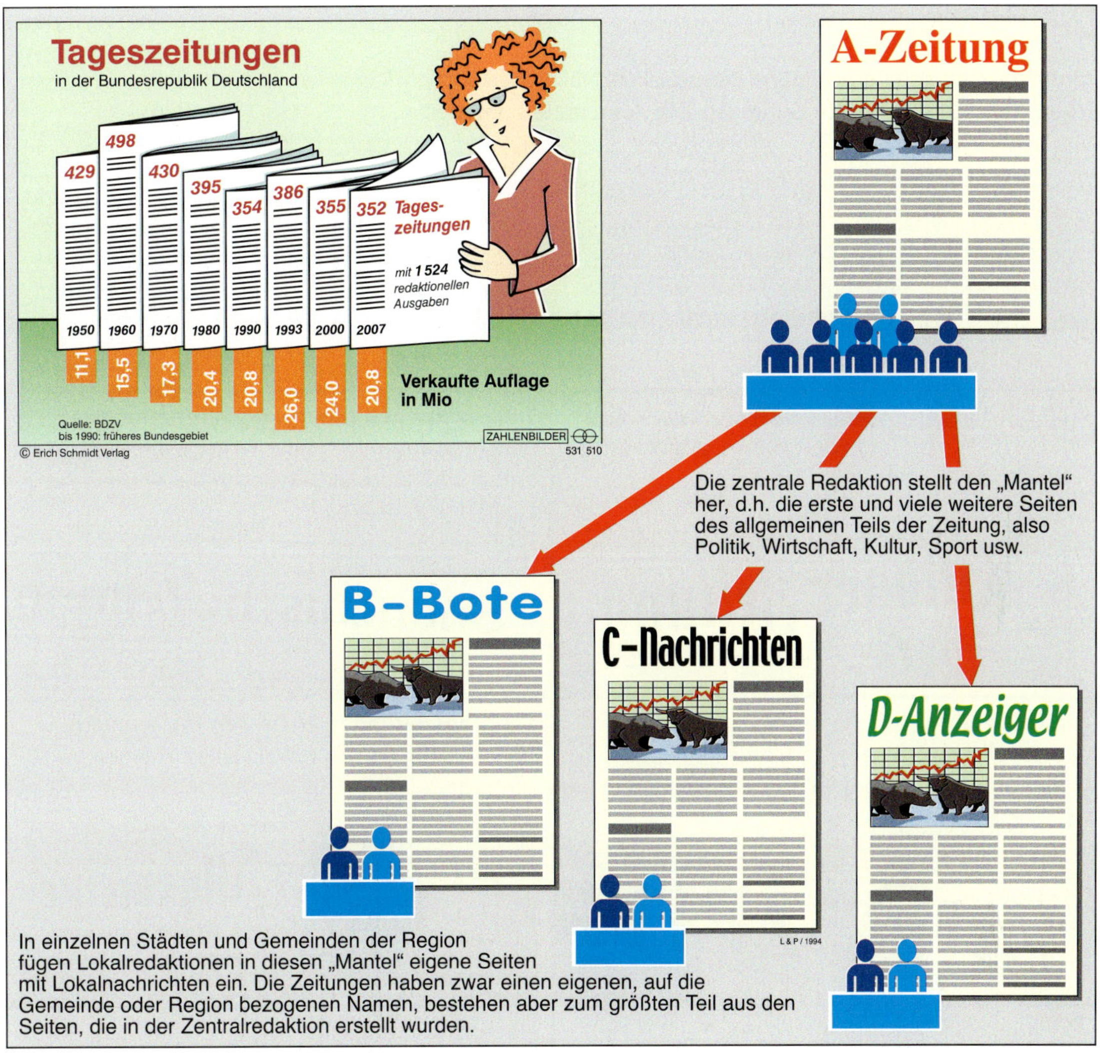

Presse-konzentration in Zahlen

- In fast 70 Prozent aller deutschen Kreise und kreisfreien Städte (1954: 15 Prozent) existiert heute nur noch eine Lokalzeitung („Ein-Zeitungs-Kreise“).
- Knapp 50 Prozent der deutschen Bevölkerung können sich nur noch aus einer lokalen Abonnementszeitung informieren (1954: 8,7 Prozent).
- Mehr als zwei lokale Titel gibt es nur noch in etwa 10 Prozent aller Kreise oder kreisfreien Städte.

(http://www.medienmaerkte.de/artikel/print/041710_pressekonzentration.html 07. 11. 2005/Auszug aus: Pressekonzentration in Zahlen, von Dr. Matthias Kurp, 17. 10. 2004)

1 *Welche Medienbezeichnung gehört wohl zu welchem Prozentkreis in der Grafik „Mediennutzung“ auf Seite 76 oben? Notiere von 1 bis 8 deine Vermutung.*

2 *Welche in der Grafik genannten Medien würdest du zu den Massenmedien rechnen? Begründe.*

3 *Das Fernsehen wird zwar mehr genutzt, die Tageszeitung aber für wichtiger gehalten. Warum wohl?*

4 *„In Deutschland gibt es gerade bei den Tageszeitungen eine große Meinungsvielfalt!“ – Nimm zu dieser Aussage vor dem Hintergrund des Schaubildes „Tageszeitungen“ und des Textes „Pressekonzentration in Zahlen“ Stellung.*

Printmedien

Printmedien sind gedruckte Informationsquellen. Neben den Büchern kann man die Printmedien im Wesentlichen in die Massenmedien Zeitungen und Zeitschriften unterteilen.

Die **Zeitung** ist das klassische Massenmedium. Sie erscheint regelmäßig (täglich oder wöchentlich). Ihre Leserinnen und Leser werden über aktuelle Geschehnisse aus der Region und/oder der ganzen Welt und viele Themen informiert.

Eine **Zeitschrift** bringt weniger Nachrichten, dafür mehr Hintergrundinformationen. Meist konzentriert sie sich auf einen bestimmten Themenbereich (z. B. Lifestyle, Mode) oder eine bestimmte Zielgruppe (z. B. Jugendliche).

Tageszeitungen (lokale) berichten über Politik, Wirtschaft, Kultur und Sport. Sie behandeln dabei viele regionale Themen.

Tageszeitungen (überregionale/nationale) berichten ausführlich über Politik, Wirtschaft, Kultur und Sport. Sie werden in der Regel in ganz Deutschland gelesen.

Wochenzeitungen schreiben aufgrund ihres wöchentlichen Erscheinungstermins mehr zu den Hintergründen und ordnen aktuelle Themen in größere Zusammenhänge ein.

Sonntagszeitungen erscheinen nur sonntags. Sie beschäftigen sich mit aktuellen Themen und Hintergründen.

Boulevardzeitungen sind auffällig und mit großen Überschriften gestaltet. Sie enthalten zwar Nachrichten, berichten aber bevorzugt über Skandale, Klatsch und Tragödien. Sie haben eher einen unterhaltenden als einen informativen Charakter.

Nachrichtenmagazine illustrieren lebendig geschriebene Berichte und Kommentare mit vielen Fotos. Sie bringen Hintergrundinformationen und Reportagen.

Fachzeitschriften setzen sich detailliert mit einem fest umrissenen Thema auseinander, sei es eine Sportart wie Fußball, eine Fachwissenschaft wie die Biologie oder der Computer.

Publikumszeitschriften richten sich an ein bestimmtes Publikum und sind überwiegend unterhaltend. Jugendzeitschriften z. B. sind poppig aufgemacht und bieten alles, was die Jugendlichen über ihre Stars wissen wollen. Sie gehen auf die Themen ein, die ihre jugendlichen Leserinnen und Leser interessieren.

Titelseiten von „Frankfurter Allgemeine“ und „Bild“ vom gleichen Tag

Die **Boulevardzeitung** kann in der Regel nur auf der Straße (französisch: Boulevard) und am Kiosk gekauft werden. Die Leserin und der Leser müssen somit jeden Tag aufs Neue zum Kauf angeregt werden. Dazu soll eine reißerische Aufmachung mit großen, oft farbigen Überschriften und Fotos beitragen.

Sonnabend, 29. November 2008 0,60 €

Bild

UNABHÄNGIG · ÜBERPARTEILICH

www.bild.de

Stefan Raab verhöhnt Uschi Glas

Eklat beim Bambi!

Nach dem verbalen Aussetzer von Raab zeigte die ARD eine entsetzte Uschi Glas

MÜNCHNERIN (43)

Ihr Freund starb in der Terror-Hölle

Wut auf Schalke-Söldner

Marco hat eine neue Liebe

Pest, heute gibt's zwei Hörnchen zum Frühstück

So sieht das neue Berliner Stadtschloss aus

NACHRICHTEN

TV-TIPP

Gewinner

Verlierer

Sa So Mo Di Mi

Meine Lebensbeichte

Frankfurter Allgemeine

ZEITUNG FÜR DEUTSCHLAND

Samstag, 29. November 2008 · Nr. 280 / 48 R 1

HERAUSGEGEBEN VON WERNER D'INKA, BERTHOLD KOHLER, GÜNTHER NONNENMACHER, FRANK SCHIRRMACHER, HOLGER STELTZNER

Francesco Stella errichtet das Berliner Schloss

Das Schloss geht auf

In der Vertrauensfalle

HEUTE

Eine Welt ist nicht genug

Indien sieht „Verbindungen“ der Terroristen nach Pakistan

Islamabad bietet Ermittlungszusammenarbeit an / Weiter Kämpfe in Bombay

BKA-Gesetz kommt in den Vermittlungsausschuss

Bundesrat lehnt Entwurf ab / Schäuble: Breite Zustimmung für mehr Befugnisse des BKA

Seehofer sagt Teil an CDU-Parteitag ab

Die **Abonnementzeitung** wird ins Haus geliefert, kann aber auch im Laden gekauft werden. Wer eine Zeitung abonniert, findet sie jeden Tag im Briefkasten und bekommt sie günstiger als im freien Verkauf. Die Zeitungsverlage können dank der langfristigen Abo-Verträge mit festen Einnahmen kalkulieren.

1. *Wie kann man Zeitungen und Zeitschriften genauer unterteilen?*
2. *Welche Printmedien lest ihr? Ordnet sie den genannten Kategorien zu.*
3. *Warum zählen Bücher nicht zu den Massenmedien?*
4. *Worin unterscheiden sich die Titelseiten von „Bild“ und „Frankfurter Allgemeine“ auf den ersten Blick? Vergleiche dann die Meldungen.*
5. *Sammelt mehrere regionale und überregionale Tageszeitungen und Boulevardzeitungen vom selben Tag. Vergleicht die Überschriften, die enthaltenen Themen und die Bilder.*

3 x Information, 2 x Meinung

In der Zeitung steht viel drin – und alles sieht zunächst gleich aus. Bei genauerer Betrachtung lassen sich jedoch zwei Arten von Texten unterscheiden: Texte, die informieren, und Texte, in denen eine Meinung geäußert wird. Und zu jeder der beiden Arten gibt es unterschiedliche Darstellungsformen.

Fünf Schüler haben im Lexikon nachgeschlagen und fünf Darstellungsformen als Rätsel für ihre Mitschüler formuliert. Auch ihr könnt versuchen, die Rätsel zu knacken: Welcher Begriff gehört zu welchem Text?

1 *Eine … ist eine sachliche und möglichst objektive Mitteilung über ein Ereignis. Die Kurzform der … heißt Meldung, die Langform Bericht. Eine … sollte die sogenannten „W-Fragen" beantworten:*

- *Was ist geschehen?*
- *Wer war beteiligt?*
- *Wann ist es geschehen?*
- *Wo ist es geschehen?*
- *Wie ist es geschehen?*
- *Warum ist es geschehen?*

2 *Ein … gibt ein Gespräch wieder. Das Gespräch kann mit einer Person oder auch mit mehreren Personen geführt worden sein.*

3 *Ein …. ist eine wertende, von der Meinung des Schreibers bestimmte Anmerkung zu einem bestimmten Thema über das in der Zeitung berichtet wurde oder gerade wird.*

4 *Eine …. gibt die Meinung des Kritikers oder der Kritikerin wieder. Gegenstand einer … können sein: Filme, Konzerte, Fernsehsendungen, CDs, Bücher, Theateraufführungen usw. Eine … wird sich also meistens im Kulturteil der Zeitung finden lassen.*

5 *Die …. gibt neben den Tatsachen auch die Empfindungen und Einschätzungen des Reporters wieder. Die Leser können den Eindruck gewinnen, „beim Geschehen dabei gewesen zu sein".*

Nachricht

Kommentar

Reportage

Kritik

Interview

?

1. *Welcher Begriff (Nachricht, Kommentar, Reportage, Kritik, Interview) gehört zu welchem Text? Notiere zu der Nummer des Textes den jeweils passenden Begriff.*
2. *Welche Darstellungsformen gehören zu den informierenden Texten, welche zu den meinungsäußernden Texten? Begründe jeweils deine Zuordnung.*
3. *Bildet Gruppen von jeweils vier, fünf Schülerinnen und Schülern. Jede Gruppe sucht in der Tageszeitung Beispiele für die fünf genannten Darstellungsformen.*
4. *Überprüft bei den Nachrichten, ob jeweils alle „W-Fragen" beantwortet werden.*

Meine Fernsehgewohnheiten

Wenn ich von der Schule nach Hause komme, schalte ich gleich meinen Fernseher ein. Ich schaue dann, bis es Mittagessen gibt. Danach läuft er die ganze Zeit, ein bisschen so wie bei meiner Mutter das Radio in der Küche. Abends schaue ich dann meist, bis ich einschlafe. Die Kiste stellt sich um 0.30 Uhr selbst ab.

Tom

Na ja, wenn ich ehrlich bin, schaue ich doch regelmäßig Fernsehen, eigentlich täglich. Oft schaue ich mehrere Sendungen gleichzeitig, z. B. einen Spielfilm und eine Sendung über Stars. Oft zappe ich zwischen den Sendern. Manchmal finde ich so auch spannende Reportagen.

Marie

Fernsehen tu ich meistens aus Langeweile. Wenn meine Freunde da sind, schaue ich gar nicht. Wenn ich ein spannendes Buch lese, habe ich auch keine Lust auf Fernsehen. Aber wenn ich nicht weiß, was ich tun soll, mach ich halt den Fernseher an und die Langeweile ist weg.

Roberto

Caroline

Eigentlich schaue ich recht wenig Fernsehen. Ich habe dreimal die Woche Volleyballtraining, und vorher muss ich lernen. Danach bin ich kaputt. An den anderen Tagen und am Wochenende bespreche ich mit meinen Geschwistern und Eltern, was wir anschauen wollen. Und wenn das mich nicht interessiert, dann mach ich halt etwas anderes.

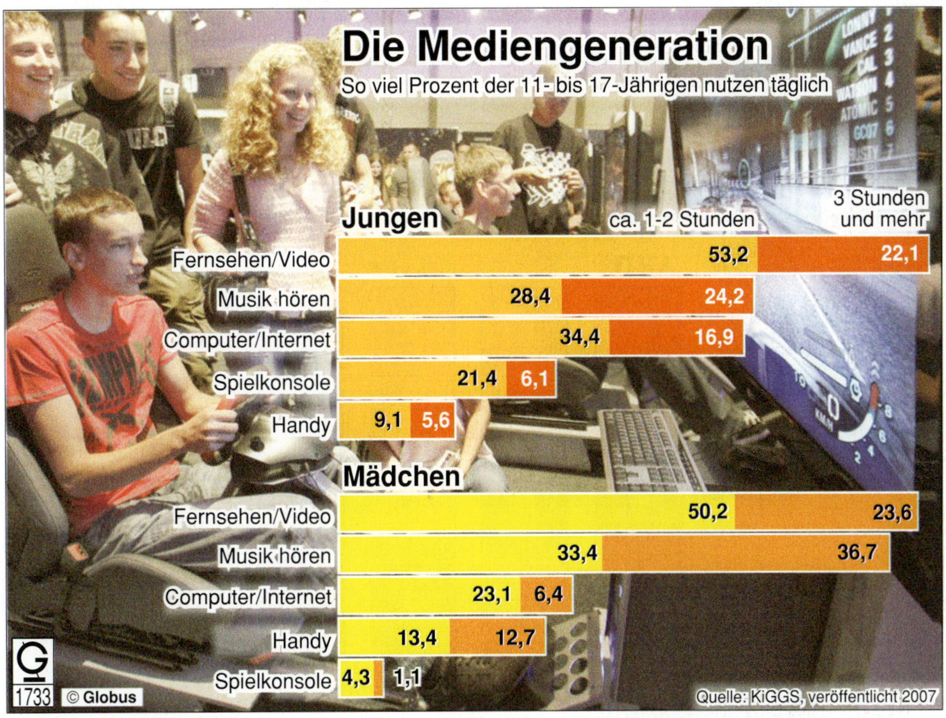

1 *Beschreibe dein Fernsehverhalten.*
2 *Zu welchem Typ von Fernsehnutzer würdest du dich zählen?*
3 *Werte die Grafik aus: Notiere einige Beobachtungen.*

Fernsehen

Rundfunkanstalten

Die Zuschauer können zwischen zahlreichen Sendern wählen

Fernsehsendungen werden wie der Hörfunk von Rundfunkanstalten produziert und ausgestrahlt. Bei den Rundfunkanstalten muss zwischen den öffentlich-rechtlichen und den privaten Anbietern unterschieden werden. Die öffentlich-rechtlichen Sendeanstalten haben sich zur „Arbeitsgemeinschaft der öffentlich-rechtlichen Rundfunkanstalten Deutschlands" (ARD) zusammengeschlossen. Ihr gemeinsames Fernsehprogramm ist das 1. Programm. Die ARD-Sendeanstalten strahlen auch die regionalen „Dritten Programme" aus. Neben der ARD gibt es das „Zweite Deutsche Fernsehen" (ZDF), das seinen Sitz in Mainz hat.

ARD und ZDF sind zur sogenannten „Grundversorgung" verpflichtet. Das bedeutet, dass sie auch Sendungen zu Politik, Kultur und Bildung bringen müssen. Solche Sendungen sind mit Blick auf Information und Meinungsbildung in einer demokratischen Gesellschaft wichtig, auch wenn sie bei vielen Zuschauern weniger beliebt sind als Unterhaltungssendungen.

Die privaten Fernsehsender runden das Angebot für die Fernsehnutzer ab. Sie sind meist nur über Satellit oder Kabel zu empfangen und in ihrer Programmgestaltung stärker auf den Geschmack des breiten Publikums zugeschnitten.

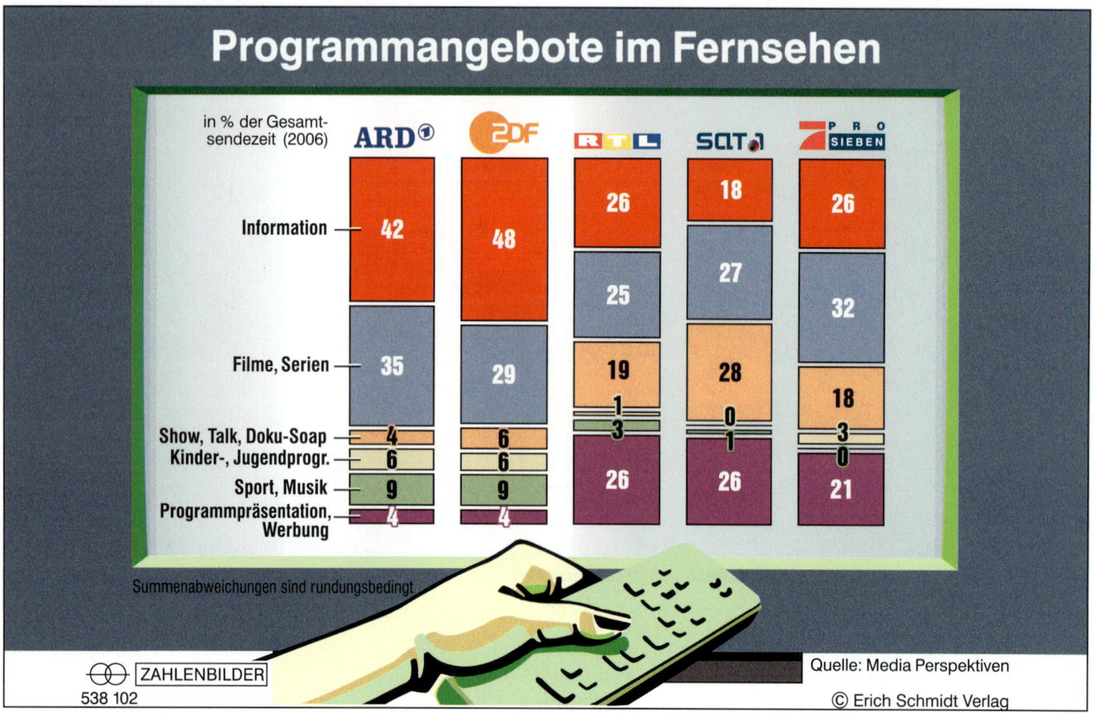

Einschaltquoten

Um neun Uhr morgens weiß man bei den Fernsehanstalten bereits, wer am Abend zuvor das Rennen um die Zuschauergunst gewonnen hat. Für alle Sendungen werden Einschaltquoten ermittelt: Wie viele Haushalte hatten eingeschaltet, wie viele Personen haben die Sendung gesehen? Schalteten Zuschauer während der Sendung ab, oder stieg die Einschaltquote? Waren die Zuschauer eher jünger oder eher älter? Diese und weitere Daten werden erhoben. Für die Gestaltung der Programme sind sie unentbehrlich. Ohne ausgeklügelte Marktforschung kann ein Fernsehsender heute kaum mehr überleben, denn „die Quote zählt". Damit ist gemeint, dass hohe Einschaltquoten viele Werbekunden anlocken und damit den Sendern hohe Einnahmen für die Ausstrahlung von Werbespots verschaffen.

Ermittelt werden die Einschaltquoten von der Gesellschaft für Konsum-, Markt- und Absatzforschung (GfK) in Nürnberg. Die Errechnung der Einschaltquoten beruht auf sekundengenauen Messungen in 2800 ausgewählten Haushalten mit 6500 Personen. An die Fernsehgeräte in diesen Haushalten sind Kleincomputer in Größe eines Radioweckers angeschlossen, um die Einschaltdaten festzuhalten. Diese sogenannten GfK-Meter sind mit einer speziellen Fernbedienung gekoppelt. So werden die Ein-, Um- und Abschaltzeiten sekundengenau registriert. Die An- und Abmeldungen ruft der Zentralcomputer in Nürnberg dann nachts per Telefonleitung automatisch ab und erstellt aufgrund der Daten die Liste mit den Einschaltquoten für alle ausgestrahlten Sendungen.

Einschaltquoten am 07. 02. 2006 (20.00 – 23.00 Uhr): Zuschauer in Millionen / Einschaltquote in %

ARD	ZDF	RTL	SAT.1	PRO SIEBEN
20:00 Tagesschau 6,42 Mio. / *19,2 %* 20:15 Um Himmels willen 7,48 Mio. / *21,4 %* 21:05 In aller Freundschaft 6,69 Mio. / *19,6 %* 21:50 Plusminus 4,61 Mio. / *14,9 %* 22:15 Tagesthemen 3,12 Mio. / *12,4 %* 22:45 Das Wetter im Ersten 2,81 Mio. / *12,5 %* 22:45 Menschen bei Maischberger 1,69 Mio. / *10,4 %*	19:25 Die Rosenheim-Cops 4,53 Mio. / *14,2 %* 20:15 Die Kennedys – Triumph und Tragödie 3,63 Mio. / *10,4 %* 21:00 Frontal 21 4,10 Mio. / *11,9 %* 21:45 heute-journal 4,03 Mio. / *12,9 %* 22:12 Wetter 3,56 Mio. / *12,4 %* 22:15 Lesen! 1,64 Mio. / *6,6 %* 22:50 37 Grad: Eltern allein zu Haus! 1,34 Mio. / *6,9 %*	19:40 Gute Zeiten, schlechte Zeiten 4,79 Mio. / *14,8 %* 20:15 CSI: Miami 5,26 Mio. / *15,1 %* 21:15 Im Namen des Gesetzes 5,20 Mio. / *15,8 %* 22:15 Monk 3,11 Mio. / *13,3 %*	19:45 K 11 – Kommissare im Einsatz 4,42 Mio. / *13,6 %* 20:15 Nette Nachbarn küsst man nicht 3,46 Mio. / *10,2 %* 22:15 Navy CIS 2,56 Mio. / *11,0 %*	20:00 Newstime 1,48 Mio. / *4,4 %* 20:15 Pro Sieben Wetter 1,65 Mio. / *4,8 %* 20:16 Emergency Room 1,71 Mio. / *4,9 %* 21:15 Medical Investigation 1,81 Mio. / *5,5 %* 22:05 TV Total 0,97 Mio. / *4,0 %*

(Quelle: AGF/GfK-Fernsehforschung/PC TV/Media Control)

1 *Welche Unterschiede bestehen zwischen dem öffentlich-rechtlichen und dem privaten Fernsehen?*

2 *Vergleiche in der Grafik auf Seite 82 die Programmangebote im Fernsehen: Welche Unterschiede fallen auf? Wie können sie erklärt werden?*

3 *Woher weiß ein Fernsehsender, wie viele Zuschauer eine Sendung hatte?*

4 *Betrachte die Auswahl an Einschaltquoten: Was hättest du erwartet, was nicht?*

Internetnutzung

Studie zum Medienkonsum
120 Minuten surfen

Junge Leute verbringen mehr Zeit im Internet als mit Fernsehen oder Radio. Wie aus der ARD/ZDF-Onlinestudie 2008 hervorgeht, sind 14- bis 19-Jährige jeden Tag im Durchschnitt 120 Minuten im Netz. Sie schauen 100 Minuten fern und hören 97 Minuten Radio. Besonders attraktiv für Jugendliche seien Videos im Netz. 92 Prozent rufen danach Videos ab und schauen live oder zeitversetzt Fernsehsendungen im Netz. Bei der repräsentativen Untersuchung wurden im März/April dieses Jahres 1802 Bürger (ab 14 Jahre) in Deutschland befragt.

Der Internet-Konsum aller Deutschen nahm demnach im Schnitt um vier Minuten auf täglich 58 Minuten zu. Der Fernseh- und Hörfunkkonsum sei mit täglich 225 Minuten und 186 Minuten stabil geblieben. Damit habe sich das Internet hinter Fernsehen und Hörfunk auf Platz drei der tagesaktuellen Medien fest etabliert.

Insgesamt waren 65,8 Prozent (42,7 Millionen) der Erwachsenen online. Während unter den 14- bis 29-Jährigen inzwischen nahezu jeder (96 Prozent) Zugang zum Internet hat, liegt die Internet-Verbreitung bei den 30- bis 49-Jährigen bei 83 Prozent und bei den 50- bis 59-Jährigen bei 66 Prozent. (...) Die höchsten Zuwachsraten weisen mit elf Prozent weiterhin die 60- bis 79-Jährigen auf, von denen inzwischen 29 Prozent im Netz aktiv sind.

(http://www.n-tv.de/1002920.html 02.08.2008)

Nutzung von Onlineanwendungen

14- bis 19-Jährige,
mindestens einmal wöchentlich genutzt, in %

Suchmaschinen nutzen	88
Instant-Messaging	85
Senden und empfangen von E-Mails	75
an Gesprächsforen / Newsgroups / Chats teilnehmen	72
Onlinecommunitys nutzen	63
einfach so im Internet rumsurfen	62
Audiodateien im Internet anhören / herunterladen	44
zielgerichtet bestimmte Angebote suchen	41
Onlinespiele sielen	37
überspielen / herunterladen von Dateien	27
Videos / Videodateien im Internet ansehen	25
Rss-Feeds / Newsfeeds	17
live im Internet Radio hören	12
Kontakt-/Partnerbörsen nutzen	10
bei Onlineauktionen mitmachen	10
Onlineshopping	9
live im Internet fernsehen	8
Buch- und CD-Bestellungen	7
Homebanking	7
Tauschbörsen	3

(Quelle: ARD/ZDF-Onlinestudie 2008)

Das Internet bietet einen Überfluss an Informationen, sinnvolle und sinnlose, richtige und falsche. Jeder, der schon einmal nach einer speziellen Information im Internet gesucht hat, weiß, wie schwer die Auswahl der angezeigten Seiten ist. Das bedeutet, die Suche nach Informationen muss sinnvoll erfolgen. Dazu benutzt man die Suchmaschinen im Internet. Je mehr ihr den Suchbegriff eingrenzt, desto enger ist die Auswahl der Seiten. Wenn ihr nur ein Wort eingebt, zum Beispiel „Fußball“, bekommt ihr Hunderte von Seiten angezeigt. Wenn ihr aber „Fußball + Weltmeisterschaftsendspiel + 2006“ eingebt, wird die Auswahl schon übersichtlicher. Ausschlaggebend ist auch die Auswahl der Suchmaschine, die für euch das Netz durchforstet. Am wichtigsten bleibt aber immer noch der eigene Kopf und das Wissen, das drin ist. Wenn ihr zu einem Thema etwas sucht, von dem ihr überhaupt keine Ahnung habt, ist es natürlich unmöglich, die sinnvollen und richtigen Informationen von den sinnlosen und falschen zu unterscheiden. Wenn ihr euch also vor der Recherche nicht über die wichtigsten Grundlagen informiert, nutzt euch das Internet nichts. Das gilt auch für Internetseiten, die zwar zum Thema passen, aber vom Inhalt zu schwierig für Schülerinnen und Schüler eures Alters sind.

1 *Fasse die wichtigsten Aussagen des Textes „120 Minuten surfen“ zusammen.*

2 *Welche oben genannten Onlineanwendungen hast du schon genutzt? Erstelle eine Rangliste.*

3 *Einigt euch in der Klasse auf ein Recherchethema. Sucht dann – jeder für sich – dazu im Internet Informationen. Vergleicht in der Gruppe die von euch gefundenen Seiten. Fasst anschließend die ermittelten Informationen mit eigenen Worten zusammen.*

Gefahren des Internets

Im Internet ist niemand sicher. Hier einige wichtige Verhaltensregeln:

- Gebt Fremden in Chats keine Telefonnummern, sonst droht Telefonterror oder ihr werdet mit SMS zugemüllt.
- Seid vorsichtig, wenn ihr E-Mails bekommt, deren Absender ihr nicht kennt. In den Anhängen können Viren oder Würmer stecken, die euren Computer zusammenbrechen lassen. Schutz bietet ein Virenscanner.
- Über Suchmaschinen oder auch nur durch Tippfehler kann man schnell auf Seiten gelangen, die für Kinder und Jugendliche nicht geeignet sind. Gegen Seiten mit pornografischen oder rechtsradikalen Inhalten usw. gibt es Filterprogramme, die eure Eltern auf dem Rechner installieren sollten. Oft warten gerade auf solchen Seiten „Dialer-Programme". Diese laden sich automatisch auf den Rechner herunter, tragen sich ins System ein und wählen sich eigenständig ins Internet ein, zu hohen Preisen, z. B. pro Wählvorgang 40 Euro. Ihr wärt nicht die Ersten, deren Eltern eine vierstellige Telefonrechnung präsentiert bekommen. Achtet also immer darauf, was ihr macht, und nutzt keine Dienste von Anbietern, denen ihr nicht trauen könnt.
- Installiert ein Antivirenprogramm auf dem Rechner und sprecht mit euren Eltern wegen möglicher Filtersoftware.

Böse Überraschung

Von wegen „Lachen, bis der Arzt kommt". Der kleinen Antonia R. ist der Spaß gründlich vergangen. Ihre Mutter bekam Post von der Schmidtlein GbR: 84 Euro, weil die Tochter sich auf www.witze-heute.com eingeloggt hatte. Der Preis stand dort so unauffällig, dass die 13-Jährige ihn glatt übersah. Viel heller leuchtete der Button „Anmelden und Spaß haben". Doch stattdessen bekam das Mädchen einen Riesenschreck.

Dabei passierte ihr dasselbe wie zigtausend anderen Surfern: Völlig unerwartet landen sie auf teuren Seiten. Wer eine Wohnung, einen Studentenjob oder eine Lehrstelle sucht, wer Sudokus lösen oder einfach nur seinen IQ testen will, erhält später die Rechnung. Die Fallen zielen vor allem auf Kinder und Jugendliche. Gratis-SMS, Musik-Downloads, Hausaufgabenhilfe: Alles scheint gratis – aber nur auf den ersten Blick. Versteckt im Kleingedruckten lauern saftige Preise. Der Normalnutzer merkt das erst, wenn es zu spät ist.

Zum Beispiel www.dein-fuehrerschein.com. Da können Jugendliche für die Theorieprüfung üben – von Kosten keine Spur. Aber wer sich auf die nächsten Seiten durchklickt, dann ganz nach unten scrollt und das Kleingedruckte akribisch liest, stößt auf den Preis: 69,80 Euro. (…)

Die Seiten bieten vor allem Kinkerlitzchen, die es sonst im Internet massenweise gratis gibt. Für Rezepte oder Routenplaner muss niemand Geld ausgeben. Auch Basteltipps und Gedichte stehen dort ohne Ende. Hilfe bei Musik-Downloads bieten zahllose Foren, oft in exzellenter Qualität. Wie soll da jemand erwarten, dass ein paar Allerwelt-Links zu Tierlexika exorbitante 168 Euro kosten? Und gibt es wirklich Leute, die Tattoovorlagen im Zweijahresabo auswählen? Noch dazu ist vieles sein Geld nicht wert. So stehen auf www.tiere-heute.com Texte aus dem Onlinelexikon Wikipedia. Die gibt es bei www.wikipedia.de gratis.

(aus: test 5/2007, S. 12f.)

1. *Welche Gefahren lauern bei der Benutzung des Internets? Wie kann man ihnen begegnen?*
2. *Erläutere, was mit „Eigenverantwortung" bei der Nutzung des Internets gemeint ist.*
3. *Auf welches Problem weist der Artikel aus der Zeitschrift „test" hin?*

Fallbeispiel: Handy

Jan

Es ist erst Mitte des Monats und Jan ist schon wieder pleite. „Mein größtes Problem ist das Handy", gibt Jan zu. Eine Rechnung von 50 Euro im Monat ist bei ihm nicht selten. „Hinterher ist alles doch teurer geworden, als ich dachte."

Zusätzlich kommen noch 25 Euro für Klamotten dazu. „75 Euro an Ausgaben sind doch keine Ausnahme bei Jugendlichen", meint Jan. Bei 60 Euro Taschengeld wird schnell klar, dass die Ausgaben höher liegen als die Einnahmen. „Auf mein Handy verzichte ich auf keinen Fall! Und wer keine Markenklamotten trägt, ist doch in der Schule ein Outsider!", entgegnet Jan.

Natürlich ist er sich auch darüber klar, dass es so nicht weitergehen kann. Ausgaben für Kino oder Zeitschriften liegen erst einmal auf Eis. „Ich werde versuchen, weniger zu telefonieren. Nicht sofort drauflossimsen. Mit den Klamotten, die meine Eltern für mich kaufen, versuche ich auszukommen. Die geben mir keinen Cent für mein Handy dazu." Auf jeden Fall will er in den Ferien jobben, damit er seine Schulden zurückzahlen kann. „Meine Eltern wegen meiner Schulden ansprechen? Niemals! Das kriege ich schon alleine hin."

Manche Eltern klingeln ihren Kindern hinterher, auch wenn es gar nicht notwendig ist. In Wahrheit wollen sie nur wissen, was diese gerade machen oder mit wem sie zusammen sind.

Nadine

Kathrin

Viele Mädchen behaupten, dass sie das Handy für Notfälle brauchen oder damit sie anrufen können, wenn sie sich verspäten. In Wirklichkeit führen sie aber meist endlose Bla-bla-Gespräche.

Gerade in der Gruppe wird mit dem Handy viel angegeben: Wer hat das neueste Modell? Wer das beste Farbdisplay? Wer die coolsten Klingeltöne? Wer überhaupt kein Handy besitzt, ist in der Clique schnell unten durch.

Marcel

Herr Schaub

Jugendliche verwenden das Handy mehr zur SMS-Übermittlung als zum Telefonieren. Wegen der begrenzten Zeichenzahl wird dabei die Sprache verknappt. Rechtschreibung spielt keine Rolle mehr. Statt „Wir sehen uns nächstes Wochenende. Danke und liebe Grüße" wird gesimst: nxt WoEn thx&lieGrü. Das schadet der Sprachentwicklung!

1 *Die meisten Jugendlichen haben ein Handy. Welche Vorteile bietet es?*
2 *„Schuldenfalle Handy" – was sagt Jans Bericht dazu?*
3 *Die Aussagen nennen weitere Probleme im Zusammenhang mit dem Handy. Setze dich damit auseinander. Notiere deine Meinung dazu stichwortartig.*

Methode: Umfrage

Thema: Handy

Bei einer Umfrage geht es darum, von einer größeren Anzahl von Personen Informationen zu einem bestimmten Thema zu erhalten oder deren Meinung dazu zu erfragen.

Vorbereitung

Ihr müsst genau überlegen, welche Fragen ihr stellen wollt. Dabei gibt es zwei Möglichkeiten:

1. Man kann die Fragen so stellen, dass nur mit „ja" oder „nein" geantwortet werden kann. Beispiel: „Soll es in diesem Jahr ein Schulfest geben?"
Vorteil: Man kann nachher leicht auszählen, wer dafür und wer dagegen ist.
Nachteil: Jeder Befragte kann nur zu den vorgegebenen Meinungen Stellung nehmen. Vielleicht hätte er jedoch etwas anderes zum Thema sagen wollen.

2. Man kann die Fragen so stellen, dass jeder seine eigene Antwort geben kann. Beispiel: „Wie soll das Schulfest gestaltet werden?"
Vorteil: Die Befragten können ihre individuelle Meinung äußern.
Nachteil: Es ist schwierig, die Antworten auszuwerten. Man kann nicht einfach auszählen, wie viele der Befragten für eine bestimmte Meinung oder Maßnahme sind und wie viele dagegen.

Vor einer Umfrage müsst ihr außerdem überlegen, wie ihr diese organisiert: Sollen Einzelne fragen oder soll die Umfrage von Zweier- oder Dreiergruppen durchgeführt werden? Sollen die Antworten auf einem Fragebogen oder mittels Tonband festgehalten werden?

Durchführung

Führt die Umfrage anonym durch, also ohne nach dem Namen zu fragen. Wenn es für die spätere Auswertung eine Rolle spielt, sollten Alter und/oder Geschlecht der Befragten festgehalten werden.

Auswertung

Die Antworten werden durchgesehen. Dabei solltet ihr darauf achten, ob sich deutliche Häufungen bzw. Unterschiede in den Einschätzungen ergeben. Die Ergebnisse der Umfrage werden dann zusammengefasst. Wenn es für das Thema interessant ist, könnt ihr eine zusätzliche Auswertung nach Alter und/oder Geschlecht der Befragten vornehmen.

Ihr müsst auch überlegen, wie ihr die Ergebnisse eurer Umfrage präsentieren wollt. Ihr könnt zum Beispiel eine Wandzeitung gestalten oder einen Bericht für die Schülerzeitung verfassen.

1 *Ein Handy bietet verschiedene Nutzungsmöglichkeiten. Stellt fest, wofür ihr es am häufigsten verwendet.*
2 *Führt eine Umfrage bei Jugendlichen zum Thema „Handy" durch.*
3 *Überlegt euch, wie und wo ihr die Ergebnisse eurer Umfrage präsentieren könnt.*

Methode: Selbsterkundung

Thema: Wir führen ein Medientagebuch ....

Jeder von uns nutzt Medien und hat seine eigenen Mediengewohnheiten. Um genauer zu erfahren, welche Medien ihr wie häufig nutzt, könnt ihr ein Medientagebuch erstellen.

Vorbereitung

Besprecht in eurer Klasse, welche Medien ihr nutzt. Ihr könnt euch an dem Medientagebuch auf dieser Seite orientieren.

Durchführung

Jeder von euch legt ein Medientagebuch an, in dem er alle Medien einträgt, die er normalerweise nutzt. Notiert dort eine Woche lang für jeden Tag die Nutzungsdauer, die ihr mit dem betreffenden Medium pro Tag verbringt.

Auswertung

Erstellt eine gemeinsame Tabelle mit allen Medien, die von den Schülern eurer Klasse genutzt werden. Notiert darin, wie viele Schüler welches Medium überhaupt nutzen.

Errechnet anschließend die durchschnittliche Nutzungszeit für ein Medium. Addiert dazu die Zeiten aller Schüler eines Mediums und teilt diese durch die Gesamtschülerzahl. Formuliert eure Ergebnisse, z. B.: *Die Schüler unserer Klasse schauen im Durchschnitt … Minuten pro Tag Fernsehen.*

Medientagebuch von ....

(Angaben in Minuten)	Montag	Dienstag	Mittwoch	…	
Fernsehen	90 Min				
CDs/Musikkassetten hören	60 Min				
Radio hören	–				
PC/Computer benutzen	37 Min				
Zeitung lesen	–				
Zeitschriften/Magazine lesen	23 Min				
Bücher lesen	20 Min				
Videos ansehen	–				
Hörspielkassetten hören	–				
Comics lesen	40 Min				
Ins Kino gehen	–				
Telefonieren	20 Min				
SMS lesen oder versenden	15 Min				

Das Wichtige in Kürze

Massenmedien Von besonderer Bedeutung sind die Medien, mit denen einer großen Zahl von Menschen etwas mitgeteilt oder gezeigt werden kann: Fernsehen, Hörfunk und Zeitungen bzw. Zeitschriften. Diese Medien werden deshalb als Massenmedien bezeichnet. Massenmedien berichten nicht nur von Ereignissen, sie beeinflussen auch Ereignisse oder bewirken sie.

Zeitungen Zeitungen kann man danach unterscheiden, wie sie vertrieben werden. Abonnementzeitungen werden ihren Lesern jeden Tag durch Austräger oder die Post zugestellt, aber auch im Zeitschriftenhandel angeboten. Boulevardzeitungen werden auf der Straße, in Kiosken oder Läden verkauft.

Pressekonzentration Zeitungsverlage sind Unternehmen, die wirtschaftlich erfolgreich sein müssen. Um Kosten zu sparen, haben sich in den letzten Jahren immer wieder Verlage zusammengeschlossen. Eine zentrale Redaktion stellt den größten Teil der Seiten, den „Mantel", für viele Regional- und Lokalzeitungen her. Wenige große Medienkonzerne geben die meisten der auflagenstärksten Tageszeitungen heraus und betreiben auch private Fernsehanstalten.

Fernsehen Das Fernsehen wird wie der Hörfunk von Rundfunkanstalten gemacht und ausgestrahlt. Bei den Rundfunkanstalten muss zwischen den öffentlich-rechtlichen und den privaten unterschieden werden. Für die Sendungen der öffentlich-rechtlichen Sendeanstalten müssen die Zuschauer und Zuhörer monatliche Gebühren bezahlen. Die Privatsender finanzieren sich nur durch Ihre Einnahmen aus der Werbung. Daher ist es ihnen ganz besonders wichtig, dass ihre Sendungen hohe Einschaltquoten erzielen, da dies Werbekunden anlockt.

Mediennutzung Die Mediennutzung ist abhängig vom Alter und vom Interesse der Nutzerinnen und Nutzer. Die tägliche Nutzungsdauer hat in den letzten Jahrzehnten zugenommen. Im Durchschnitt wird die meiste Zeit für den Hörfunk und das Fernsehen aufgewendet. Das Lesen von Zeitungen, Zeitschriften oder Büchern spielt im Vergleich dazu eine erheblich geringere Rolle.

Internet Das Internet ermöglicht weltweit den sekundenschnellen Austausch von Informationen. Seine Nutzung im privaten wie im geschäftlichen Bereich hat sprunghaft zugenommen. Vor allem Jüngere nutzen die vielfältigen Möglichkeiten des Internets wie E-Mail versenden und empfangen, nach Informationen suchen, Bankgeschäfte online erledigen usw. Allerdings muss man auch darauf achten, mögliche Gefahren des Internets – zum Beispiel die Bekanntgabe persönlicher Daten beim Chatten – zu umgehen. Wer regelmäßig surft, sollte unbedingt ein Virenschutzprogramm installieren. Besonders gefährlich kann es sein, harmlos erscheinende Angebote einfach anzuklicken. Schon mancher Nutzer bekam anschließend per Post eine Rechnung zugeschickt.

Handy Das Mobiltelefon ist ein modernes Massenkommunikationsmittel, das in wenigen Jahren weite Verbreitung gefunden hat. Vier von fünf Einwohnern nutzen heute die Möglichkeit, von jedem Ort aus Verbindung mit anderen aufnehmen zu können. Bei Jugendlichen sind Handys besonders beliebt, manchmal so sehr, dass dadurch finanzielle Probleme entstehen.

Aufgaben der Medien

Nachrichtensendung im Fernsehen

Zeitungskiosk

Information

Meinungsbildung

Unterhaltung

Kontrolle

A Medien decken politische, gesellschaftliche und wirtschaftliche Missstände auf. Damit tragen sie dazu bei, dass die Verantwortlichen ausfindig gemacht und zur Rechenschaft gezogen werden.

B In einer Demokratie gibt es unterschiedliche Ansichten und Interessen. Die Probleme sollen in freier und offener Diskussion erörtert werden. So besteht die Chance, dass sich jeder eine eigene Meinung bilden kann. Den Medien kommt bei diesem Meinungsbildungsprozess eine große Bedeutung zu.

Was gehört zusammen?

C Die Massenmedien sollen sachlich, vollständig und so verständlich wie möglich informieren. Die Mediennutzer können so das öffentliche Geschehen verfolgen und die Zusammenhänge erkennen.

D Die Medien sollen auf vielfältige Art und Weise zur Unterhaltung beitragen. Jeder hat so die Möglichkeit, aus dem Angebot das Gewünschte auszuwählen.

1 Streit zwischen den Parteien um Tempolimit für Kleinlaster auf den deutschen Autobahnen

2 Konzert der neuen Boy Group ein Riesenerfolg

3 Deutlicher Rückgang der Verkehrsunfälle im Stadtgebiet von Offenbach im letzten Halbjahr

4 Geschäftsführer muss wegen Unterschlagung zurücktreten

1 *Zu jeder Aufgabe der Medien (schwarz) gehört eine Erklärung (blau). Ordne zu.*

2 *Jede Schlagzeile (rot) spricht eine der vier Aufgaben der Medien an. Ordne zu.*

„Wenn ich Journalist wäre ..."

Zwischen dem 16. und 18. August 1988 hielt das sogenannte Gladbecker Geiseldrama ganz Deutschland in Atem. Besonders kritisiert wurde im Nachhinein die Rolle von Medienvertretern, die mit den schwer bewaffneten Geiselgangstern vor laufenden Kameras Interviews führten. Nach der Verhaftung der Gangster waren drei Tote zu beklagen. Im Frühjahr 2000 wurden auf den Philippinen Touristen monatelang von Kidnappern gefangen gehalten. Viele Fernsehreporter, auch aus Deutschland, reisten an, um über die Geiselnahme zu berichten.

Gladbeck im Urwald

Wie sich Medien am Geiseldrama berauschen

(...) Die Bilder von der Urwaldhölle gehen um den Globus. Wir blicken in die sadistisch grinsenden Gesichter der Geiselnehmer, wir sehen auch die entführten Urlauber, verzweifelt und ausgezehrt, in deren Gewalt. Vielleicht kommen sie davon, vielleicht steht ihnen ein schreckliches Ende bevor. (...)

Kein Zweifel, dass sich die Gangster über solche Drohwirkungen der Aufnahmen freuen. Doch sie filmen, fotografieren und befragen nicht selbst, sie lassen filmen, lassen fragen. Sie gestatten Journalisten, vermutlich gegen entsprechende Bezahlung, dass sie bis zu ihren Urwaldcamps vordringen dürfen; sie erlauben gnädig den Blick auf die zu Tode Geängstigten – wie auf Tiere hinter den Gittern im Zoo.

Und die einen, die Gefangenen, sind im Dunkeln, und die anderen, die Journalisten, keinen Meter davon entfernt, sind im Licht, sagen freundlich guten Tag, leihen ihr Mobiltelefon aus, damit die Opfer womöglich kurz vor ihrem Untergang noch mal zu Hause anrufen können. Dann nimmt der Herr Journalist sein Handy, sagt tschüss, winkt ein bisschen und geht zu seinem Jeep. (...)

(...) Und wie man den einen von dannen ziehen sieht und die anderen so schrecklich ungetröstet hinterherschauen, da fragt man sich natürlich, wie sich der Zurückbleibende fühlt, was in dem leichtfüßig wieder in sein zivilisiertes Leben Eilenden vorgeht und ob es Reporterpflicht ist, Verbrechern die Hand zu schütteln, um der Welt vom Unglück der Gekidnappten möglichst hautnah zu berichten.

Oh ja, werden alle neunmalklugen Puristen sagen: die Öffentlichkeit habe ein Recht darauf zu erfahren, was da vorgeht, nichts dürfe geheim bleiben, sonst sei die Pressefreiheit in Gefahr. Eine Zensur gibt es natürlich nicht, auch keine Selbstzensur. (...)

(Sibylle Krause-Burger, in: Stuttgarter Zeitung, 20. 5. 2000, S. 37)

„Wenn ich Journalist wäre..."	Begründung
1. ... würde ich alle Informationen weglassen, die Vorurteile bestärken können. ◯ stimme zu ◯ stimme nicht zu	
2. ... würde ich auch Terroristen zu Wort kommen lassen. ◯ stimme zu ◯ stimme nicht zu	
3. ... würde ich bei Straftaten von Ausländern die Nationalität verschweigen. ◯ stimme zu ◯ stimme nicht zu	
4. ... würde ich mehr Positives, also Erfreuliches, Gutes, Schönes, berichten. ◯ stimme zu ◯ stimme nicht zu	
5. ... würde ich alles bringen, was Auflagenhöhe und Einschaltquote steigern kann. ◯ stimme zu ◯ stimme nicht zu	

1 *Welches Problem wird in dem Text „Gladbeck im Urwald" angesprochen?*

2 *„Wenn ich Journalist wäre würde ich ...": Kreuze auf dem Arbeitsblatt an oder notiere auf einem Blatt. Schreibe dann zu jeder Entscheidung eine kurze Begründung auf.*

Methode: Nachrichtenauswahl

Thema: Wir spielen Redaktion

Ihr sollt einmal das tun, was Redakteure ständig machen: aus vielen Meldungen auswählen.

Vorbereitung

Ihr benötigt sechs Exemplare einer Tageszeitung. Wichtig ist, dass es die gleiche Zeitung vom gleichen Tag ist. Vereinbart, wer die Zeitungen mitbringt. Außerdem benötigt ihr Scheren, Klebstoff und einige größere Bogen Papier.

Durchführung

Bildet sechs Gruppen. Jede Gruppe bekommt ein Zeitungsexemplar und einen Papierbogen in der Größe einer Zeitungsseite. Von den sechs Gruppen wählen jeweils zwei einen dieser drei Bereiche: Politik, Wirtschaft, Lokales. Jede Gruppe hat dann die Aufgabe, zu ihrem Bereich aus den vielen Berichten, Fotos usw. der Zeitung eine eigene Seite zusammenzustellen. Die ausgeschnittenen Artikel werden auf den Papierbogen so aufgeklebt, dass er wie eine Zeitungsseite aussieht.

Auswertung

Zu jedem Bereich stellen die beiden Gruppen ihre Seite vor. Es wird gemeinsam verglichen, ob und wie unterschiedlich die Auswahl an Texten, Fotos usw. jeweils ausgefallen ist. Jede Gruppe begründet dann ihre Auswahl.

Was ist wichtig?

Es geschieht viel in der Welt. Nicht alles ist wichtig. Was wichtig ist und was nicht, entscheiden wir Journalisten. Nach welchen Kriterien?

Das verletzte Knie eines Bundesliga-Fußballers ist zweifellos wichtig. Die Schwangerschaft der zeitweiligen Geliebten des Vaters einer Weltklasse-Tennisspielerin war so wichtig, dass darüber monatelang berichtet wurde. Der Tod eines Obdachlosen bei Frost im Stadtwald ist unwichtig.

Dass einem jungen Deutschen in einem südostasiatischen Land wegen Heroin-Schmuggels die Todesstrafe droht, vermelden wir. Dass dort 20 oder 30 einheimische Drogenhändler hingerichtet werden, ist nicht so wichtig. (…)

Kriege können wichtig oder unwichtig sein. Der Krieg in Angola ist unwichtig. Über ihn berichten wir nicht, obwohl er seit Jahren so viele Menschenleben kostet wie kaum ein anderer. (…)

Verstöße gegen die Menschenrechte sind wichtig oder unwichtig, je nachdem, wem sie anzulasten sind. (…)

Politiker sind wichtig. Wir sind in der Lage, sie zu ungeheurer Wichtigkeit aufzublasen. Zu Dutzenden erscheinen wir bei bloßen Show-Veranstaltungen von Berufspolitikern. Wenn zwei Fernsehanstalten präsent sind, dürfen die anderen nicht fernbleiben. Je mehr Journalisten bei einem Ereignis anwesend sind, desto wichtiger muss es sein.

(Eckart Spoo, in: Spiegel-special 1/1995, S. 121)

1 *Auf welche Probleme bei der Nachrichtenauswahl weist der Journalist in seinem Text „Was ist wichtig?" hin?*

2 *Führt in der Klasse das Redaktionsspiel durch.*

Die Macht der Medien

Baumwiesen-Affäre

Muss Gemeinderat Stiefel zurücktreten?

Stiefel war bei Abstimmung über Bauland befangen

Wie unsere Reporterin recherchiert hat, verkaufte Gemeinderat Kurt Stiefel seine Baumwiese an einen Strohmann. Dieser bezahlte für die gesamte Wiese einen „symbolischen" Preis von 1 Euro. Gemeinderat Stiefel war so nicht mehr Eigentümer der Baumwiese und konnte daher an der Abstimmung teilnehmen, die mit einer Stimme Mehrheit das landschaftlich reizvolle Guldental zum Baugebiet machte. Wenige Tage nach der Abstimmung kaufte Stiefel das Grundstück von seinem Strohmann zum Preis von 1 Euro zurück. Die Bauplätze im Guldental sollen nach ersten Informationen zu einem Preis von 650 Euro pro Quadratmeter angeboten werden. Bürgermeisterin Corinna Herrmann hat für morgen eine Pressekonferenz angekündigt.

Baumwiesen-Affäre

Kurt Stiefel bietet Rücktritt an

Im Anschluss an die Pressekonferenz zur Baumwiesen-Affäre hat Gemeinderat Kurt Stiefel seinen Rücktritt angeboten. Ohne die hartnäckigen Recherchen unserer Reporterin wäre der Skandal um das Bauland im Guldental nicht ans Licht gekommen. Über die weitere Entwicklung in dieser Sache werden wir die Bürgerinnen und Bürger auf dem Laufenden halten.

1991 „Traumschiff-Affäre" führt zum Rücktritt von Lothar Späth in Baden-Württemberg
1992 „Amigo-Affäre" führt zum Rücktritt des bayerischen Ministerpräsidenten Franz-Josef Strauß
1993 „Spenden-Affäre" um den damaligen Bundeskanzler Helmut Kohl
2001 „Rabatt-Affäre" des sächsischen Ministerpräsidenten Kurt Biedenkopf
2002 „Spendenskandal" der SPD in Köln
2005 „Bonus-Meilen-Skandal" des Grünen-Politikers Cem Özdemir

Affären haben auch in der Bundesrepublik Deutschland in den vergangenen Jahren den Glauben an die Moral der Politikerinnen und Politiker erschüttert. Hinzu kommen die zahlreichen Skandale, in die Unternehmen und ihre Repräsentanten verwickelt waren. Die fünf beispielhaft genannten politischen Affären wurden maßgeblich von den Medien aufgedeckt und weiterverfolgt. Es drängt sich die Frage auf: Können Journalisten die „Tugendwächter der Nation" sein?

Hans Leyendecker, leitender politischer Redakteur der Süddeutschen Zeitung in München meint, dass dies nur in sehr begrenztem Umfang möglich sei. Die Aufgabe der Medien sei es, Vermittler zwischen Politik, Wirtschaft und Öffentlichkeit zu sein. Die Medien seien daneben aber auch die Kritiker und Kontrolleure der Mächtigen im Staat. Journalisten hätten die Aufgabe, „die dunkle Seite der Macht auszuleuchten" und den Mächtigen das Gefühl zu geben, dass der Missbrauch von Macht nicht völlig gefahrlos ist. So seien die großen politischen Skandale der Nachkriegszeit nicht von den Parlamenten, sondern von Journalisten aufgedeckt worden.

Die Karikatur zeigt den damaligen Bundeskanzler Helmut Kohl. (Zeichnung: Starke, Arnstadt)

1. *Was macht das Beispiel „Baumwiesen-Affäre" deutlich?*
2. *Welche Aufgabe der Medien wird an diesem Beispiel besonders deutlich?*
3. *„Medien üben eine große Macht aus!" Nimm zu dieser Aussage Stellung und beziehe dabei auch die Karikatur ein.*

Information oder Manipulation?

Die Vielfalt der Medien hat auch ihre Nachteile. Es tobt ein harter Kampf um Einschaltquoten und Auflagen. Je höher die Einschaltquote, desto höher die Werbeeinnahmen des Senders.

Der Kampf um den Zuschauer und Leser wird immer heftiger. Dabei halten sich nicht immer alle an die Regeln. Sensationell aufgemachte Nachrichten mit aufregendem Bildmaterial kommen bei den Zuschauern und Lesern gut an und verkaufen sich. Selbst wenn die Bilder dazu nachgestellt wurden.

Ein anderes Problem ist die Manipulation. Damit ist der Versuch gemeint, andere durch Täuschung in ihrer Meinung zu beeinflussen. In den Medien können immer wieder Manipulationen vorkommen. Sehr schwer sind versteckte Manipulationen zu erkennen, zum Beispiel einseitige Nachrichtenauswahl, verfälschende Kameraeinstellungen, beeinflussende Schlagzeilen oder Bildunterschriften.

Der Fall Born

Der Fernsehjournalist Michael Born lieferte, entsprechend den Gesetzen des Medienmarktes, immer sensationellere Filme. Dazu erfand er die unglaublichsten Geschichten und bezahlte Schauspieler.

Er konnte über 20 spektakuläre Beiträge an alle möglichen Fernsehmagazine verkaufen. Hauptabnehmer war stern TV. Kein Journalist merkte, dass die Filme gefälscht waren. Die Wahrheit kam zufällig ans Licht.

Zu seiner Verteidigung führte Born an, dass die Redaktionen nach solchen Geschichten verlangten und ihn immer wieder aufforderten, quotenträchtige Bilder zu liefern. Beim Prozess sagte Born: „Der Kick muss inszeniert werden, denn Fernsehen taugt nicht für Informationen."

Seil oder Schlagstock?

„Bild" entschuldigt sich

Ein Foto löst Ärger aus. Von „bewusster Manipulation" spricht Umweltminister Jürgen Trittin.* Der Vorfall zeigt, dass Bilder – bearbeitet und beschnitten – nicht immer die volle Wahrheit sagen. Gestern berichtigte und entschuldigte sich „Bild" mit einer kleineren Version des Fotos ... „Wir bitten diesen Fehler zu entschuldigen", schrieb „Bild".

Trittin reicht dies nicht. Er kündigte an, den Presserat anzurufen ... Trittin sagte, dieser Fehler sei nicht unabsichtlich geschehen.

Das Foto, am gleichen Tag im Magazin „Focus" vollständig und in Farbe erschienen, sei in „Bild" bewusst so geschnitten worden, dass es nicht mehr klar zu erkennen gewesen sei.

(Auszug aus: Hannoversche Zeitung, 1. 2. 2001)

** Bundesminister für Umwelt, Natur und Reaktorsicherheit von 1998–2005*

Demonstrant Jürgen Trittin: „Bild"-Ausschnitt (oben) und Originalfoto (unten). Der Titel des Artikels in „Bild" lautete: Was macht Minister Trittin auf dieser Gewalt-Demo?

A

Finanzminister zockt uns ab

Loch in der Haushaltskasse – Steuern müssen erhöht werden

B

Große Demonstration in der Innenstadt gegen Sozialabbau

Verkehrschaos in der Innenstadt wegen linker Demonstranten

C

Umgehungsstraße wird gebaut: Gefahr für die Innenstadt, wenn die Käufer ausbleiben

Umgehungsstraße wird gebaut: Endlich ungestörte Nachtruhe!

Zeitungsmeldungen

1 Mit Beginn des neuen Schuljahres werden mehr Schüler eingeschult als bisher. Statt wie bisher 20 Kinder pro Klasse werden jetzt 28 Schülerinnen und Schüler gemeinsam lernen. Es müssen keine neuen Lehrer eingestellt werden. Einige äußern aber auch Bedenken, dass die Klassenräume zu klein sein könnten.

2 Der Flug nach New York ist gebucht, das Ticket bezahlt – aber an Bord der Maschine darf man trotzdem nicht. Die Fluggesellschaften verkaufen seit Jahren mehr Tickets, als sie Plätze an Bord haben, um sicher zu gehen, dass ihr Flieger auch wirklich voll wird. Betroffene Passagiere erhalten seit gestern in diesen Fällen eine Entschädigung.

3 Die 69. Internationale Grüne Woche in Berlin ging gestern zu Ende. Obwohl etwas weniger Besucher als im Vorjahr zu verzeichnen waren, hat sie mit 466 000 Besuchern dennoch ein überdurchschnittliches Ergebnis erreicht. Nach Angaben der Messegesellschaft gab jeder Besucher etwa 130 Euro aus.

(Gerhard Mester)

(Reinhold Löffler)

1 *Was zeigt der Fall Born?*

2 *„Bilder können nicht lügen!" Wertet unter diesem Gesichtspunkt das Beispiel „Seil oder Schlagstock?" aus.*

3 *Die Beispiele A bis C zeigen unterschiedliche Schlagzeilen zum gleichen Sachverhalt: Welcher Eindruck wird jeweils geweckt?*

4 *Erprobt selbst, wie die Wortwahl einer Schlagzeile den Eindruck der Meldung bestimmen kann. Formuliert dazu für jede der drei Zeitungsmeldungen unterschiedliche Überschriften.*

5 *Verantwortung der Medien: Worauf wollen in diesem Zusammenhang die Karikaturen hinweisen?*

Massenmedien und Politik

Wer bestimmt über die Themen in den Medien?

Aus der Fülle des Angebots der öffentlichen Kommunikation bestimmen die Massenmedien, welche Themen sie dem Publikum anbieten und welche nicht. (...) Wer mit seiner Botschaft oder seinem Anliegen den Sprung in die Medien nicht schafft, hat keine Chance, gehört zu werden. Es ist so, als ob es das Thema oder die Botschaft nicht gäbe. Für Politiker und andere von der Öffentlichkeit abhängige Berufsgruppen ist also die Frage, wie sie in die Medien kommen und wie sie darin dargestellt werden, eine Überlebensfrage. Darum beschäftigen zahlreiche Institutionen, Organisationen und Firmen ganze Heerscharen von Medienexperten, Pressesprechern und für Öffentlichkeitsarbeit zuständige Leute, die immerzu darüber nachdenken, wie sie die Aufmerksamkeit der Medien erhaschen und bestimmte Themen in die Öffentlichkeit lancieren können. Wenn das Thema alle angeht, ist das völlig in Ordnung. Wenn es ausschließlich dem Urheber dient, hat es in einem Massenmedium nichts zu suchen, es sei denn als Werbeanzeige bzw. -spot.

(aus: Ludwig Maaßen: Massenmedien. Heidelberg: Hüthig Verlag 1996, S. 102)

Auf der Suche nach vielen Kunden wenden sie viele der Regeln des Pop auf ihre Berichte über die Politik an. Politik wird auf das verkürzt, was unterhaltsam ist. Eine persönliche Rivalität zwischen zwei Politikern erscheint wie ein sportlicher Machtkampf – wer wird Sieger? Von einer stundenlangen Debatte werden Sekundenausschnitte gezeigt, die Aufmerksamkeit erregen, vielleicht gerade der Augenblick mit einer Beleidigung des Gegners oder seinem Hohngelächter. Von einem Treffen der Staatslenker sehen wir das Vor- und Abfahren der großen Autos, den Prunk der Paraden, die Gesichter der Prominenten. Von einem schwierigen Konflikt, etwa in Afghanistan, werden uns vor allem die fasziniert fremdartigen Gestalten gezeigt und vielleicht noch Bilder von fremd anmutendem Tun. Die schwierigen Prozesse der Politik schrumpfen in der Bearbeitung der Medien für ein großes Publikum häufig auf unterhaltsame Bilder der Stars der Politik, schöner oder faszinierender Kulissen und Showereignisse zusammen. (...)

Die Massenmedien wissen aus langer und täglich erneuerter Erfahrung, was sie zeigen müssen, um viele Kunden zu befriedigen. Oft gelingt ihnen das sehr gut, aber um den Preis, dass von der Politik selbst, um die es dabei ja immerhin auch noch gehen sollte, das, was eigentlich wichtig ist, gar nicht mehr vorkommt. (...)
Politik braucht in der Demokratie ja die Zustimmung der Bürgerinnen und Bürger, ganz allgemein. Die einzelnen Politiker und Parteien suchen natürlich die größtmögliche Zustimmung für sich selbst und ihre Angebote in der Konkurrenz zu dem der anderen Politiker und Parteien. Sie brauchen das größtmögliche Publikum. Wie sie das erreichen können, haben ihnen die Massenmedien ja nun schon vorgemacht. Sie studieren genau, wie die Massenmedien es machen, und tun es ihnen gleich. Zusammen mit ihren Beratern stellen sie nun sich selbst und das, was sie machen und planen, möglichst ganz genau so dar, wie es die publikumsträchtigen Regeln der Massenmedien vormachen. (...)

(Thomas Meyer: Pop und Politik/ www.hypemaschine.de, 2003)

(Burkhard Mohr)

(Burkhard Mohr)

__Anne Will – Talkshow.__ Ausgestrahlt am 29.03.2009 um 21.45 Uhr im Ersten. Thema: „Mehr Moral per Gesetz – sorgt die Politik nun für Ordnung?" Am Gespräch nahmen teil – von links: Oswald Metzger (Publizist), Thomas Borer-Fielding (Unternehmensberater), Christian Wulff (CDU, niedersächsischer Ministerpräsident), Anne Will (Moderatorin), Gesine Schwan (SPD-Kandidatin für das Amt des Bundespräsidenten), Klaus Ernst (DIE LINKE).

Das Parlament
Die Presse wird in Analogie zu Legislative, Exekutive und Judikative gerne als vierte Gewalt im Staat bezeichnet. Kommt ihr damit ein zu hohes Maß an Macht zu?

Thierse
Diese Frage ist nicht so einfach zu beantworten. Es gibt ganz ohne Zweifel eine wirkliche Medienmacht. Es gibt Politiker, die meinen, Politik zu machen, indem sie Journalisten etwas „stecken". Und ebenso versuchen Journalisten, Macht auszuüben, wenn sie bestimmte Politiker „machen". Dagegen hilft nur journalistische Vielfalt.
Es ist die fundamentale Aufgabe der Medien in einer Demokratie, Politik sowohl zu vermitteln wie auch kritisch zu beleuchten, also zu kontrollieren. Und weil diese Aufgabe so wichtig ist, stellt die Pressefreiheit ein kostbares und unbedingt zu verteidigendes Gut dar. Sie steht deshalb ja auch unter dem Schutz unserer Verfassung. Es ist allerdings eine andere Frage, inwieweit sich Medien und Journalisten dieser Verantwortung bewusst sind. (...)

Das Parlament
Sie haben vor einiger Zeit kritisiert, dass sich gesellschaftlich relevante Debatten zunehmend aus dem Plenarsaal des Deutschen Bundestages in politische Talkshows verlagert haben. Glauben Sie, dass dieser Prozess umkehrbar ist?

Thierse
Dass Talkshows einen Beitrag zur Vermittlung von Politik leisten, das will und kann ich nicht kritisieren. Was mich aber beunruhigt ist, dass der Ernst und die Verantwortung von Politik überdeckt wird durch den Eindruck folgenloser Streitereien, den die Zuschauer bekommen. Aber zum Glück wird über Gesetze oder etwa Militäreinsätze nicht in Talkshows, sondern im Bundestag entschieden. Erst im Parlament wird es ernst. Daran muss hin und wieder erinnert werden, und das tue ich.
Dass sich wirklich wichtige Debatten verlagert hätten, das behaupte ich auch gar nicht, denn sie finden im Bundestag ja nach wie vor statt. Allerdings, und das ist ein Problem der Wahrnehmung durch die Bürger, finden sie im Bundestag häufig später statt, wenn auch sorgfältiger und fundierter als im Fernsehen. Gelegentlich hört dann aber keiner mehr zu, weil auch Journalisten meinen, sie kennen das alles schon aus den Talkshows – das ist unser Problem. Da ich als Politiker zum Glück keine Zensur über das Fernsehen ausübe, kann ich diese Entwicklung nicht zurückholen, sondern nur einen Beitrag dazu leisten, dass die Ernsthaftigkeit und Würde des Parlaments und seiner Debatten verteidigt und gelegentlich wieder ins Zentrum journalistischer Aufmerksamkeit gerückt werden. (...)

(aus: Das Parlament, 3./10.3.2003, S. 3)

(Klaus Stuttmann)

1 *Werte die beiden Texte „Wer bestimmt über die Themen in den Medien?" und „Auf der Suche nach vielen Kunden ..." aus: Gib die Kerngedanken mit eigenen Worten wieder.*

2 *Fasse stichwortartig zusammen, was Bundestagsvizepräsident Wolfgang Thierse in dem abgedruckten Auszug aus dem Interview zum Verhältnis zwischen Medien und Politik sagt. Was stört ihn an politischen Talkshows?*

3 *Jede der drei Karikaturen hat mit dem Thema „Massenmedien und Politik" zu tun. Analysiere die Karikaturen und notiere die jeweilige Aussage.*

Pressefreiheit

Grundgesetz, Artikel 5

(1) Jeder hat das Recht, seine Meinung in Wort, Schrift und Bild frei zu äußern und zu verbreiten und sich aus allgemein zugänglichen Quellen ungehindert zu unterrichten. Die Pressefreiheit und die Freiheit der Berichterstattung durch Rundfunk und Film werden gewährleistet. Eine Zensur findet nicht statt.
(2) Diese Rechte finden ihre Schranken in den Vorschriften der allgemeinen Gesetze, den gesetzlichen Bestimmungen zum Schutz der Jugend und in dem Recht der persönlichen Ehre.

Die Pressefreiheit ist für Demokratien wichtig. Durch das Recht, unbeschränkt über Ereignisse in Politik, Verwaltung und Wirtschaft zu berichten, werden häufig Missstände aufgedeckt, die sonst verborgen bleiben würden. So üben die Medien über die Mächtigen im Land eine Kontrolle aus. Häufig führt ein Anfangsverdacht dazu, dass die Massenmedien selbst weitere Nachforschungen anstellen. Durch die Pressefreiheit werden Fehlentscheidungen, Lügen, Unterschlagungen aufgedeckt.

Die Pressefreiheit ist bei uns durch das Grundgesetz garantiert. Keine staatliche Behörde darf Zeitungen kontrollieren oder Sendungen verbieten. Journalisten müssen ihre Berichte von keinem Amt genehmigen lassen und brauchen keine Angst zu haben, für die Kritik an Mächtigen verhaftet zu werden. Dieses Fehlen von Druck und Zwang nennt man „äußere Pressefreiheit“. Mit „innerer Pressefreiheit“ ist die Unabhängigkeit von Journalisten gemeint. Sie sollen das schreiben können, was sie für richtig halten, ohne auf mögliche Wünsche ihres Arbeitgebers, ihrer Leser oder von Anzeigenkunden eingehen zu müssen.

„Keinen Tag länger Redakteur bei Ihrem Wurschtblatt! Ich geh zum Express!“
„Habe ich gestern gekauft!“

Aussagen
1 Die Pressefreiheit soll dafür sorgen, dass es jeden Tag für die Massenmedien genug Nachrichten gibt.
2 Durch die Pressefreiheit soll das Tun von Regierungen, Verwaltungen usw. durchsichtig gemacht werden.
3 Die Pressefreiheit ist eine Form der Meinungsfreiheit, die in der Demokratie jedem zusteht.
4 Die Pressefreiheit soll dafür sorgen, dass kein Politiker und keine Politikerin lange an der Macht bleiben kann.
5 Die Pressefreiheit trägt dazu bei, dass Politiker und Politikerinnen nicht wie in einer Diktatur herrschen.
6 Die Pressefreiheit erlaubt es, dass Zeitungen alles schreiben können, was sie wollen.
7 Die Pressefreiheit gilt nur für die Printmedien wie Zeitungen und Zeitschriften.
8 Innere Pressefreiheit meint, dass Jounalisten das schreiben können sollen, das sie für richtig halten.
9 Wirtschaftliche Krisen und Probleme der Medienunternehmen können Gefahren für die Pressefreiheit bergen.

Tag der Pressefreiheit: Informationen können ein gefährliches Gut sein

Viele ausländische Presseorgane stehen unter der Knute des Staates, in Deutschland ist das nicht der Fall

Unabhängig von Staat und Wirtschaft

Pressefreiheit in Deutschland

Die Freiheit der Presse wird nicht nur von außen bedroht. Sie muss jeden Tag neu erkämpft werden. Auch in Deutschland.

In Deutschland werden keine Journalisten wegen ihrer Tätigkeit ermordet oder entführt. In Deutschland werden keine Zeitungen verboten und keine Fernsehsender zu reinen Propagandazwecken missbraucht. Es geht uns gut, auch in Sachen Pressefreiheit. (...)

Das Bundesverfassungsgericht war es, das der Pressefreiheit in Deutschland zum Durchbruch verholfen hat: „Eine freie, nicht von der öffentlichen Gewalt gelenkte, keiner Zensur unterworfene Presse ist ein Wesenselement des freiheitlichen Staates", schrieben die Verfassungsrichter 1966. Im Jahre 2001 hatte sich das Klima verändert. Jetzt sprachen die Richter von den „wirklichkeitsverzerrenden Darstellungsweisen" der Medien, die „skandalisieren" und „verfälschen". (...)

Das ist der Hintergrund vor dem andere Gerichte eine für die Pressefreiheit gefährliche Rechtsprechung entwickeln. Zeitgenossen, die sich von den Medien in ihrer Privatsphäre gestört fühlen, bekommen inzwischen „Schmerzensgelder" in absurden Größenordnungen zugebilligt. Da müssen bis zu 250 000 Euro für vergleichsweise läppische Fotos bezahlt werden. (...) Das führt inzwischen auch dazu, dass immer mehr Medien aufhören, über einen Prügelprinzen, der allerlei Anlass für öffentliche Kritik bietet, überhaupt noch zu berichten. Weil das Prozessrisiko zu groß ist. Dabei muss man freilich auch einräumen, dass es einzelne Medien zuvor toll getrieben haben, und dass die Selbstreinigungskräfte des Journalismus nicht ausgereicht haben, diesem Treiben ein Ende zu setzen.

Die Freiheit der Presse bedarf nicht nur der Freiheit von Zwangsmaßnahmen des Staates, sie bedarf auch der Unabhängigkeit gegenüber großen und mächtigen Interessengruppen. Der beste Schutz gegen derartige Gefahren waren in der Vergangenheit starke und wirtschaftlich erfolgreiche Presseunternehmen. Eine wirtschaftliche Krise, wie sie die Medien derzeit erleben, könnte auch Gefahren für die Pressefreiheit bergen.

Es gibt eine Gefährdung der Pressefreiheit, für die manche Presseorgane schon selbst verantwortlich sind. Wer auf Dauer David Beckhams Bettgeschichten wichtiger nimmt als Hartz IV, muss sich nicht wundern, wenn er eines Tages danach gefragt wird, ob ihm dafür die Privilegien des Presserechts gewährt worden sind.

Das Bundesverfassungsgericht hat einst die „geistige und wirtschaftliche Konkurrenz" der Medien so gelobt. Eine Auseinandersetzung, die nur noch auf der Basis von Auflagen- und Gewinnzahlen geführt würde, wäre eine wirtschaftliche, aber keine geistige Konkurrenz mehr. Die Pressefreiheit bedarf zu ihrer Legitimation stets der Meinungsvielfalt, auch des Meinungsstreits.

(Stefan Geiger, in: Stuttgarter Zeitung, 4. 5. 2004, S. 5)

1 *Pressefreiheit und Demokratie: Wie hängt beides zusammen?*
2 *Welche Gefahren für die Pressefreiheit in Deutschland kommen in dem Zeitungsartikel zur Sprache?*
3 *Notiere, welche Aussagen im Kasten auf Seite 98 richtig und welche falsch sind.*
4 *Was will die Karikatur ausdrücken?*

Pressefreiheit – nicht selbstverständlich

Diese Karikatur des französischen Zeichners J. J. Grandville erschien 1847 in einer Zeitschrift, die mit der Zensur in Konflikt geraten war. Die Unterschrift lautete: „Süße heilige Zensur, lass uns gehen auf deiner Spur, leite uns an deiner Hand, Kindern gleich, am Gängelband."

Die Meinungs- und Pressefreiheit musste im Laufe der Geschichte erkämpft werden. Zu allen Zeiten haben die Herrschenden und Mächtigen versucht, diese Freiheit einzuschränken und zu unterdrücken. So gab es schon kurze Zeit nach der Erfindung des Buchdrucks Anordnungen von Kirche und Staat, die den Druck von Schriften ohne vorherige Genehmigung untersagten. Später, zu Beginn des 19. Jahrhunderts, führten die deutschen Fürsten eine strenge Zensur in ihren Staaten ein, um ein Übergreifen der Gedanken der Französischen Revolution auf ihr Herrschaftsgebiet zu verhindern.

Diktatoren und undemokratische Regierungen setzten zu allen Zeiten verschiedene Mittel ein, um eine freie Berichterstattung zu unterbinden. Kritische Zeitungen werden verboten, unliebsame Journalisten verhaftet, gefoltert, ermordet. Neben solchen offenen Unterdrückungsmaßnahmen werden auch versteckte Methoden angewandt: Nur regierungstreue Zeitungen erhalten Druckpapier, Anhänger der Staatspartei werden als Chefredakteure eingesetzt, regierungskritische Journalisten als Spione angeklagt. Eine weitere Methode, um die Pressefreiheit einzuschränken ist die „Lenkung" der Presse. So gab es in der früheren DDR zwar unterschiedlich aussehende Zeitungen, alle mussten jedoch das Gleiche berichten. Von der Regierung erhielten die Redaktionen täglich Anweisungen, worüber berichtet werden soll, wie Ereignisse zu werten seien und welche Themen unerwünscht sind.

Auch heute ist in vielen Ländern der Erde die Presse nicht frei. Die Organisation „Reporter ohne Grenzen" berichtet laufend über die zahlreichen Verletzungen der Pressefreiheit weltweit.

DDR-Zeitungen (1973)

1. *Warum war und ist die Pressefreiheit ständig gefährdet?*
2. *Die Pressefreiheit kann auf unterschiedliche Weise verletzt werden. Notiere stichwortartig einige Methoden.*
3. *Erkläre, was die beiden Abbildungen mit der Verletzung der Pressefreiheit zu tun haben.*

Methode: Internetrecherche

Thema: Pressefreiheit weltweit

„Reporter ohne Grenzen" wurde 1985 in Frankreich gegründet. Ziel der Organisation ist es, Verstöße gegen die Pressefreiheit auf der ganzen Welt zu erfassen, bekannt zu machen und Aktionen dagegen durchzuführen. Journalisten aus aller Welt schicken der Zentrale in Paris Berichte über die Situation der Pressefreiheit in ihren Ländern. Im Internet werden diese Meldungen weiter verbreitet und so über den Zustand der Pressefreiheit weltweit berichtet. Am Beispiel der Homepage von „Reporter ohne Grenzen" (deutsche Internetadresse: http://www.reporter-ohne-grenzen.de) könnt ihr trainieren, wie man sich gezielt Informationen im Internet beschaffen kann. Gleichzeitig erfahrt ihr, wie es weltweit um die Pressefreiheit steht.

Links auf der Homepage findet man eine Navigationsleiste mit Stichwörtern. Klickt man ein Stichwort mit der Maus an, wird man zu dem Unterpunkt geführt.

Hier findet man unter der Überschrift „Barometer" Zahlen zur Verfolgung von Journalisten seit Beginn des laufenden Jahres. Am 3. April 2009 nannte das „Barometer":
- 16 Journalisten getötet
- 0 Medien-Assistenten getötet
- 147 Journalisten derzeit inhaftiert
- 9 Medien-Assistenten derzeit inhaftiert
- 69 Online-Dissidenten derzeit inhaftiert

Der mittlere Teil der Homepage enthält aktuelle Meldungen. Dieser Teil ändert sich ständig.

Klickt ihr auf die Stichworte rechts, so erhaltet ihr jeweils aktuelle Informationen.

Erkundung der Internet-Seite

1. Klickt auf der linken Seite der Homepage das Stichwort „Rangliste der Pressefreiheit" an:
   - Wie viele Fragen werden zur Erstellung der Rangliste herangezogen?
   - Wie viele Staaten wurden bei der Auswertung berücksichtigt?
   - Welche Staaten haben in Sachen Pressefreiheit die besten Rangplätze?
   - Welcher Staat nimmt den schlechtesten Rangplatz ein?
   - Welchen Rangplatz hat Deutschland inne?
2. Klickt das Stichwort „Feinde der Pressefreiheit" an:
   - Wie viele Feinde werden insgesamt genannt?
   - Wer wird für „Europa und die ehemalige Sowjetunion" als Feind der Pressefreiheit genannt?
3. Geht auf der rechten Seite zu „Suche". Gebt dann das Schlagwort „Zensur" ein: Wie lautet der Titel der aktuellsten Meldung?
4. Welche aktuellen Zahlen enthält das „Barometer"?
   In welchem Staat sind die meisten Journalisten inhaftiert?
5. Klickt links das Stichwort „Archiv" an:
   - In welche Unterpunkte ist das Archiv gegliedert?
   - Klickt den Unterpunkt „Kampagnen" an: Worüber wird berichtet?

1 *Erkunde die Homepage von „Reporter ohne Grenzen". Beantworte die Erkundungsfragen.*

2 *Gib bei der Suchmaschine www.google.de das Stichwort „Pressefreiheit weltweit" ein. Wie viele Seiten auf Deutsch werden aufgeführt? Welche Internetadresse wird an erster Stelle genannt?*

Wirkung von Gewaltdarstellungen

Im April 2002 richtete ein Schüler in einem Gymnasium in Erfurt ein Blutbad an, bei dem 17 Menschen ums Leben kamen. Brutale Videospiele waren die Lieblingsbeschäftigung des Jugendlichen gewesen.

Morde in Erfurt: Eine Wirkung der Medien?

Hamburg (dpa) – Die Morde in Erfurt haben die alte Debatte über Gewalt in den Medien und vor allem im Fernsehen neu entfacht. Anders als an vielen Stammtischen geht die Medienforschung jedoch nicht so weit, einen kausalen Zusammenhang zwischen Medienkosum – also bestimmten Computerspielen oder Sendungen – und gewalttätigem Handeln herzustellen. Sprich: Nicht jeder, der gewaltverherrlichende Videospiele liebt, wird die dort erlebte Gewalt im Alltag ausleben. „An der verstärkenden Wirkung der Medien ist jedoch nicht zu zweifeln. Wenn zum Beispiel Menschen persönliche Probleme mit Gewalt haben, können Medien diese noch stärker machen", sagt Helga Theunert, wissenschaftliche Direktorin am „JFF – Institut für Medienpädagogik in Forschung und Praxis" in München. Umstrittig ist, dass bei der Jagd nach hohen Einschaltquoten im Fernsehen immer mehr Gewalt gezeigt wird. „Die Gewaltschwelle ist gesenkt worden", stellt Helga Theunert fest. „Auch im ‚Tatort' werden heute Leichen in allen Details gezeigt."

Der Action- und Krimiboom auf allen Kanälen hat für Maya Götz vom Internationalen Zentralinstitut für das Jugend- und Bildungsfernsehen (IZ) in München gesellschaftliche Folgen: „Das Fernsehen hat immer auch Symbolwert. Die Frage ist also, wie viel Brutalität wir zulassen." Die Medienforscherin wirft den Sendergewaltigen vor, andere Formate gar nicht mehr anzutesten. „Es funktioniert nach Art einer sich selbst erfüllenden Prophezeiung: Die Verantwortlichen sagen, dass Action gern gesehen wird, also probieren sie auch nichts anderes." Der Erfolg von Quizsendungen im vergangenen Jahr habe aber gezeigt, dass es Alternativen gebe.

Gerade im Fernsehen ist nach Ansicht Theunerts wichtig, wie Gewalt dargestellt wird und ob es eine Distanzierung von der Gewalt gibt. „Problematisch ist, wenn Gewalt als erfolgsversprechendes legitimes Mittel gezeigt wird". Dies kann nicht nur in Actionfilmen oder Krimis der Fall sein, sondern auch in Zeichentrickfilmen oder Talkshows. Friederich Krotz von der Universität Münster sieht gerade bei bestimmten Daily-Talk-Formaten, in denen Menschen „vorgeführt" oder mit ihren ärgsten Feinden konfrontiert werden, eine Art von „struktureller Gewalt".

Eine vor wenigen Wochen in den USA veröffentlichte Langzeit-Studie der Columbia University in New York geht noch weiter. Die Forscher kamen nach der Beobachtung von 707 Familien über einen Zeitraum von 17 Jahren zum Ergebnis, dass täglich mehrstündiges Fernsehen bei Jugendlichen und jungen Erwachsenen auf Dauer einen Hang zu gewalttätigem Verhalten fördere. Dieser Zusammenhang sei unabhängig von anderen Faktoren wie elterlicher Vernachlässigung im Kindesalter, Familieneinkommen und -stand sowie psychologischen und psychiatrischen Störungen nachweisbar.

In Deutschland betonen die Experten, dass nicht alle Medien über einen Kamm geschoren werden dürfen. „Das Fernsehen ist nicht mit Computerspielen vergleichbar", sagt Theunert. „Bei Ego-Shooter-Spielen wird der Konsument selbst zum Täter". Ihr Kollege Krotz pflichtet ihr bei: „Wenn ich beim Computerspiel Menschen töte, ist es eine Art Sport. Wenn ich einen Hollywood-Film anschaue, dann sehe ich die Leute leiden oder sterben". (...)

(Nik Ebert/Rheinische Post)

(aus dem Internet: http://www.kssa.de/page114.html)

1 *Gewalt und Medien: Notiere die Kerngedanken des Artikels stichwortartig.*
2 *Was will die Karikatur ausdrücken?*

Medienkonsum – Mediensucht

Dumm gespielt

Überall Medienverführung – die Unterhaltungsindustrie hat die Kleinen fest im Griff. Neue Untersuchungen zeigen: Jeder zweite Junge im Alter von zehn Jahren hat das ganze Arsenal von Fernseher, Computer, Play-Station und DVD-Recorder im eigenen Kinderzimmer stehen – mit schwerwiegenden Folgen für das Lernen. Der Kriminologe Professor Christian Pfeiffer bereist deutsche Schulen, schlägt Alarm. Das Ergebnis seiner Studien: Medienkonsum macht dumm, behindert besonders Jungen beim Aufstieg in höhere Schulen: „Im Jahr 1988 waren das Verhältnis 50 zu 50 von Jungen und Mädchen, die es geschafft haben, von einer unteren in eine Oberschule zu wechseln. Und dann hat sich das auseinanderentwickelt. Und im Jahr 2003 sind es 39 Buben, aber 61 Mädchen.“, erzählt Pfeiffer Schülern.

Die Jungen versagen

Überall das gleiche Bild: Sitzen bleiben, Schule schwänzen, kein Schulabschluss – die Jungen versagen, die Mädchen sind erfolgreicher. „Habt ihr eine Idee, woran das liegen könnte?“, fragt Pfeiffer die Schüler. „Vielleicht: Die Jungs spielen mehr Computerspiele, mit Action und so“, sagt ein Mädchen. „Wenn man ja Fernsehen schaut und davor gelernt hat, da vergisst man ja alles wieder durch die schnelle Bildfolge“, berichtet ein Junge. (...) Und was der Junge für das Fernsehen beschreibt, gilt erst recht für die Computerspiele. Der schnelle Kick beim Ballern verhindert erfolgreiches Lernen. (...)

Computerspiele lösen ein Glücksgefühl hinter dem anderen, ein Erfolgserlebnis nach dem anderen aus: „Dann ist das so spannend, diese Ersatzbefriedigung über das Computerspielen, dass der normale Erfolgsweg – Lernen, lernen und dann eine gute Note schreiben, üben, üben und dann einen Elfmeter zielsicher oben links versenken – dass das alles nicht mehr interessant wird“ erklärt Prof. Pfeiffer vom Kriminologischen Forschungsinstitut Niedersachsen. (...)

Bei dem 16-jährigen Tobias waren die Leistungen in der Schule dramatisch abgefallen. Sein Alltag drehte sich nur noch ums Computerspielen: „Ich habe vielleicht noch ein bisschen Hausaufgaben bis 14.00 Uhr gemacht. Um 14.00 Uhr habe ich mich an den PC gesetzt. Meistens kamen dann auch noch Freunde vorbei, dann haben wir zusammen am PC gespielt, (...) bis zu acht Stunden manchmal. Abendessen habe ich dann auch am PC gegessen, während des Zockens meistens (...)“, berichtet Tobias.

Das können seine Eltern nicht mehr mit ansehen, schicken ihren Sohn zum Entzug an die Ostsee – Diagnose: Mediensucht. In Boltenhagen werden seit einem Jahr Kinder und Jugendliche behandelt, bei denen das Computerspielen die Persönlichkeit veränderte – auffälliges Verhalten, Vereinsamung, Essstörungen – Mediensucht als Horrortrip. Die Warteliste für das Wichernhaus, Deutschlands einzige Klinik für Medienabhängige, ist lang. Auch Michael Wallies war süchtig, süchtig nach Computerspielen. Mit zwölf Jahren bekommt er von seiner Mutter einen Computer ins Kinderzimmer gestellt. Nach kurzer Zeit gibt es nur noch eins: Ballern, immer weiter, bis zur Erschöpfung. (...) „Meine Mutter hatte keine Einwände (...)“, meint Wallies. „Die [Erwachsenen] sind in einer anderen Zeit aufgewachsen. Und das Vertrauen gegenüber den Kindern ist sehr groß, viele Eltern wollen auch gar nicht wissen, was ihre Kinder da eigentlich spielen“.

(http://www.zdf.de/frontal 21 vom 30. 11. 2004)

Aussagen zum Medienkonsum	richtig	falsch
1 Es bleiben mehr Mädchen sitzen als Jungen.		
2 Eltern wissen oft nicht, was ihre Kinder am Computer spielen.		
3 Die Hälfte der Jungen verfügt über PC, Fernseher, DVD-Player, Play-Station.		
4 Übersteigerter Medienkonsum führt zu schlechteren schulischen Leistungen.		
5 Der Umgang mit Medien kann süchtig machen.		
6 Gewalttätige Computerspiele verhindern erfolgreiches Lernen.		
7 Auf Computern wird meistens mehr gelernt als gespielt.		

Welche Aussagen sind deiner Meinung nach richtig, welche falsch? Übertrage die Tabelle in dein Heft und kreuze an. Begründe, wenn du dir nicht sicher bist.

Das Wichtige in Kürze

Aufgaben der Medien

Die Massenmedien haben neben der Aufgabe der Unterhaltung drei politische Aufgaben: informieren, zur Meinungsbildung beitragen, kontrollieren. Die Medien sollen so vollständig, sachlich und verständlich wie möglich informieren, damit die Bürgerinnen und Bürger in der Lage sind, das öffentliche Geschehen zu verfolgen. Für die Meinungsbildung sind die Medien wichtig, weil in einer Demokratie politische Fragen in freier und öffentlicher Diskussion erörtert werden sollen. Die Kontrolle durch die Medien erfolgt dadurch, dass durch sie Fehler und Fehlverhalten in Politik, Wirtschaft und Gesellschaft an die Öffentlichkeit gebracht werden können.

Macht der Medien

Was Massenmedien berichten, wird rasch vielen Menschen bekannt. Durch ihre Berichterstattung beeinflussen die Medien die Meinungsbildung vieler Menschen. Weil es in einer Demokratie möglich ist, Missstände im Staat aufzudecken und Politiker zu kritisieren, üben die Medien Macht aus. Daher werden die Massenmedien oft als „Vierte Gewalt" im demokratischen Staat neben den gesetzgebenden Parlamenten, den Regierungen und den Gerichten bezeichnet.

Medien und Politik

Für viele Bürger und Bürgerinnen sind die Medien der einzige Zugang zu politischen Fragen. Was die Massenmedien zum Thema machen, bewegt die Öffentlichkeit. In einer Demokratie müssen Politiker und Politikerinnen ihre Anliegen und Überzeugungen der Öffentlichkeit nahebringen, d.h. sie brauchen die Massenmedien als Vermittler ihrer Vorstellungen. Die Massenmedien wiederum brauchen Politiker, die ihnen interessante und sensationelle Schlagzeilen im Konkurrenzkampf um die höhere Auflage oder Einschaltquoten liefern.

Pressefreiheit

Das Grundgesetz garantiert in Artikel 5 neben der Meinungsfreiheit auch die Pressefreiheit. Sie gilt für alle Massenmedien. Die Pressefreiheit ist nichts Selbstverständliches. Es gibt viele Staaten, in denen die freie Arbeit für Journalisten schwierig oder gefährlich ist. In Diktaturen dürfen die Medien nur über das berichten, was den Machthabern passt.

Einschränkungen der Pressefreiheit

Pressefreiheit bedeutet nicht Schrankenlosigkeit. In Artikel 5 des Grundgesetzes heißt es auch: „Die Rechte finden ihre Schranken in den Vorschriften der allgemeinen Gesetze, den gesetzlichen Bestimmungen zum Schutze der Jugend und in dem Recht der persönlichen Ehre". Das bedeutet z. B., dass Journalisten andere nicht durch Lügen verleumden dürfen. Über das Privatleben eines Menschen dürfen sie nur berichten, wenn daran – wie z. B. bei Politikern oder Stars – ein öffentliches Interesse besteht. Mit Rücksicht auf Jugendliche soll auf sensationelle Darstellungen von Gewalt und Brutalität verzichtet werden.

Verantwortung der Medien

Wer von der Pressefreiheit Gebrauch macht, hat auch eine entsprechende Verantwortung. Der Kampf um Auflagenhöhe und Einschaltquoten darf nicht dazu führen, Sachverhalte sensationell aufzubauschen oder gar zu verfälschen. Immer wieder besteht die Gefahr der Manipulation, also der Beeinflussung anderer durch Täuschung. Einseitige Nachrichtenauswahl, verfälschende Kameraeinstellungen, beeinflussende Schlagzeilen oder Bildunterschriften sind Beispiele für versteckte Manipulation. Verharmlosende Gewaltdarstellungen können vor allem bei Jugendlichen zu falschen Vorstellungen von den Folgen von Gewalt führen.

Weißt du Bescheid?

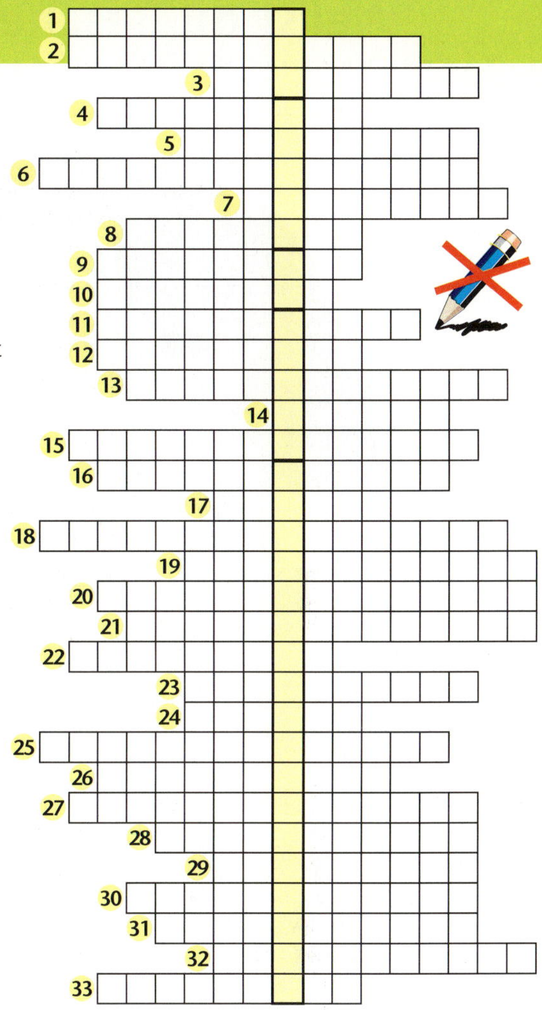

Löse das Rätsel. Die Buchstaben in der gelb unterlegten Spalte ergeben von oben nach unten gelesen den Lösungssatz.

1 In einer … unterhalten sich im Fernsehen unter Leitung eines Moderators bzw. einer Moderatorin meist prominente Teilnehmer über ein bestimmtes Thema.
2 Die … wird im Abonnement täglich ins Haus zugestellt.
3 Das mit Abstand beliebteste Massenmedium ist das … .
4 Eine Aufgabe der Medien ist die … der Mächtigen im Land. Oft sind es die Medien, die politische Missstände aufdecken.
5 Die … ist die tägliche Nachrichtensendung der ARD.
6 Den Medien kommt bei der … der Bürgerinnen und Bürger große Bedeutung zu. Jeder kann sich umfassend informieren, um zu einer eigenen Meinung zu gelangen.
7 Die … von Personen nennt man Umfrage.
8 Das … ist eine weltweite Informations- und Kommunikationsplattform mit vorher nicht gekannten Möglichkeiten.
9 In der … werden die Zeitungsartikel verfasst.
10 Der … ist ein beliebtes Medium, insbesondere zum Hören von Musik und Nachrichten.
11 In Artikel 5 garantiert das … die Pressefreiheit.
12 Die Befragung einer Person nennt man auch … .
13 Die Verständigung untereinander wird als … bezeichnet.
14 Eine per Computer verschickte Mitteilung ist eine … .
15 Für viele Jugendliche sind … die beliebteste Beschäftigung am Computer.
16 Medien, mit denen einer großen Zahl von Menschen etwas mitgeteilt werden kann, bezeichnet man als … .
17 Das … Deutsche Fernsehen hat seinen Sitz in Mainz.
18 Ein anderer Name für Straßenverkaufszeitung ist … .
19 Mit … ist der Versuch gemeint, andere durch Täuschung in ihrer Meinung zu beeinflussen.
20 Die öffentlich-rechtlichen Rundfunkanstalten sind zur sogenannten … verpflichtet, das heißt, dass sie auch Sendungen zu Politik, Kultur und Bildung bringen müssen.
21 In einem … kann man die eigene Mediennutzung notieren.
22 Eine … ist ein längerer, lebendiger Bericht, in den auch persönliche Eindrücke des Reporters einfließen.
23 In einem … an eine Zeitung kann ein Leser seine Meinung zu einem Bericht oder Sachverhalt äußern.
24 In Artikel 5 des Grundgesetzes wird die Freiheit der Berichterstattung garantiert und festgestellt: „Eine … findet nicht statt."
25 Mit … ist gemeint, dass in Zeitungen, Rundfunk- und Fernsehsendungen frei und ohne staatliche Vorgaben oder Zwang berichtet werden kann.
26 Eine andere Bezeichnung für Redakteur lautet … .
27 Die … drückt aus, wie viele Zuschauer eine bestimmte Fernsehsendung angeschaut haben.
28 Anders als eine Zeitung konzentriert sich eine … auf einen bestimmten Themenbereich.
29 Das Einholen genauer und umfassender Informationen zu einem Sachverhalt nennt man … .
30 Die vier Aufgaben der Medien sind: Information, Meinungsbildung, Kontrolle und … .
31 Eine auffällig gedruckte Zeitungsüberschrift heißt auch … .
32 Ein anderer Name für Nachricht, Auskunft oder Belehrung ist … .
33 Ein … ist die kritische Stellungnahme zu einem aktuellen Thema, in der die Verfasserin ihre bzw. der Verfasser seine Meinung zu einem Sachverhalt wiedergibt.

Weißt du Bescheid?

(Lothar Schneider)

Was will die jeweilige Karikatur zum Ausdruck bringen?

„Kannst du mir mal verraten, wie unser Kleiner neuerdings auf so'n Stuss kommt?“

(M. Ammann)
(Karikatur links: LUFF)

Arbeit in der Informationsgesellschaft

Mit der Einführung von Computer und Internet und der Entwicklung neuer Informationstechnologien hat ein gesellschaftlicher Wandel eingesetzt, der mit dem Schlagwort von der Informationsgesellschaft gekennzeichnet wird. Dieser Begriff steht für eine Entwicklung, die nahezu alle gesellschaftlichen Bereiche erfasst und insbesondere auch in der Arbeitswelt zu tiefgreifenden Veränderungen geführt hat. Wer vor zehn oder zwanzig Jahren einen Beruf erlernt hat, wird bereits heute viel von dem Erlernten nicht mehr anwenden können, weil mit anderen Materialien, anderen Maschinen, in anderen Organisationsformen gearbeitet wird. Für die Berufstätigen bedeutet der rasche Wandel in der Arbeitswelt ein fortwährendes, lebenslanges Lernen. Nur wer sich den neuen Anforderungen stellt, wird auf dem Arbeitsmarkt der Zukunft bestehen können. Hinzu kommt die Entwicklung hin zu einem globalen, die gesamte Welt umfassenden Markt, die Auswirkungen auf die Arbeitsplätze auch bei uns hat.

Im folgenden Kapitel geht es um diese Fragen:

- Wie hat sich die Arbeitswelt gewandelt, wie wird sie in Zukunft aussehen?
- Welche neuen Erwerbsformen gibt es? Welche neuen Arbeitsinhalte und Anforderungen lassen sich feststellen?
- Was sind Industrieroboter und wo werden sie eingesetzt? Welche Chancen bietet die Gentechnik? Welche Gefahren birgt sie?
- Was versteht man unter Globalisierung? Was sind „Global Players"?
- Welche Gefahren gehen mit der weltweiten Verflechtung der Kapitalmärkte einher?
- Welche Auswirkungen hat die Globalisierung auf die beruflichen Anforderungen?

Erwerbstätigkeit im Wandel

Arbeiter in der Montagehalle

Arbeiter beim Zusammenbau eines PKW

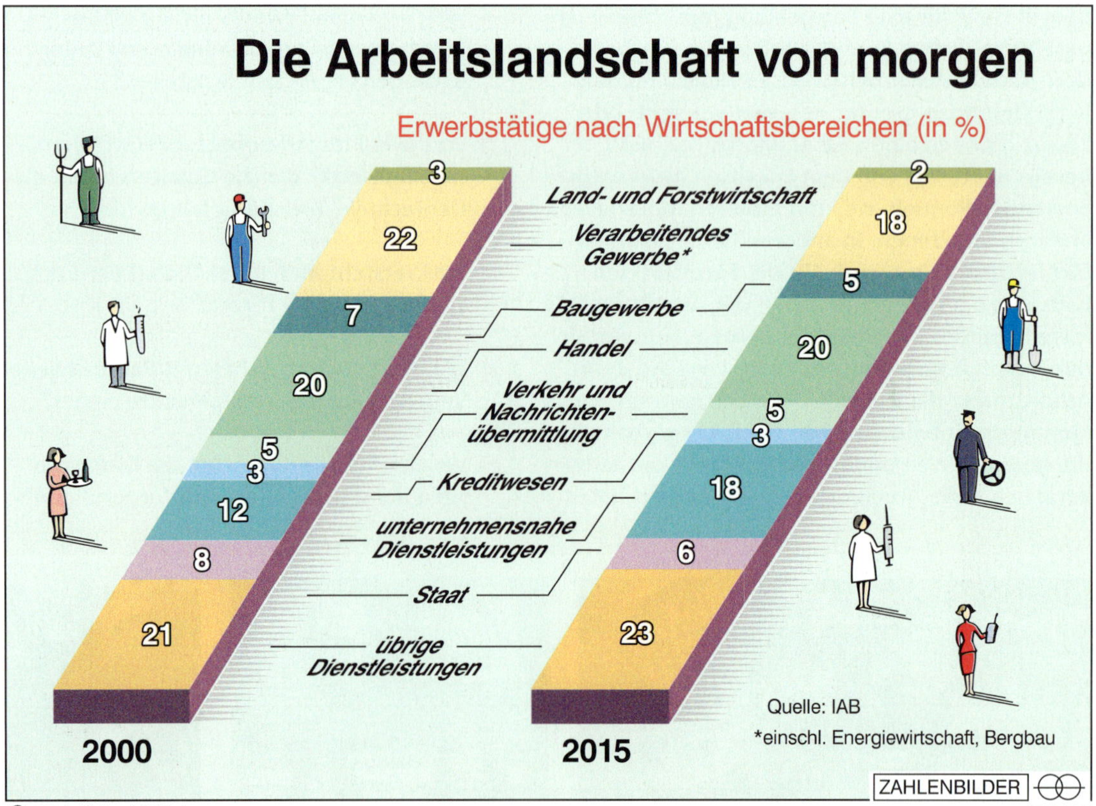

 247 133

Roboter beim Schweißen einer Karosserie

Und wie wird die Automobilproduktion der Zukunft aussehen?

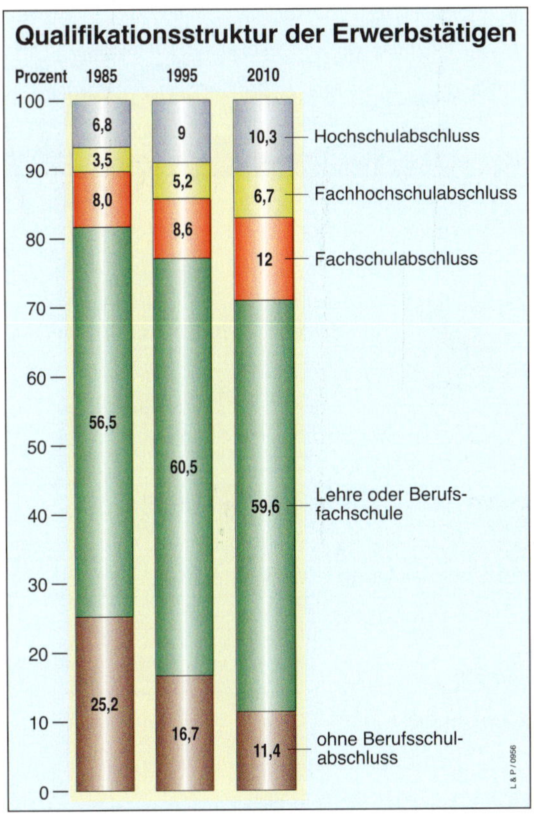

Aussagen zu den Beschäftigungsstrukturen	richtig	falsch
1 In Zukunft werden die Erwerbstätigen im Bereich Verkehr und Nachrichtenübermittlung stark gefragt sein.		
2 Im Bereich der Dienstleistungen entstehen viele neue Arbeitsplätze.		
3 Der Bedarf an Fachkräften mit einer Lehre oder einem Berufsfachschulabschluss bleibt in etwa gleich.		
4 Immer mehr Menschen arbeiten in der Land- und Forstwirtschaft.		
5 Im Bereich „übrige Dienstleistungen" werden in Zukunft mehr Menschen einen Arbeitsplatz finden.		
6 Im Handel stehen zukünftig in etwa gleich viele Arbeitsplätze zur Verfügung wie im Jahr 2000.		
7 Erwerbstätige mit Fachhochschulabschluss oder Hochschulabschluss sind in Zukunft mehr gefragt.		
8 Es wird eine Zunahme im Wirtschaftsbereich Staat geben.		
9 Erwerbstätige ohne Berufsschulabschluss haben gute Berufschancen.		
10 Im Baugewerbe wird es zukünftig weniger Beschäftigte geben.		

1 *Welche Aussage ist richtig, welche falsch? Kreuze auf deinem Arbeitsblatt an.*

2 *Fasse stichwortartig zusammen, wie sich die Erwerbstätigkeit verändert.*

Erwerbsformen

Von 1991 bis 2006 verringerte sich die Zahl der Beschäftigten in einem **„Normalarbeitsverhältnis"** um 2,3 Mio. Nur noch 22,4 Mio. Menschen arbeiten in Deutschland in einem festen Arbeitsverhältnis mit durchschnittlicher tariflicher Wochenarbeitszeit von 37,5 Stunden. Immer weniger haben einen festen Arbeitsvertrag, der ihnen dauerhaft geregelte Arbeitsbedingungen sichert.

Der Umfang der **Teilzeitbeschäftigung** stieg von 1991 bis 2006 von 5,2 auf 7,1 Mio. Diese Steigerung belegt, wie gefragt Teilzeitbeschäftigte heute sind. Vor allem jüngere Frauen und Männer schätzen es, weniger als die durchschnittliche wöchentliche Arbeitszeit zu arbeiten. Ihr Hauptmotiv: mehr Zeit für Privat- und Familienleben. Die Firmen sehen in Teilzeitbeschäftigten vor allem eine Arbeitskraftreserve. Bei erhöhter Nachfrage stehen immer qualifizierte Mitarbeiterinnen und Mitarbeiter für Mehrarbeit zur Verfügung.

Im Zeitraum von 1991 bis 2006 wuchs die Zahl der Beschäftigten in **befristeten Arbeitsverhältnissen** von acht auf elf Prozent. Befristete Arbeitsverhältnisse werden öfter für ein halbes Jahr, manchmal auch für länger oder kürzer geschlossen. Gerade Firmen, die für ihren eigenen Bedarf nicht ausreichend ausbilden, wollen jüngere Beschäftigte erst einmal „testen". Ein anderer Grund für befristete Arbeitsverhältnisse sind Zeiten außergewöhnlich erhöhter Nachfrage.

Einen wahren Boom erlebten in den letzten Jahren die **Leiharbeiter**. Von 1991 bis 2006 stieg ihre Zahl von 133 000 auf 600 000. Leiharbeiter werden von der Leiharbeiterfirma für unterschiedlich lange Zeiten an andere Firmen ausgeliehen. Die Leihfirma ist der Arbeitgeber, zahlt den Lohn oder das Gehalt und garantiert Beschäftigung für eine bestimmte Zeit im Jahr. Leiharbeiter können bei Spitzenbelastungen schnell und zeitlich begrenzt eingesetzt werden. Verschärfte Wettbewerbsverhältnisse zwingen viele Firmen, sich mit Leiharbeitern den Anforderungen des Marktes anzupassen. Leiharbeit ist vor allem deshalb attraktiv, weil man dann auch einmal für eine längere Zeit „Urlaub" nehmen kann.

Geringfügige Beschäftigungsverhältnisse umfassen weniger als die Hälfte der durchschnittlichen Wochenarbeitszeit. Monatlich darf man höchstens 410 Euro verdienen. Allein von 1991 bis 2006 stieg die Zahl solcher Beschäftigungsverhältnisse von 3,1 auf 6,8 Mio. Typische Beispiele sind Zeitungsausträger oder Aushilfen für die Abendkasse im Supermarkt. Immer mehr Beschäftigte gehen nebenbei einer geringfügigen Beschäftigung nach, weil ein Verdienst nicht ausreicht.

1. Sehr viele jüngere Beschäftigte schätzen die ________________, weil sie sich intensiver um ihre Familie kümmern wollen.
2. Für plötzlich steigende Nachfrage am Markt stehen ________________ schnell zur Verfügung.
3. Jüngere Beschäftigte bekommen oft ein ________________ angeboten, weil die neue Firma sie erst testen will.
4. Ein ________________ garantiert ein festes Arbeitsverhältnis mit einer durchschnittlichen Wochenarbeitszeit von 37,5 Stunden.
5. Wer als ________________ tätig ist, kann auch mal einen längeren Urlaub einplanen.
6. Steigt die Produktion für ein halbes Jahr, beschäftigen die Firmen oft nur Mitarbeiter in ________________.
7. Wer mit einer Arbeit zu wenig verdient, geht oft noch nebenbei einer ________________ nach.
8. ________________ sind eine qualifizierte Arbeitskraftreserve.
9. Die Zahl der Beschäftigten in einem ________________ ist in den letzten Jahren gesunken.
10. Wer z. B. als Hausfrau 10 Stunden die Woche erwerbstätig ist, der steht in einem ________________

Ergänze die Aussagen mit den fett gedruckten Bezeichnungen für die Arbeitsformen (Arbeitsblatt benutzen). Jeder Begriff muss zweimal verwendet werden. Passe die Bezeichnungen an.

Flexibilisierung der Arbeitswelt

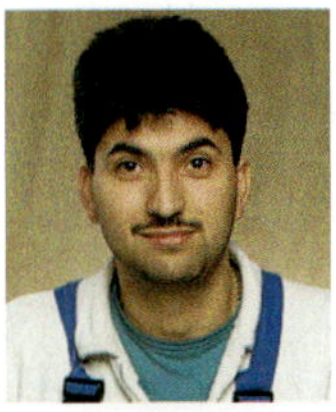

Herr Özkan: *„Ich arbeite in der Chemie-Industrie im Schichtbetrieb. Gut finde ich an unserer betrieblichen Arbeitszeitregelung, dass ich persönlich meine Freischichten einplanen kann. Allerdings gibt es für unsere Arbeitszeit eine Regelung, dass zur Vermeidung unproduktiver Überbesetzungen ein Teil der Schichtmannschaft an jedem Arbeitstag – via sogenannter* ***Zeitfenster*** *– abwesend sein muss."*

Herr Matuschek: *„Nachdem die tarifliche Arbeitszeit auf 38 Stunden gesenkt wurde, arbeiten wir nach dem System der* ***variablen Arbeitszeit****. Die starren Arbeitszeiten genügen nicht mehr, um alle Bankfilialen entsprechend der wöchentlichen Öffnungszeiten mit Mitarbeitern zu versorgen. Außerdem stieg der Bedarf an flexibler Beratungszeit für Kunden. Gut finde ich, dass ich meine Arbeitszeit mit den Kollegen abstimmen kann. Allerdings muss man auch einmal kurzfristig einspringen, wenn Kollegen verhindert sind."*

Herr Breuer: *„Bei uns im Reifenwerk arbeiten wir im* ***vollkontinuierlichen Betrieb****. Tag und Nacht laufen die Bänder. Die Woche ist in 20 Schichten eingeteilt. Steigt die Nachfrage, muss eine Schicht zusätzlich eingelegt werden, sinkt sie, kann der Betrieb bis zu fünf Schichten absagen. Dann fällt der Lohn auch schon mal niedriger aus. Dank dieses Systems haben wir aber relativ sichere Arbeitsplätze."*

Frau Cakar: *„Unser Reisebüro orientiert sich stark an dem geänderten Kundenverhalten. Deshalb gibt es innerhalb der festen* ***Jahresarbeitszeit*** *saisonal bedingte Schwankungen. Zur Hauptreisezeit muss halt mehr gearbeitet werden. Dafür nehme ich mir außerhalb der Saison länger Urlaub und gleiche so die Mehrarbeit aus."*

Frau Lenhard: *„Ich arbeite auf dem Flughafen im Bodendienst. Bei uns schwankt der Arbeitsanfall nicht nur während der Jahreszeit, sondern auch von Jahr zu Jahr. Um auf diese langfristigen Schwankungen reagieren zu können, arbeiten wir u. a. mit dem* ***Lebenszeitkonto****. Ich spare seit einigen Jahren Überstunden an. Wenn meine Kinder in die Schule kommen, kann ich einen Teil dieser Überstunden abfeiern."*

Frau Naumburger: *„Als Informatikerin entwickele ich je nach Bedarf Systemprogramme. Das ist Terminarbeit und bedeutet Arbeit Tag und Nacht. Dann kann es passieren, dass kurzfristig keine Aufträge hereinkommen. Aus diesem Grund hat der Betriebsrat einem System der* ***Wahlarbeitszeit*** *zugestimmt. Jedes Jahr wähle ich eine neue Wochenarbeitszeit und muss entsprechend der Überstunden Urlaub nehmen."*

Erstelle eine Tabelle nach folgendem Muster und ergänze sie.

Form der Arbeitszeit	Vorteil für		Nachteil für	
	Betrieb	Arbeitnehmer	Betrieb	Arbeitnehmer

Neue Arbeitsinhalte – neue Anforderungen

Die Herren über Licht und Feuer

Veranstaltungstechniker geben Events den richtigen Rahmen

Rauch wabert über die diffus beleuchtete Bühne, einzelne Lichtblitze zucken durch die Luft. Ein Raunen geht durch das Publikum. Wenn dann aus den riesigen Lautsprechern Musik dröhnt und plötzlich alles taghell erleuchtet ist, bricht der Jubel der Menge los. Ein Konzert hat begonnen. Die Zuschauer sind in erster Linie wegen der Band gekommen, aber auch wegen der Show. Die Effekte, die uns die Gänsehaut über den Körper jagen, sind detailliert geplant. Der Trend zu immer aufwendigeren Produktionen und Mega-Events bedeutet einen enormen Boom für eine Berufsgruppe, deren Arbeit bei Konzertbeginn schon vorbei ist. Die Veranstaltungstechniker sorgen dafür, dass jeder Scheinwerfer richtig funktioniert und jedes Feuerwerk richtig einsetzt.

In der dreijährigen Ausbildung wird eine Menge technisches Wissen vermittelt; Bild- und Tontechnik müssen beherrscht werden. Die Fachkraft für Veranstaltungstechnik muss in der Lage sein, das gesamte Veranstaltungsequipment bedienen und warten zu können. Vom Fachmann wird auch erwartet, dass er die richtige technische Ausrüstung für jeden Anlass zusammenstellen kann. Handwerkliches Geschick alleine reicht aber nicht aus, um Veranstaltungstechniker zu werden. Es wird erwartet, dass die gesamte Bühnentechnik von den Fachkräften programmiert werden kann, denn bei den heutigen Showevents ist alles minutiös durchgeplant. Ob Musical, Konzert oder Messe, alles muss zur richtigen Zeit einsatzfähig am richtigen Ort sein. Ein verantwortungsvoller Job, in dem oft auch unter Zeitdruck gearbeitet wird.

Arbeit gibt es genug. Bis hin zu Film und Fernsehen reicht der Wirkungskreis der Eventspezialisten. Die Fachkraft für Veranstaltungstechnik ist ein Beruf mit Zukunft – besonders in Deutschland. So haben sechs der zehn weltgrößten Messegesellschaften ihren Sitz in Deutschland. Der Bedarf an geschultem Personal ist groß. Dabei darf ein Veranstaltungstechniker Knochenarbeit nicht scheuen, und schwindelfrei sollte er auch sein. Denn manchmal muss kräftig zugepackt werden. Wo auch immer der Veranstaltungstechniker eingesetzt wird, sorgt er für die richtige Optik, angemessene Stimmung und gekonnte Illusionen, ohne selber in Erscheinung zu treten. Er wirbelt eben hinter den Kulissen, bevor die Show beginnt.

(http://www.3sat.de/nano/cstuecke/06145/index.html/ Abrufdatum: 18. 11. 2008 / 14. 04. 2000 nano online, © 3sat online)

Veranstaltungstechniker beim Installieren der Ton- und Lichtanlage auf einer Bühne

Der Sänger der Rockgruppe „Nickelback", Chad Kroeger, in der TV-Show „Wetten, dass ...?" am 09. 12. 2006 in Bremen

Facharbeiter: Die neuen Anforderungen

Früher	Jetzt und künftig
Starre Arbeitszeiten	Flexible Arbeitszeiten, Absprache im Team
Detailliert vorgegebene Arbeitspläne	Selbstständige Planung der Arbeitsaufgaben
Aufgabenverteilung durch den Meister	Arbeitsaufteilung im Team
Störfallentscheidung durch den Meister	Selbstständige Störungsanalyse und Reaktion
Material- und Werkzeugkompetenz beim Meister	Verantwortliche Stoff- und Werkzeugdisposition
Qualitätsverantwortung bei speziellen Kontrolleuren	Verantwortliche Qualitätssicherung
Terminkontrolle durch Terminverfolgung	Terminverantwortung
Kostenverantwortung beim Meister	Beteiligung am Kostenmanagement
Ausführung vorgegebener Planungen nach Anweisung	**Selbstständig planen, durchführen und kontrollieren**

Untersuchung: Stellenanzeigen

Über Anforderungen im Beruf kann man einiges erfahren, wenn man Stellenanzeigen untersucht. Da werden von den Firmen oft die Fähigkeiten und Eigenschaften genannt, die sie außer den Fachkenntnissen von Mitarbeitern erwarten. Wenn ihr Stellenanzeigen untersuchen wollt, geht so vor:

- Besorgt euch von zwei oder drei verschiedenen Tageszeitungen die Wochenendausgabe. Am Wochenende enthalten Zeitungen besonders viele Stellenanzeigen.
- Untersucht arbeitsteilig die Stellenangebote. Schaut vor allem nach den Textstellen, die auf allgemeine Eigenschaften und Anforderungen eingehen. Markiert die entsprechenden Formulierungen.
- Tragt die Ergebnisse eurer Untersuchung zusammen, z. B. an der Tafel oder der Pinnwand. Was wird häufiger genannt? Warum wohl?

Restaurantleiter-Assistent/in

Am besten passen Sie zu uns, wenn Sie eine abgeschlossene Berufsausbildung haben, sicher im Umgang mit Menschen sind und flexible Arbeitszeiten – auch am Wochenende – bevorzugen. Ständiges Training und Weiterentwicklung ist Ihnen so wichtig wie uns. Es hilft uns, täglich unsere vielfältigen Aufgaben noch ein bisschen besser zu bewältigen. Wir sind kritikfähig, dienstleistungsbereit und Neuem gegenüber aufgeschlossen. Besonders gespannt sind wir auf SIE!

... Wir stellen uns für diese Aufgabe einen jungen, flexiblen, verbindlichen und strebsamen Mitarbeiter vor, der gemeinsam mit uns daran interessiert ist, erfolgreich zu sein. EDV-Kenntnisse, die über die Anwendung der üblichen Microsoft-Programme hinausgehen, wären wünschenswert. Können Sie sich vorstellen, mit Begeisterung in einem überschaubaren Team kreativ und selbstständig mitzuwirken?

Redaktions-Assistent

Vorkenntnisse in den Bereichen Heftgestaltung, Typographie, Reprotechnik, gute Rechtschreibkenntnisse, Teamfähigkeit, Einsatzbereitschaft und gute allgemeine PC-Kenntnisse setzen wir voraus. Wenn Sie über Verlags-/Redaktionserfahrung verfügen, bringen Sie besonders gute Voraussetzungen mit. ...

In den letzten Jahren neu entstandene Ausbildungsberufe

- Systemgastronom/-in
- Mikrotechnologe/-technologin
- Mediengestalter/-in
- Fachkraft für Automatenservice
- Servicekraft für Schutz und Sicherheit
- Sport- und Fitnesskauffrau/-mann
- Werkfeuerwehrfrau/-mann
- Informatikkauffrau/-mann

1 *Warum gibt es den neuen Beruf des Veranstaltungstechnikers?*

2 *Informiere dich über die acht neuen Ausbildungsberufe in „Beruf aktuell" oder unter: www.BiBB.de. Warum gibt es wohl diese neuen Berufe?*

Methode: Projekt

Thema: Arbeitswelt im Wandel

Ein Projekt ist eine gemeinsame Aktion einer Klasse, die ein sichtbares Ergebnis zum Ziel hat, z. B. eine Ausstellung oder die Herstellung von Gegenständen für den Verkauf auf dem Schulfest. Bei einem Projekt können also Schülerinnen und Schüler durch praktische Arbeit Erfahrungen machen und lernen.

Vorbereitung

Ein Projekt wird von Schülern und Lehrkräften gemeinsam geplant und durchgeführt. In der Planungsphase muss man sich zuerst über das gemeinsame Ziel verständigen. Dann werden Ideen zur Realisierung gesammelt, z. B. in einem Brainstorming. Die Vorschläge können auf Kärtchen notiert und diese an der Tafel oder der Pinnwand übersichtlich zu einem Projektablauf angeordnet werden. Daraus ergibt sich dann der Zeitplan für die Projektdurchführung.

Durchführung

Projekte werden meist in arbeitsteiliger Gruppenarbeit durchgeführt. Damit das angestrebte Ziel erreicht wird, muss sich jede Arbeitsgruppe an den vorgesehenen Zeitrahmen halten bzw. bei Schwierigkeiten rechtzeitig die anderen informieren.

Auswertung

Ein Projekt schließt stets mit einem sichtbaren Ergebnis ab, z. B. der Übermalung von beschmierten Wänden in der Schule oder einer Ausstellung der Erkundungsergebnisse zur Information anderer. Am Ende sollte die Klasse über die Projektarbeit nachdenken und sich folgende Fragen stellen:
- Welche Erfahrungen haben wir bei unserer Projektarbeit gemacht?
- Was haben wir neues gelernt?
- Sind wir mit dem Projektergebnis zufrieden?
- Hätten wir etwas anders machen sollen?

Der Ablauf eines Projektes – ein Beispiel

Wie ging es früher in der Ausbildung zu?
Was musste ein Lehrling alles tun?
Wie waren die Arbeitsbedingungen damals?

Um das herauszufinden, führten die Schüler und Schülerinnen ein Projekt durch. Es lief so ab:
Zuerst wurde in der Lokalzeitung ein Artikel veröffentlicht. Darin baten die Schüler ältere Mitbürger, sich als Interviewpartner zur Verfügung zu stellen und über ihre Lehrzeit früher Auskunft zu geben.
Im Unterricht wurden die Fragen für die Interviews zusammengestellt und in Rollenspielen geübt, wie man sich bei der Befragung verhält.
Dann wurden Befragungsteams gebildet. Je zwei Schüler oder Schüler/innen bekamen die Adresse von einem Interviewpartner.
Die Befragungsteams verabredeten selbstständig Termine für die Interviews, führten in ihrer Freizeit die Befragungen durch, gaben die Interviewtexte im Computer ein und druckten sie aus.
Aus den Ausdrucken wurde ein Projektheft zusammengestellt, von dem jede Schülerin und jeder Schüler ein Exemplar erhielt. Dieses Heft war dann die Grundlage für die gemeinsame Projektauswertung im Unterricht. Zum Abschluss lud die Klasse die Befragten an einem Nachmittag zu Kaffee und Kuchen ein, berichtete über die Projektergebnisse und übergab jedem Befragten ein Projektheft.

1 *Untersucht die Projektdurchführung: Was haben die Schülerinnen und Schüler durch ihr Projekt gelernt? Was hätten sie anders machen können?*
2 *Auf Seite 115 sind einige Antworten der Befragten wiedergegeben. Welche Frage könnten die Schüler jeweils gestellt haben?*
3 *Stellt Fragen zusammen, die ihr Älteren zu deren Lehrzeit stellen würdet.*
4 *Führt ein Projekt zum Thema „Arbeitswelt im Wandel" durch.*

1 „In meinem Beruf gibt es gegenüber früher deutliche Unterschiede. Heute arbeitet man meist mit computergesteuerten Maschinen. Solche gab es zu unserer Zeit noch nicht. Auch die Arbeit mit den Werkzeugen – das ist ein Unterschied wie Tag und Nacht."

2 „Es gab zum Beispiel in der Firma keinen Waschraum, sondern da war in der Werkstatt hinten in der Ecke ein Waschbecken, wo man sich abends geschwind waschen konnte. Der Kleiderwechsel fand in der Werkstatt statt."

3 „Als Lehrling musste man ja alles machen, z.B. Steine schleppen, Gerüst bauen – also alles Harte, was du dir denken kannst. Es war früher mehr Knochenarbeit. Das kannst du mit heute überhaupt nicht vergleichen."

4 „Ich musste von Montag bis Freitag jeden Tag zehn Stunden arbeiten. In der Ausbildung hatte ich vier Wochen Urlaub, dann als Geselle hatte ich nur noch 14 Tage Urlaub."

5 „Im ersten Lehrjahr bekam ich brutto monatlich 25 DM, im zweiten Lehrjahr 35 DM, im dritten Lehrjahr 45 DM. Weil mein Vater im Krieg gefallen war, hat der Lehrherr die Fahrkarte für mich übernommen. Meine Mitlehrlinge mussten die Zugfahrkarte selbst zahlen, weil der Vater noch da war und verdiente.'"

6 „Es gab keine Lehrstellen oder nur ganz wenige. Viele von uns haben einfach den Beruf ergriffen, in dem sie eine Lehrstelle bekamen."

7 „Man musste sehr hart arbeiten – unabhängig vom Alter. Von uns wurde viel verlangt Es wurde nie gefragt: Kannst du das, bist du dazu überhaupt in der Lage?"

8 „Ich musste als erster da sein, musste das Büro putzen, musste alle Papierkörbe und Aschenbecher leeren, musste die Zigaretten für meinen Chef kaufen und lauter so Zeug. Sogar samstags musste ich dableiben und Fenster putzen. Das war damals so üblich, da hat sich niemand beschwert."

9 „Im ersten Lehrjahr mussten jeden Tag die Lehrlinge für die Gesellen Vesper und Mittagessen holen."

10 „Die Arbeitsbedingungen waren für einen jungen Mann schon anstrengend. Wenn man abends frei hatte, war man froh, wenn man ins Bett kam."

11 „Unser Beruf war damals eine Knochenarbeit. Es gab nur wenige Werkzeuge wie Biegezangen, Rohrabschneider, Kabelmesser, Handbohrer, Hammer, Meißel, Biegevorrichtungen, Gewindeabschneider und Vorstecher. Damals musste noch viel von Hand gearbeitet werden."

Schüler bei der Befragung eines ehemaligen Schusters

Werkzeuge, die damals von Schustern verwendet wurden

Schreinerwerkzeuge aus der damaligen Zeit

Telearbeit

Fallbeispiel

Situationen im Arbeitsalltag von Max Kunze, Teleberater

1 Bei der Beratung eines Handwerksbetriebs zur Einführung neuer Hard- und Software bespricht sich der Teleberater, Herr Kunze, mit seinen Kollegen und entwickelt gemeinsam mit ihnen ein Konzept.

2 Beim Beratungsgespräch vor Ort bemerkt Herr Kunze, dass der Kunde weitere Komponenten für seine Computerausstattung wünscht. Eine Rücksprache mit seinem Team ist nicht möglich. Er entscheidet daher selbstständig über eine Erweiterung des Angebots.

3 Der Inhaber des Handwerksbetriebs möchte einen vereinbarten Gesprächstermin auf das Wochenende verlegen. Herr Kunze sagt sofort zu.

4 Das erste Beratungsgespräch verläuft für Herrn Kunze aufgrund mangelnder Kenntnisse der Arbeitsstruktur des Handwerksbetriebs sehr problematisch. Über Gespräche versteht er es aber, den Firmeninhaber für sein Angebot zu interessieren und eine gemeinsame Kommunikationsbasis herzustellen.

5 Obwohl Herr Kunze kein Fachmann ist, kann er sich in die technischen Probleme des Handwerksbetriebs hineindenken. So ist es ihm möglich, dem Betrieb ein Angebot über eine neue Computerausstattung zu machen.

6 Die Terminplanung bei der Installation der neuen Computeranlage ist äußerst eng. Dennoch schafft es Herr Kunze, alle Installationen zuverlässig zum vereinbarten Termin umzusetzen.

7 Bei der Koordination der Computerinstallation kommt Herrn Kunze seine langjährige Berufserfahrung zugute. Er weiß genau, wie lange die Lieferfristen sind und kennt die Terminplanung seiner Kollegen.

8 Ein Termin bei der Installation der Computeranlage platzt, weil im Handwerksbetrieb eine defekte Elektroanlage die Stromversorgung lahmlegt. Obwohl Herr Kunze nur selten im eigenen Betrieb anwesend ist, genießt er bei seinen Kollegen aufgrund seiner Persönlichkeit, seiner kontaktfreudigen und verbindlichen Art hohes Ansehen. Daher sind sie spontan bereit einen zusätzlichen Wochenendtermin einzuschieben.

9 Die neue Software für die Materialberechnung des Betriebs funktioniert nicht ordnungsgemäß. Der Meister vertraut Herrn Kunze, da er ihn schon lange kennt und seine gute Arbeit schätzt. Er traut ihm eine Lösung der aufgetretenen Probleme innerhalb eines kurzen Zeitraums zu.

Telearbeit
Unter Telearbeit versteht man jede Tätigkeit, die z. B. mithilfe von Laptop, Handy oder Internet an einem Arbeitsplatz verrichtet wird, der zeitweise oder immer außerhalb der normalen Arbeitsstätte liegt.

Anforderungen

- **A** Teamfähigkeit
- **B** Zuverlässigkeit
- **C** Flexibilität
- **D** Vertrauenswürdigkeit
- **E** Selbstständigkeit
- **F** Technikverständnis
- **G** Kommunikationsfähigkeit
- **H** Berufserfahrung
- **I** Akzeptanz im Betrieb

1 *Worin unterscheidet sich Telearbeit von anderer Erwerbsarbeit? Notiere.*

2 *Als Teleberater hat Herr Kunze verschiedene Aufgaben zu erledigen. Ordne die Beschreibungen 1 bis 9 den Anforderungen A bis I zu.*

Geschäfte im Internet

Milliardenumsätze mit Einkäufen im Internet

Warenhandel im Netz 40 Prozent des Versandgeschäfts

DÜSSELDORF (rtr/sö). Während der klassische Einzelhandel 2007 auf ein kleines Plus hofft, legt der Warenkauf über das Internet deutlich zu. Insbesondere Firmen, die Waren per Katalog und Internet anbieten, machen einer Studie zufolge gute Geschäfte.

Das Einkaufen im Internet wird immer beliebter. Einer Studie von TNS-Infratest zufolge werden in diesem Jahr Waren für rund 10,9 Milliarden Euro im Internet bestellt werden. Das sei ein Umsatzplus von neun Prozent zum Vorjahr. Mit diesem Rekordwert mache der Onlineumsatz im deutschen Handel bereits 39,5 Prozent des gesamten Versandhandels aus, sagte der Hauptgeschäftsführer des Bundesverbands des Deutschen Versandhandels (BVH), Thomas Steinmark, bei der Vorstellung der Studie in Düsseldorf. Einschließlich Erlösen aus digitalen Diensten wie dem Ticketverkauf oder dem Herunterladen von Musik und Filmen werde der E-Commerce-Umsatz damit rund 16,8 Milliarden Euro erreichen. (...)

Spitzenreiter im Onlinehandel sind nach Angaben des Bundesverbands Versender, die ihre Waren per Katalog und Internet anböten. Sie setzten 2007 rund 4,2 Milliarden Euro im Netz um. Grund ist, dass „ein erheblicher Teil der Internetbestellungen nach wie vor über den klassischen Katalog angestoßen" werde. Gewerbliche Anbieter im Internet-Auktionshaus Ebay machten nach BVH-Angaben im vergangenen Jahr 2,5 Milliarden Euro und reine Internetanbieter 2,4 Milliarden Euro Umsatz.

Steinmark sieht mehrere Gründe für das anhaltende Wachstum: So steige die Zahl der Onlinenutzer und mit ihr die Zahl der Käufer im Internet. Nach der Allensbacher Computer- und Technik-Analyse (Acta) gibt es 2007 rund 29,37 Millionen (Vorjahr: 27,13 Millionen) Onlinekäufer für Waren und digitale Dienstleistungen in Deutschland. Zudem werde das Einkaufen im Netz durch verbesserte Präsentationen attraktiver. Nach wie vor sei Shoppen die liebste Beschäftigung der Internetnutzer. (...)

(aus: Stuttgarter Zeitung, 30. 10. 2007, S. 11)

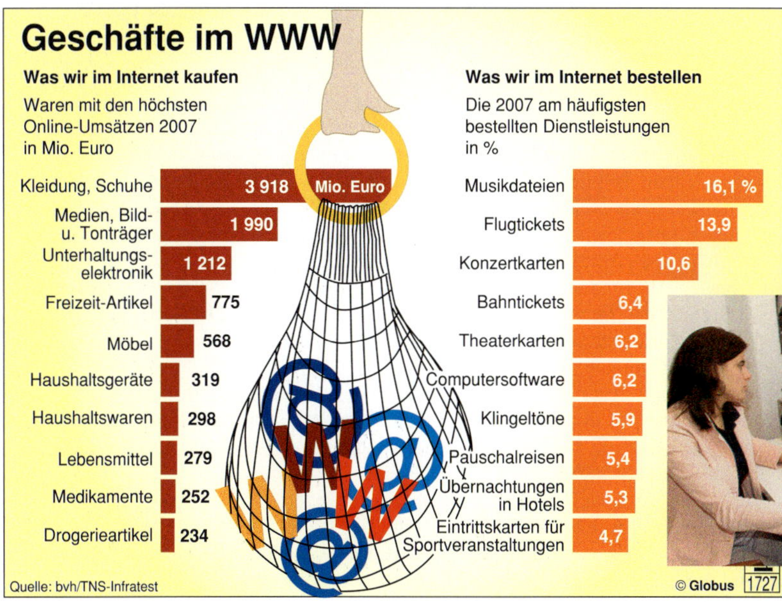

Einkaufen im Internet

1 *Welche Bedeutung hat der Online-Handel in Deutschland? Notiere Angaben aus dem Zeitungstext.*
2 *Werte die Grafik aus: Notiere einige Feststellungen, die dir auffallen.*

„Kollege Roboter“

Der Einsatz von Industrierobotern führt zu einer Veränderung der Anforderungen bei den Mitarbeitern. Die Automaten müssen programmiert, eingestellt und gesteuert werden. Ein einziger Programmierfehler und schon werden Bauteile, oft in großer Stückzahl, fehlerhaft hergestellt. Montage und Wartung verlangen technisch hoch qualifizierte Fachleute. Man muss physikalische und mathematische Formeln zur Berechnung von elektrischen Größen beherrschen und anwenden. Einsatz und Planung der voll automatisierten Fertigungsstraßen erfordern oft eine wissenschaftliche Ausbildung. Die Roboter müssen ja schließlich für sehr umfangreiche Aufgaben programmiert werden.

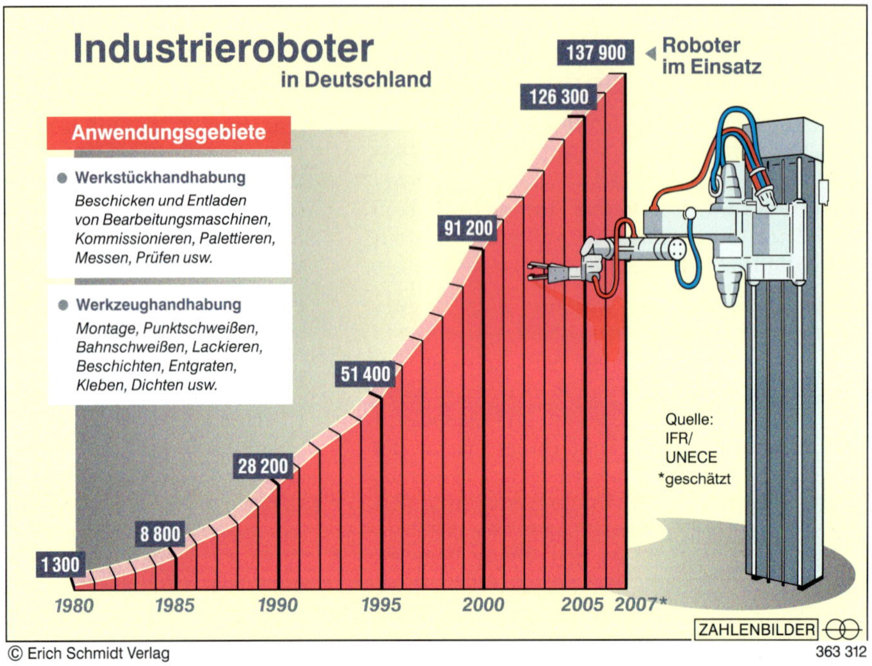

© Erich Schmidt Verlag 363 312

Wenn Roboter Hand in Hand arbeiten

Sindelfingen – Roboter sind aus dem Autobau nicht mehr wegzudenken. Genügsam verrichten sie ihre Arbeit – präzise, aber auch ein wenig dumm. Mit neuer Technologie will Daimler-Chrysler den stählernen Kollegen nun die Zusammenarbeit beibringen – und dadurch deutlich Kosten sparen.

Der orangefarbene Roboter hält den Türrahmen fest in seinen Greifarmen. Ein zweiter Roboter bringt behutsam den Klebstoff auf die Nahtstellen auf. Immer wieder rückt sein Kollege die Tür in eine andere Position, damit der Kleberoboter leichter beikommt. Fast schon menschlich muten die Bewegungen der beiden Automaten an – wie ein seit langem eingespieltes Team.

Was derzeit noch in den Versuchslabors bei Daimler in Sindelfingen erprobt wird, soll 2007 beim Anlauf der neuen C-Klasse erstmals in großem Stil in der Serie zum Einsatz kommen. Moderne Netzwerktechnologie mit kaum noch begrenzter Übertragungsbandbreite lässt die Roboter von morgen miteinander kommunizieren. Sie können dadurch auf engstem Raum zusammenarbeiten und Kollisionen vermeiden. Bis vor kurzem war dies noch undenkbar. Das Gros der heute eingesetzten Roboter arbeitet quasi blind. Stupide verrichten sie ihre Arbeit nach einem vorgegebenen Programm. Die Werkteile müssen an einer exakt definierten Position liegen. Und in die Quere darf den Robotern niemand kommen, schon gar nicht ein Mensch.

Als „dumm“ bezeichnet sie daher Bernd Liepert, Chef von Kuka, einem der größten Roboterhersteller der Welt und industrieller Partner von Daimler. Doch diese Zeiten scheinen bald vorbei zu sein. Schon in den letzten Jahren hat die Technologie gewaltige Sprünge gemacht. Ein Roboter von heute leistet das Zwei- bis Dreifache wie noch vor zehn Jahren. In der gleichen Zeit sind die Preise auf ein Viertel gefallen. (...)

Der Preisverfall ist einer der Gründe, weshalb die Roboter in immer mehr Bereiche des Autobaus Einzug halten. Im Rohbau liegt der Automatisierungsgrad bereits heute bei über 90 Prozent. Die Mitarbeiter, die hier noch tätig sind, werden vor allem zur Maschinenüberwachung eingesetzt.

(Volker Steinmaier, in: Marbacher Zeitung, 16. 12. 2005, S. 15)

1 *„Industrieroboter auf dem Vormarsch“ – Was sagt die Grafik dazu aus?*

2 *Welche Aufgaben übernehmen Roboter in der Automobilfertigung? Notiere.*

Vom Roboter zur Mensch-Maschine

Die Bestrebungen bei der Konstruktion von Robotern gehen eindeutig in die Richtung, sie in all ihren Fähigkeiten menschenähnlicher zu gestalten. Ein relativ weit gediehenes Forschungsprojekt in dieser Richtung ist das MORPHA-Projekt. Großunternehmen, klein- und mittelständische Spezialbetriebe sowie Forschungseinrichtungen arbeiten hier gemeinsam an einer „Mensch-Maschine", dem sogenannten Produktionsassistenten.

Der Produktionsassistent ist mobil und soll in direkter Zusammenarbeit mit dem Menschen Aufgaben in der Produktion erledigen. Ziel ist die Produktivitätssteigerung und die Humanisierung von Arbeitsplätzen. Ein Industrieroboter der heutigen Generation entnimmt Werkstücke aus Behältern oder montiert Werkstücke oder transportiert sie ins Lager. Für jede dieser Aufgaben muss er neu programmiert werden. Der Produktionsassistent soll alles zugleich vom Menschen lernen und anwenden können. Der Mensch kommandiert, überwacht und belehrt die Maschine. Mensch und Maschine bewältigen die Aufgaben arbeitsteilig.

Der Produktionsassistent in Aktion

Produktionsassistent (Designstudie)

In der Fabrikhalle führt Herr Müller seinen neuen Produktionsassistenten herum und zeigt ihm die Örtlichkeiten. Als wäre es ein neuer Kollege, sagt er zu ihm: „ROBBI, das hier ist die Halle, in der der Verpackungsautomat steht" und deutet dabei auf die Maschine. ROBBI prägt sich das Bild der Maschine ein und merkt sich den Weg zur Maschine und den Ort, an dem sie steht.

Dann nimmt Herr Müller ein Werkstück aus der Transportkiste, legt es in die Verpackungsmaschine und sagt: „Genau so, mit der Bohrung nach oben, musst ‚du' das Werkstück einlegen!" Sofort packt der Produktionsassistent zu und macht die gleichen Handgriffe nach. Im Nu prägt er sich ein, wie er das Werkstück aus der Kiste nehmen und in die Maschine einlegen muss.

Als nächstes fährt Herr Müller mit der Transportkiste in die Lagerhalle und zeigt dem Produktionsassistenten das Regal, in dem die verpackten Werkstücke gelagert werden. Er korrigiert den ersten Versuch: „Lege die Kartons mit der Aufschrift nach vorn in das Regal, damit man gleich erkennt, welche Bauteile drin sind!" Der Produktionsassistent beherrscht den Arbeitsablauf sobald er ihn gesehen und ein-, zweimal nachgemacht hat. Während Herr Müller die Lagerhalle verlässt, sortiert der Produktionsassistent die restlichen Kartons in das Regal.

Ulrike Kalkan, Handelsfachpackerin

Ich arbeite seit Jahren in der Lagerabteilung eines Versandhauses. Zurzeit bin ich im Warenausgang tätig. Dort stelle ich die Lieferungen zusammen, verpacke die Gegenstände und erstelle die Begleitpapiere. Bei Krankheit von Kolleginnen oder Kollegen helfe ich auch im Wareneingang aus. Die Arbeit dort ist aber anstrengender. Oft sind es schwere Pakete, die man auf den Arbeitstisch heben muss. Man ist ständig am Auspacken, Sortieren und Lagern. Und oft herrscht Zeitdruck.

1. *Was ist das Neue bei dem „Produktionsassistenten"? Welche Tätigkeiten von Frau Kalkan könnte er übernehmen, welche nicht?*
2. *„Der Einsatz von Industrierobotern führt zu menschenfreundlicheren Arbeitsplätzen." Was meinst du zu dieser Aussage? Notiere deine Meinung.*
3. *Welche weiteren Aufgaben übernehmen Roboter in der Industrie?*

Moderne Technik – Chancen und Risiken

„Big Brother“ schlüpft unter die Haut

US-Familie ließ sich Mikrochips implantieren

Für die einen ist er ein Lebensretter, für die anderen ein Vorbote des totalen Überwachungsstaats. Unter großem Medienrummel ließ sich am Freitag im US-Bundesstaat Florida eine dreiköpfige Familie den „VeriChip“ einpflanzen.

Der Mikrochip im Arm ist eine Art Personalausweis, der mit einem Scanner abgelesen wird. Er ist zunächst für den medizinischen Gebrauch gedacht. Doch die Herstellerfirma Applied Digital Solutions (ADS) hat weitere Pläne – so könne der Chip künftig etwa helfen, entflohene Straftäter oder illegale Einwanderer aufzuspüren.

Die Prozedur in Boca Raton dauerte nur 20 Minuten. Familie Jacobs rollte die Ärmel hoch und bekam ohne Narkose die Chips eingespritzt. Vater Jeffrey Jacobs sagte, es sei harmloser gewesen als beim Zahnarzt. Der 48-Jährige hat lange gegen den Krebs gekämpft und glaubt, dass bei einem Kollaps der Chip sein Leben retten könne. Der 14-jährige Sohn Derek, ein Computerfreak, hatte seine Eltern für den Chip begeistert. Ihre Familie sei nun Pionier einer Technologie, „die die Welt verändern wird“, schwärmte Mutter Leslie.

Der digitale Ausweis ist so groß wie ein Nadelkopf und sendet ein Radiosignal aus, das der Scanner aus bis zu etwa 1,20 Metern lesen kann. Die Firma ADS in Palm Beach hofft nun auf reißenden Absatz. Zielgruppe sind zunächst Patienten, die orientierungslos werden können. Der Chip kann bis zu 128 Buchstaben speichern. Neben Name und Adresse können Angaben über Allergien, Prothesen oder den Hausarzt gespeichert werden. Die Jacobs bekamen als erste Stufe aber nur persönliche Kennnummern eingespeichert. Nach Ablesen kann diese Nummer per Telefon oder Internet in eine Datenbank eingegeben werden, die medizinische Angaben über den Patienten enthält.

Die Firma denkt bereits über eine Weiterentwicklung des Chips nach. Er könnte künftig mit dem satellitengestützten Navigationssystem GPS kombiniert werden, um den Aufenthaltsort des Menschen zu bestimmen. So könnten die Wege von Alzheimer-Patienten mithilfe des Geräts von Verwandten am Computer verfolgt werden. Auch könne der Chip zur Überwachung von Straftätern mit Bewährung oder Ausgang genutzt werden. Gespräche mit Gefängnisbetreibern werden der Firma zufolge bereits geführt. Auch Opfer von Entführungen könnten aufgespürt werden – laut ADS gibt es in Südamerika großes Interesse an der Technik. Firmenchef Richard Sullivan schlug sogar vor, Einwanderern den Chip einzupflanzen, um sie besser kontrollieren zu können. Durch solche Visionen sehen sich Datenschützer und Bürgerrechtler in ihren schlimmsten Befürchtungen

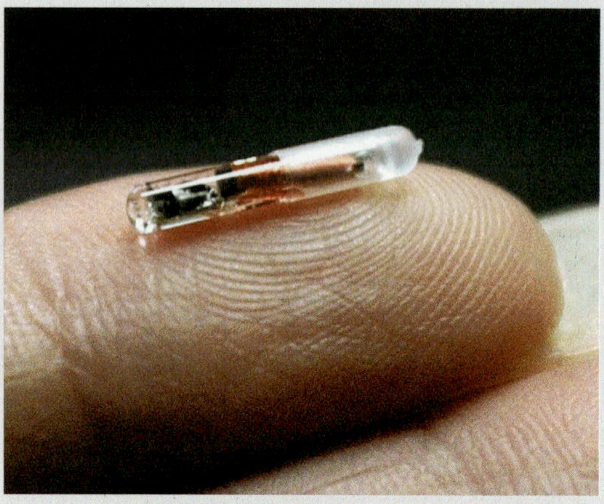

Nicht mal eine Fingerspitze groß ist der umstrittene „VeriChip“

bestätigt. „Wer entscheidet, wer einen solchen Chip bekommt?“ fragt Marc Rotenberg vom Electronic Privacy Information Center. Und das Zentrum für Individuelle Freiheit bei Washington warnt, die Vorstellung, das „Big Brother“ den VeriChip benutzen könne, „um unwissende Bürger zu beobachten“, sei „nicht weit hergeholt“.

(Daniel Jahn (Washington/afp), in: Frankfurter Rundschau vom 13. 5. 2002)

SCIENCE FICTION◆◆SCIENCE FICTION◆◆SCIENCE FICTION◆◆SCIENCE FICTION◆◆SCIENCE FICTION

Jan Schneider schlüpfte schnell in das Flugtaxi und lies sich zum Meeting in die Firma kutschieren. Vor dem Firmenportal öffnete sich automatisch die Tür und der Flugroboter verbuchte dank des in Jans Arm implantierten Mikrochips sofort die Rechnung. Am Portal begrüßte ihn ein elektronischer Portier. Er scannte seinen Mikrochip und begrüßte ihn mit Namen: „Guten Tag, Herr Schneider, ich hoffe, Sie hatten ein angenehmes Wochenende."

Jan musste wie immer seine impulsive Antwort hinunterschlucken: „Der Blechkasten ist auf Höflichkeit programmiert", dachte er bei sich und schwebte mit dem Lift in das 44. Stockwerk. Dort befand sich sein Arbeitsbereich: ein Stehpult mit integriertem Bildschirm und Spracheingabe für den Rechner. „Achtung, Herr Schneider, Sie erbitten Zugang zu einem Sicherheitsbereich! Bitte nennen Sie das Kennwort!" signalisierte der Rechner. Sein implantierter Mikrochip gewährte ihm nur automatischen Zutritt zum Firmengebäude. Beim Einloggen in das Rechensystem benötigte er das Kennwort, das ihm mit jedem Arbeitsauftrag mitgeteilt wurde. Mit dem Kennwort erhielt er Zugang zu allen Daten oder Internet-Dienstleistern, die mit seiner Arbeit in Verbindung standen. Das System verbuchte alle seine Ergebnisse – mit Zeitaufwand – direkt auf sein Arbeitskonto und bezahlte entsprechend. „Was habe ich schon geflucht, wenn ich früher Daten mit Passwort abgelegt und dann das Passwort vergessen habe", dachte Jan im Stillen bei sich. „Außerdem garantiert dieses System, dass ich automatisch das Copyright für meine Forschungsberichte zugeteilt bekomme." „Auch nicht schlecht," murmelte er vor sich hin, „so spare ich viel Arbeit."

„Was ist nicht schlecht?", fragte Jans Kollegin Miriam. „Ich dachte gerade über die Vorteile des implantierten Chips nach!" erwiderte er. Bevor sie aber noch ein Gespräch beginnen konnten, summte sein Organizer. Auf dem Display erschien die Meldung: „Das Meeting beginnt in zehn Minuten!" Da alle Mitarbeiter der Firma den Chip besaßen, konnte er problemlos orten, in welchen Räumen des Gebäudes sie sich befanden. Die Mehrzahl hielt sich im 40. Stockwerk auf. Man einigte sich auf den dortigen Meeting-Point für das Treffen. „Was für ein Glück", dachte er bei sich, „dass die Reichweite des Ortungssystems auf den Firmenbereich begrenzt ist! Sonst hätte ich überhaupt keine Zeit mehr für mein Privatleben."

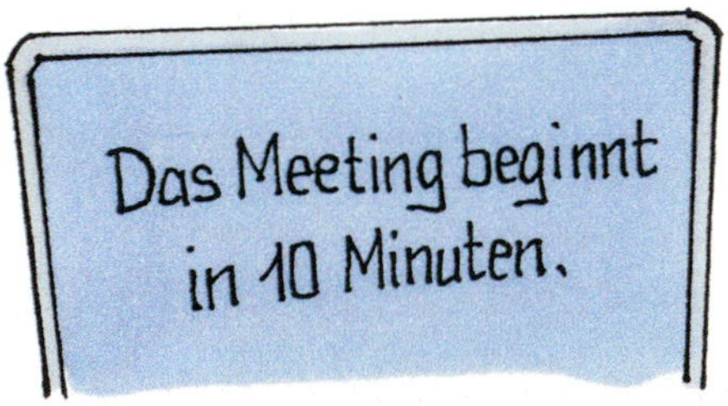

SCIENCE FICTION◆◆SCIENCE FICTION◆◆SCIENCE FICTION◆◆SCIENCE FICTION◆◆SCIENCE FICTION

1 *Beide Texte gehen auf Vor- und Nachteile implantierter Chips ein. Zähle die Vor- und Nachteile auf.*
2 *„Implantierter Mikrochip: Fluch oder Segen?" Wie ist deine Meinung?*

Gentechnik

In der Biotechnik werden immer mehr Verfahren entwickelt, mit denen man gezielt in den Aufbau der Chromosomen und Gene eingreifen kann. Mithilfe dieser gentechnischen Verfahren werden Gene von einem Lebewesen auf ein anderes übertragen – über die biologischen Artengrenzen hinweg. Man unterscheidet drei Bereiche bei der Gentechnik:
Die *rote Gentechnik* umfasst den medizinischen und pharmazeutischen Bereich und ist damit bei der Herstellung von Medikamenten beteiligt.

Die *grüne Gentechnik* wird in der Landwirtschaft bei der Tierzucht und vor allem in der Pflanzenzucht eingesetzt. Zu den wichtigsten transgenen Pflanzen zählen Mais, Raps, Soja, Reis und Baumwolle.
Die *graue Gentechnik* befasst sich mit der Herstellung von Enzymen und Mikroorganismen. Sie werden Starterkulturen genannt und sind heute schon Standard in der Lebensmittelerzeugung, -verarbeitung und -überwachung.

Welche Ziele verfolgt die Gentechnik in der Nahrungsmittelherstellung?

- gesteigerte, billigere, schnellere Produktion
- anbautechnische Vorteile, z.B. widerstandsfähiger gegen Krankheiten und Schädlinge
- Produktion günstiger Verarbeitungshilfsstoffe, z.B. Bakterien und Hefen
- Anpassung an industrielle Erfordernisse, z.B. bessere Transport- und Lagerfähigkeit

Vier Beispiele für angewandte Gentechnik

1994 wurden erstmals in den USA die **Anti-Matsch-Tomaten** oder auch Flavr-Savr-Tomaten im Handel angeboten. Den Gentechnikern war es gelungen, das Gen eines Enzyms auszuschalten, das für das Aufweichen der Schale verantwortlich ist. Diese Tomate ist heute nicht mehr auf dem Markt.

Das für die Käseherstellung benötigte Lab wird nicht mehr aus den Mägen von Säugetieren gewonnen, sondern das wirksame Enzym **Chymosin** wurde auf Bakterien oder Hefen übertragen, die nun den Wirkstoff produzieren. Der Bedarf an Chymosin beträgt ca. 50 000 kg pro Jahr, was nicht mehr auf natürliche Weise zu produzieren war. Gen-Chymosin ist in der Bundesrepublik Deutschland zugelassen.

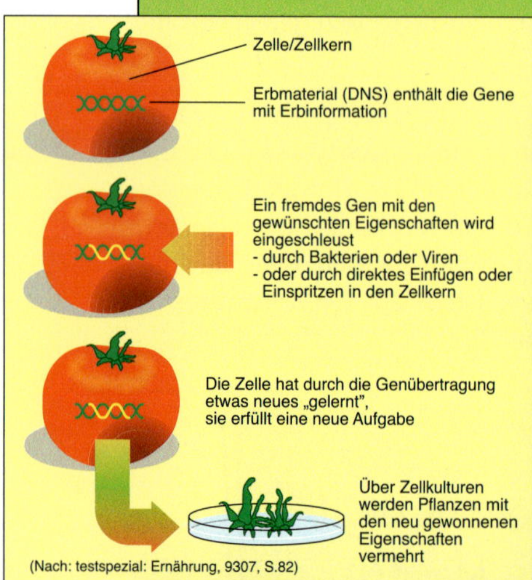

(Nach: testspezial: Ernährung, 9307, S.82)

In das Erbgut der **Maispflanze** wurde ein Gen übertragen, das sie befähigt, ihr eigenes Gift zu produzieren. Dieses B.t.-Toxin (von Bacillus thuringiensis) tötet die Larven der Schädlinge und gilt als unbedenklich für Mensch und Umwelt. Der Maiszünsler, der den B.t.-Mais frisst, stirbt. Dieser Mais ist auch in der Europäischen Union zugelassen.

Bis 1982 wurde Insulin hauptsächlich aus der Bauchspeicheldrüse von Schweinen und Rindern isoliert. Da immer wieder Unverträglichkeitsreaktionen auftraten, war gentechnisch hergestelltes **Human-Insulin** für insulinabhängige Diabetiker ein großer Erfolg. Neben Insulin wurden bis 2002 rund 60 weitere Gen-Medikamente in Deutschland zugelassen.

1. *Beschreibe das Grundprinzip der Gentechnik.*
2. *Übertrage die Tabelle auf ein Blatt und ergänze sie für die vier angeführten Beispiele*

Beispiel für angewandte Gentechnik	Bereich der Gentechnik	Ziel bei der Nahrungsmittelherstellung

Gentechnik – pro und kontra

Max Schneider, Chemiker

Angesichts des Hungers in der Welt ist es unbedingt notwendig, dass man gentechnisch verbesserte Pflanzen verwendet. So kann erreicht werden, dass immer weniger Menschen Hunger leiden. Viele Anbaugebiete in der Dritten Welt weisen nur schlechte Böden auf, die wenig Ertrag bringen. Gentechnisch optimierte Getreidearten, die auch auf schlechten Böden gut gedeihen, könnten den Ertrag deutlich steigern.

Aber Herr Schneider, so einfach kann man das nicht formulieren. Sicherlich hungern in der Welt viele Menschen, viele haben aber auch Angst vor gentechnisch manipulierten Pflanzen.

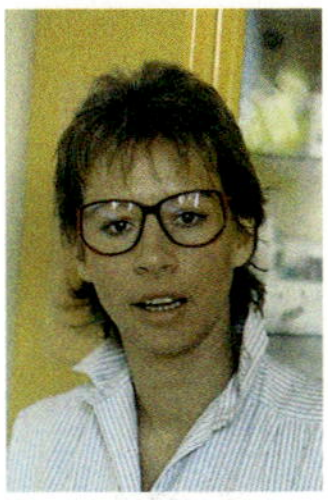

Nicola Rother, Ärztin

Das mag sein, Frau Rother, bedenken Sie aber doch einmal die Vorteile von gentechnisch verbesserten Pflanzen! Sie liefern zum Beispiel deutlich mehr Getreide pro Halm, weil sie schneller und besser wachsen. Die Anbaugebiete in den armen Ländern werden längst alle genutzt. Nur wenn der Ertrag pro Hektar steigt, kann die Nahrungsversorgung verbessert werden.

Vorteile hin, Vorteile her… Viele Insekten, aber auch andere Tierarten würden von den Genpflanzen in ihrer Existenz bedroht. Die Pflanzen enthalten Stoffe, die die Tiere krank machen. Und auch für den Menschen bringen gentechnisch veränderte Pflanzen ein großes Gesundheitsrisiko mit sich. Sie enthalten Allergene, Stoffe also, die Allergien auslösen können.

Kein Fortschritt ohne Risiko! Aber das ist doch beherrschbar. Selbstverständlich müssen gentechnisch behandelte Bestandteile von Nahrungsmitteln sorgfältig kontrolliert werden, bevor sie für die Verarbeitung freigegeben werden. Allergien auslösende Stoffe können dabei ohne Probleme aufgespürt und isoliert werden.

Da gibt es aber gleich ein weiteres Problem. Manipulierte Pflanzen besitzen zum Teil Gene, die gegen Antibiotika resistent sind. Damit stellen sie eine Gefahr für die medizinische Behandlung im Falle einer entsprechenden Erkrankung dar. Schon heute sind viele Viren und Bakterien gegen nahezu alle bekannten Antibiotika resistent.

Das ist Schwarzweißmalerei! Ich möchte betonen, dass es gerade ein Vorteil der Pflanzen mit gentechnisch vermittelten Eigenschaften ist, resistent gegen Insekten und Herbizide zu sein. Gerade die ärmeren Länder besitzen nur selten genügend Maschinen und Kapital, um ihre Pflanzen wirksam gegen Schädlinge zu schützen.

Halt, halt, dieser Meinung bin ich nicht! Genpflanzen unterliegen strengen Besitzrechten, da die großen Chemiekonzerne Patente auf sie angemeldet haben. Arme Länder schlingern somit in die totale wirtschaftliche Abhängigkeit, wenn sie Genpflanzen anbauen.

Nach den mir vorliegenden Informationen wird für die Sicherheit bei Genpflanzen viel getan. Unter anderem besteht eine strenge Kennzeichnungspflicht. Daneben verordnen die Richtlinien für die Freisetzung von Genpflanzen hohe Zulassungshürden, bevor eine Freisetzung gestattet wird. Alle Nahrungsmittel mit Anteilen von Genpflanzen müssen genaue Hinweise auf diese Bestandteile enthalten.

Da muss ich Ihnen entschieden widersprechen, Herr Schneider! Gentechnisch manipulierte Pflanzen stellen eine Gefahr für die Natur dar, eine Gefahr mit unabsehbaren Folgen. Bei ihrer Freisetzung auf Wiese und Feld kommt es zu unkontrollierten Kreuzungen mit verwandten Pflanzen. Die Genübertragung durch Pollenflug gefährdet die Artenvielfalt. Und viele weitere Auswirkungen auf Mensch, Tier und Umwelt können noch gar nicht abgeschätzt werden.

Adressen für eine Internetrecherche zum Thema „Gentechnik“

www.gentech.at
www.gentechnik-medizin.de
www.gentechnifrei.at
www.umweltministerium.bayern.de
www.greenpeace.de/gentechnik

Welche Vorteile und welche Nachteile der Gentechnik werden in dem Gespräch genannt? Notiere in Stichworten.

Das Wichtige in Kürze

Erwerbstätigkeit im Wandel

Grundsätzlich lassen sich drei Wirtschaftsbereiche unterscheiden: Land- und Forstwirtschaft, Waren produzierendes Gewerbe, Dienstleistungen. In den beiden erstgenannten Bereichen wird die Zahl der Erwerbstätigen in den nächsten Jahren weiter sinken, während sie im Dienstleistungssektor weiter zunehmen wird. Die Qualifikation der Erwerbstätigen steigt stetig. Waren 1985 noch über 25 Prozent der Erwerbstätigen ohne Berufsabschluss, so werden es 2010 nur noch etwas über 11 Prozent sein.

Neue Arbeitsinhalte – neue Anforderungen

Die Arbeitswelt unterliegt einem stetigen Wandel. Neue Arbeitsinhalte führen zu neuen Arbeitsaufgaben. In den letzten Jahren sind so auch eine Reihe neuer Ausbildungsberufe entstanden, z. B. Veranstaltungstechniker/in, Systemgastronom/in, Sport- und Fitnesskauffrau/-mann.

Telearbeit

Eine rasch im Zunehmen begriffene Form der Arbeit ist die sogenannte Telearbeit. Sie wird außerhalb des Betriebes verrichtet. Den Großteil ihrer Arbeitszeit verbringen die Mitarbeiter zu Hause oder bei den Kunden. Mittels Laptop, Internet und Handy halten sie Kontakt zu ihren Firmen und den Kunden und kommunizieren mit diesen.

Internet

Das Internet bietet die Möglichkeit sich beruflich weiterzubilden, Informationen auszutauschen und gesellschaftliche Kontakte aufzubauen und zu pflegen. Besonders ältere Menschen, ausländische Mitbürger und sozial schwache Gruppen nutzen es allerdings noch wenig. Das Internet birgt allerdings auch technische Risiken, z. B. „Viren". Außerdem kann es missbraucht werden. Dem Daten-, Jugend- und Verbraucherschutz kommt daher große Bedeutung zu. Internetversender richten ebenso wie Banken Schutzprogramme ein, um die Versand- und Zahlungsabwicklung sicherer zu machen. Der Handel über das Internet verzeichnet hohe Zuwachsraten.

Roboter

Immer mehr und immer „intelligentere" Roboter werden heute in der Industrie eingesetzt. Vor allem im Automobilbau sind sie nicht mehr wegzudenken, über die Hälfte aller Industrieroboter in deutschen Betrieben sind dort im Einsatz. Roboter arbeiten schneller und präziser als der Mensch und rund um die Uhr. Sie werden nicht müde und auch nicht krank. Die nächste Robotergeneration wird mehrere Aufgaben zugleich bewältigen, selbstständig vom Menschen lernen und nach entsprechender Einweisung auch kompliziertere Aufgaben selbstständig erledigen können. Vielfach übernehmen Roboter körperlich anstrengende und eintönige Arbeiten, Dadurch fallen aber auch Arbeitsplätze mit einfachen Qualifikationen weg.

Gentechnik

Die Gentechnik ermöglicht u. a. die Züchtung von Pflanzen, die widerstandsfähiger gegen Schädlinge und ertragreicher sind. Viele Menschen sehen in genveränderten Pflanzen aber auch eine Bedrohung für ihre Gesundheit und eine Gefahr für die natürliche Tier- und Pflanzenwelt. Mithilfe der Gentechnik, so hofft man, werden sich auch bisher unheilbare Erbkrankheiten heilen lassen. Die Gentechnik stellt eine Schlüsseltechnologie dar, der große Wachstumschancen eingeräumt werden. Dies könnte zu einem ökonomischen Aufschwung und der Entstehung neuer Arbeitsplätze beitragen.

Globalisierung – was ist das?

1 Globalisierung bezieht sich heute auf alles und nichts. Das Wachstum des Welthandels und die Entstehung von weltumspannenden Konzernen fallen ebenso darunter wie die Tatsache, dass Coca-Cola und McDonalds auf allen Kontinenten zu finden sind. Auch die weltweite Verbreitung von Computern, Popkultur und Formel-1-Rennen gelten als Ausdruck von Globalisierung; unter dieser Perspektive erhalten Bill Gates, Michael Jackson und Michael Schuhmacher trotz aller Unterschiede den Status von Globalisierungshelden.

2 Entgegen landläufigen Vorurteilen ist Globalisierung keineswegs ein rein ökonomisches Phänomen. Sie bezeichnet nicht nur die Ausweitung des internationalen Handels, die Herausbildung von „global players" und das Anwachsen internationaler Kapitalströme. Globalisierung bezieht sich ebenso auf politische, kulturelle und ökologische Zusammenhänge, und nicht wenige schätzen die außerökonomischen Globalisierungsprozesse auch als wichtiger ein als die ökonomischen.

3 Es stellt sich die Frage, was das Gemeinsame der verschiedenen Phänomene ist, und wie sich Globalisierung übergreifend charakterisieren lässt. Eine durchaus brauchbare Antwort liefert der englische Soziologe Anthony Giddens, der Globalisierung mit einer „Intensivierung weltweiter sozialer Beziehungen" gleichsetzt. Intensivierung bedeutet dabei weit mehr als die bloße Zunahme von Kontakten. Von Globalisierung sollte vielmehr nur dann geredet werden, wenn Ereignisse an einem Ort durch Vorgänge an einem viele Kilometer entfernten Ort geprägt werden und umgekehrt.

4 So gesehen verweist Globalisierung vor allem darauf, dass der Austausch von Menschen, Waren und Informationen zwischen verschiedenen Erdteilen kontinuierlich steigt. Dies wiederum hat Folgen. Denn der wachsende Austausch von Menschen, Waren und Informationen führt zu neuartigen Verknüpfungen und Vernetzungen, die sich vor allem dadurch auszeichnen, dass die traditionellen Grenzen von Raum und Zeit außer Kraft gesetzt werden.

5 Die Vernetzung unterschiedlicher Raum- und Zeitzonen lässt sich an zahlreichen Beispielen studieren. Die Entwicklung der Börsenkurse in Tokio oder New York macht sich Sekunden später in Frankfurt bemerkbar. Ebenso gilt, dass Konjunktur- wie Strukturkrisen in fernen Ländern die wirtschaftliche Situation in Europa binnen kurzem verändern können. Gerade für ein exportorientiertes Land wie Deutschland ist es daher keineswegs egal, wenn in „Hongkong ein Sack Reis umfällt" und sich irgendwo auf der Welt Angebots- und Nachfragestrukturen verändern.

(Textauszüge aus: Wolfgang Bonß: Globalisierung, Chancen und Gefahren; in: IFDT Informationen für die Truppe, Zeitschrift für Innere Führung, Nr. 1/2005, Hg.: Streitkräfteamt, Informations- und Medienzentrale der Bundeswehr, S. 39)

1 *Die Texte sind Ausschnitte aus einem Artikel über die Globalisierung. Notiere zu jeder Textstelle den Kerngedanken mit deinen Worten.*

2 *In einem Schülerlexikon soll der Begriff „Globalisierung" erklärt werden. Wie lautet dein Textvorschlag?*

Globalisierung – Wettbewerbschance oder Verlust humaner Arbeitsplätze?

Aus einem Gespräch zwischen einer Befürworterin und einem Gegner der Globalisierung

A Internationale Zollgrenzen behindern den Warenverkehr und das Wirtschaftswachstum. Wirtschaftlicher Wohlstand lässt sich vor allem durch freien Warenaustausch erreichen. Länder wie Indien oder China, ehemals arme Entwicklungsländer, haben ihre Märkte geöffnet. Heute zählen sie fast schon zu den Industrieländern.

B Die reichen Industrieländer profitieren von den schlechten Arbeitsbedingungen in den armen Ländern. Immer noch arbeiten Tausende von Kindern in den südamerikanischen Minen oder als Teppichknüpfer in Südostasien. Die Welthandelsorganisation ist noch nicht bereit mit der Internationalen Arbeitsorganisation der Gewerkschaften zusammenzuarbeiten.

C Die Großkonzerne spielen als Global Players die Belegschaften der nationalen Werke gegeneinander aus. So versprach die Konzernleitung von Daimler, dass die Achsenproduktion für die A-Klasse aus Brasilien nach Stuttgart verlagert wird, wenn der Betriebsrat eine Zusatzschicht akzeptiert.

D Kleine, wirtschaftlich rückständige Länder sind dem Konkurrenzdruck der großen Konzerne nicht gewachsen. Sie können keine eigene Wirtschaft aufbauen. Viele kleine Nähereien in Kenia sind inzwischen wieder eingegangen, weil europäische Kleiderfabriken den Markt mit billigeren Kleidern überschwemmten.

E Internationale Konkurrenz belebt das Geschäft. Nur wenn die Unternehmen durch Konkurrenz gefordert sind, produzieren sie so günstig wie möglich. Ein billiges Fahrrad hilft auch dem Bauern in Afrika seine Waren schneller in die Stadt zu bringen.

F Die Verbesserung der internationalen Kommunikationsstrukturen durch das Internet machen auch kleine Länder für große Firmen interessant. Viele deutsche Textilfirmen produzieren heute in Südostasien und schaffen dort zahlreiche Arbeitsplätze.

G Die Globalisierung hat zu weltweiten Finanzströmen geführt, die nicht mehr zu kontrollieren sind. So kam es zur Finanzkrise, die zu einer globalen Wirtschaftskrise geführt hat. Und nun sind weltweit Arbeitsplätze bedroht.

H Nur wenn die Industrie die Chancen der Globalisierung – wie billige Produktionsstandorte nutzt, bleibt die deutsche Wirtschaft konkurrenzfähig. Nur wer auf dem internationalen Markt besteht, kann auch Arbeitsplätze sichern. Der VW-Konzern schafft seit Jahren Arbeitsplätze, weil er weltweit produziert.

1 *Ordne die Äußerungen jeweils der Befürworterin und dem Gegner der Globalisierung zu. Warum argumentieren die beiden wohl so unterschiedlich?*

2 *Notiere für jede Position zwei, drei Argumente.*

Wirtschaftliche Globalisierung – Fallbeispiel Jeans

WEG EINER TYPISCHEN JEANS

Die Baumwolle kommt aus Kasachstan oder Indien. Diese wird in der Türkei zu Garn gesponnen und in Taiwan zu einem Stoff gewebt. In Frankreich wird dieser Stoff mit chinesischen Farbstoffen gefärbt, um dann in Honduras, unter Verwendung britischer Kurzwaren, zu einer Jeans genäht zu werden. Die Endverarbeitung der Jeans mit Bimsstein findet in Griechenland statt. Verkauft und getragen wird sie in Deutschland. Die gebrauchte Jeans landet im Altkleidercontainer und wandert von dort nach Rotterdam. Mit Schiff und LKW wird sie nach Afrika gebracht. Noch einmal verkauft und getragen wird sie in Ghana. Und so kann der Weg einer Jeans um die Welt heute tatsächlich 19 000 km betragen.

WENN EINE JEANS 50 EURO KOSTET, FLIESSEN ...

- 25 Euro in den Einzelhandel (Verwaltung, Miete, Personal und Gewinn)
- 12,50 Euro zur Markenfirma (Entwicklung, Verkauf, Verwaltung, Werbung, Geschäftsgewinn)
- 5,50 Euro zur Transportfirma und an das Finanzamt
- 7 Euro zur Jeans-Fabrik (Materialkosten, Miete, Maschinen, Gewinn und Löhne für die Arbeiter und Arbeiterinnen)

Die Textilproduktion wird zunehmend in Länder mit „günstigen Bedingungen“ verlagert. Als günstige Bedingungen gelten aus Unternehmersicht unter anderem flexible und billige Arbeitskräfte sowie leichter Zugang zu Rohstoffen und Transportwegen. Für die Konsumenten bedeutet die Produktionsverlagerung billige Kleidung und Textilien.

Die Kehrseite der Medaille ist, dass „günstige Bedingungen“ vielfach mit der Missachtung von Arbeitnehmerrechten in Entwicklungsländern einhergehen. Die Beschäftigten in der Bekleidungsindustrie – häufig sind es Frauen und Kinder – arbeiten in den Fabriken oft unter schlechten Bedingungen und haben keinerlei Möglichkeit, sich zu organisieren und ihre Situation zu verbessern. Sie sehen sich konfrontiert mit:

- sehr langen Arbeitszeiten mit 60 Stunden und mehr pro Woche;
- niedrigen Löhnen, die teilweise nicht die Grundbedürfnisse (Essen, Wohnung) decken;
- katastrophalen Sicherheitsbestimmungen, die immer wieder zu Unfällen in den Fabriken führen;
- mangelnder Hygiene (Masken, die vor Textilstaub schützen, sind oft Mangelware, genauso wie Toiletten und sauberes Trinkwasser);
- häufiger Diskriminierung von Frauen: Sie erhalten weniger Lohn, werden manchmal sexuell belästigt und bei Schwangerschaft oder nach Arbeitsunfällen oft entlassen.

(aus: RERUM, alle für eine Welt für alle, Bausteine für einen zeitnahen Unterricht, Arbeitsblatt 4: Die Globalisierung der Bekleidung. Hg.: Zeitbild Verlag GmbH, Berlin, November 2003. Verwendete Quelle: Clean Clothes Campaign)

1 *Verfolge auf einer Weltkarte den Weg einer typischen Jeans. Was ist der Hauptgrund für diese Wegstrecke?*

2 *Was ist bei der Kostenkalkulation auffällig?*

3 *Billige Jeans-Produktion in Entwicklungsländern: Welche Probleme bringt sie mit sich?*

4 *Was meinst du zu der Aussage in der Sprechblase?*

Globalisierte Produktion

Warum die Jacke aus China so billig ist

Selbst Niedriglohnländer stehen unter Preisdruck

Stuttgart – Wer in seiner Jacke oder Hose, seinem Hemd oder T-Shirt die Waschanleitung sucht, findet oft den Hinweis „made in China". Immer mehr Hersteller lassen dort produzieren, denn das Land ist konkurrenzlos billig (…)

Eine Jacke, die in China in der Herstellung weniger als acht Euro kostet, geht hier zu Lande in der Regel für ein Vielfaches über den Ladentisch. Die Preisunterschiede sind enorm. Bei Aldi oder Tchibo beispielsweise könnte die Outdoorjacke aus Polyesterstoff mit Teilfutter 19,90 oder 29,90 Euro kosten, bei Kaufhof 39,90 Euro. Wird sie als Nike-Jacke verkauft, könnte sie über 100 Euro kosten.

„Jacke ist aber nicht gleich Jacke", warnt Torsten Schwarz, Geschäftsführer des Logistik- und IT-Spezialisten Setlog, bei solchen Vergleichen. Das Unternehmen hat sich mit einem internetbasierten Logistiksystem auf die textile Lieferkette – vom Beschaffungsmarkt bis zum Lager – spezialisiert. Den tatsächlichen Einkaufspreis zu ermitteln sei schwierig, denn viele Faktoren spielten eine Rolle, sagt Schwarz und nennt Beispiele: Das hängt vom Anbieter und von seiner Kostenstruktur ab, vom verwendeten Oberstoff, von Abnahmemengen, vom Gewinnaufschlag, von möglichen Zwischenhändlern und von den Transportkosten. (…)

China kommt nicht für jeden in Frage. „Wenn Sie nur 200 Stück bestellen, brauchen Sie nicht nach China zu gehen, denn die Amerikaner drücken riesige Mengen in den Markt", sagt Schwarz. Auch liegen die Transportzeiten aus Asien per Schiff bis zu 20 Tage höher als bei der Anlieferung per Lkw aus den europäischen Nachbarländern. Allerdings könnten sich die Transportzeiten aus China um mehr als 20 Tage verkürzen, wenn die Teile per Flieger statt Schiff kommen. Schwarz beziffert die Luftfrachtkosten für die Jacke mit rund 2,50 Euro statt 0,50 Euro bei der Seefracht. In Deutschland zu produzieren sei uninteressant. Die Jacke würde im Einkauf mehr kosten als beim Discounter im Verkauf. (…)

Dass man fürs Label, also den Markennamen zahlt, sagt auch Schwarz. Zu Recht, wie er findet, denn schließlich steckten auch ein aufwendiges Design und eine Kollektion dahinter. Das hieße aber noch lange nicht, dass die Jacke bei Tchibo oder Aldi nichts tauge, gute Qualität zu vernünftigen Preisen werden dort durchaus geboten. Auch ist die Logistik beim Discounter nicht so aufwendig. Aldi, Lidl, Plus & Co. machten Aktionen – mal Jacken, mal Hosen, mal Hemden – und bestellten riesige Stückzahlen. Sie beziehen direkt und verkaufen direkt. Egal ob Blazer oder Jeans – alle Kartons sind gleich gepackt, landen in einem der Zentrallager und gehen dann an die Filialen. Markenhersteller dagegen verkaufen nicht direkt an den Endverbraucher, sondern beliefern den Einzelhandel. (…)

Aufgrund der geringen Lieferzeiten der Nachbarn aus Osteuropa oder aus der Türkei bleiben diese – trotz der Konkurrenz aus China – für modische Schnellschüsse weiter interessant. Allerdings, sagt Schwarz, zieht es die Textilbranche immer mehr nach Asien. Er spricht von einer Umver-

(Imelda Flaig, in: Marbacher Zeitung, 1. 2. 2005, S. 6)

Ich finde, der Staat sollte die einheimischen Hersteller vor der ausländischen Billigkonkurrenz schützen.

Ich kaufe lieber eine teurere deutsche Jacke und sichere so die Arbeitsplätze bei uns.

teilung der Produktion von Europa nach Asien, wo nicht nur billig, sondern auch gut produziert wird. Adidas etwa will seinen Produktionsanteil in China bis 2008 von 15 auf 30 Prozent verdoppeln. Profiteure könnten die Verbraucher hier zu Lande sein. Denn der Wettbewerb unter den chinesischen Produktionsbetrieben wird härter, was sich im Preis niederschlagen wird. Aufgrund der hohen Preistransparenz werde die deutsche Bekleidungsindustrie den Preisverfall an den Handel und damit an die Kunden weitergeben müssen, meint Schwarz.

1. *Gewinner und Verlierer der Globalisierung: Was zeigt dazu das Fallbeispiel? Notiere.*
2. *Setze dich mit den Aussagen in den Sprechblasen auseinander. Wie ist deine Meinung jeweils?*

Fallbeispiel: VW als Global Player

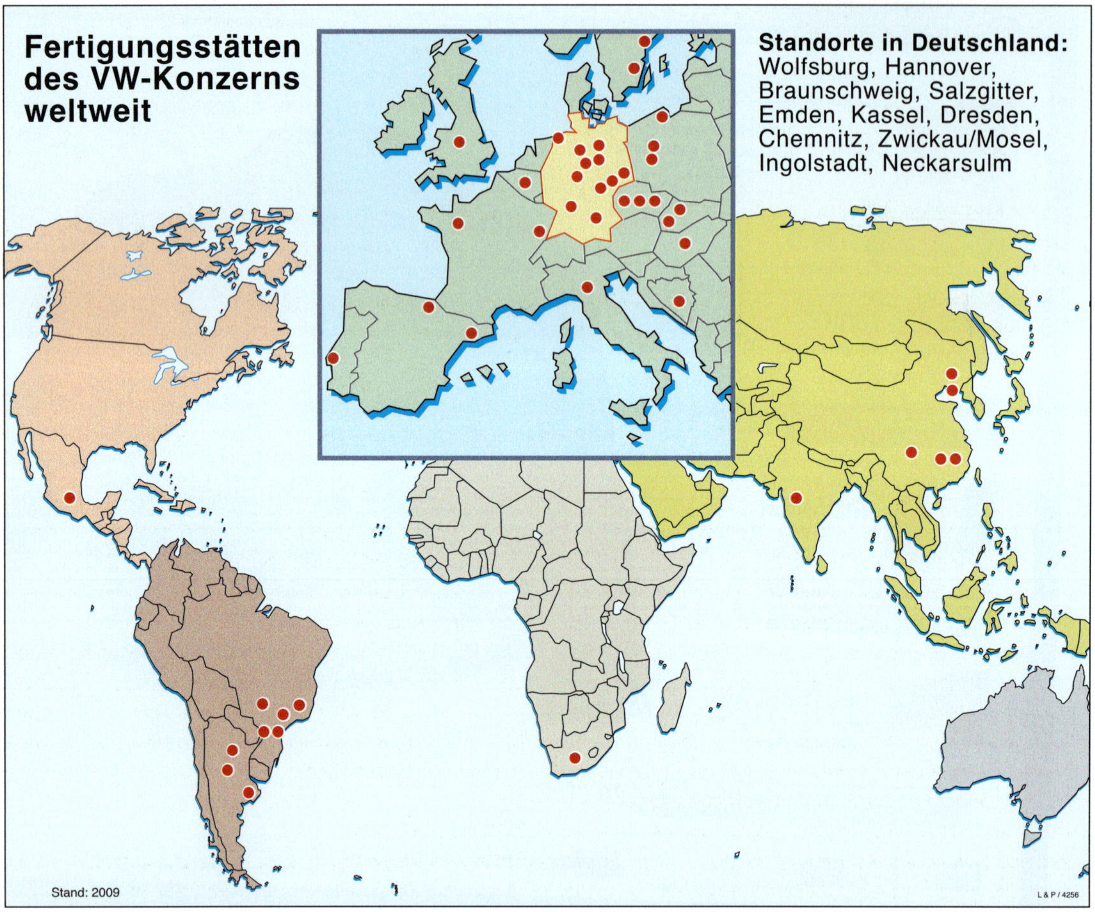

Der Volkswagen Konzern mit Sitz in Wolfsburg ist einer der führenden Automobilhersteller weltweit und der größte Automobilproduzent Europas. Im Jahr 2008 steigerte der Konzern die Auslieferungen von Fahrzeugen an Kunden auf 6,257 Millionen (2007: 6,190 Millionen), das entspricht einem Pkw-Weltmarktanteil von 10,3 Prozent.

In Westeuropa, dem größten Pkw-Markt der Welt, stammt mehr als ein Fünftel aller neuen Pkw (20,3 Prozent) aus dem Volkswagen Konzern. Der Umsatz des Konzerns erhöhte sich im Jahr 2008 auf 113,8 Milliarden Euro (2007: 108,9 Milliarden). Das Ergebnis nach Steuern betrug im abgelaufenen Geschäftsjahr 4,69 Milliarden Euro (2007: 4,12 Milliarden).

Neun Marken aus sieben europäischen Ländern gehören zum Konzern: Volkswagen, Audi, Bentley, Bugatti, Lamborghini, Scania, SEAT, Skoda und Volkswagen Nutzfahrzeuge.

Jede Marke hat ihren eigenständigen Charakter und operiert selbstständig im Markt. Dabei reicht das Angebot von verbrauchsoptimalen Kleinwagen bis hin zu Fahrzeugen der Luxusklasse. Im Bereich der Nutzfahrzeuge beginnt das Angebot bei Pick-up-Fahrzeugen und reicht bis zu Bussen und schweren Lastkraftwagen.

In 15 Ländern Europas und in sechs Ländern Amerikas, Asiens und Afrikas betreibt der Konzern 61 Fertigungsstätten. Fast 370 000 Beschäftigte produzieren an jedem Arbeitstag rund um den Globus über 26 600 Fahrzeuge oder sind mit fahrzeugbezogenen Dienstleistungen befasst. Seine Fahrzeuge bietet der Volkswagen Konzern in mehr als 150 Ländern an.

Ziel des Konzerns ist es, attraktive, sichere und umweltschonende Fahrzeuge anzubieten, die im zunehmend scharfen Wettbewerb auf dem Markt konkurrenzfähig und jeweils Weltmaßstab in ihrer Klasse sind.

(Text aus: Volkswagen, ZahlenDatenFakten, Navigator 2009. Hg.: Volkswagen AG, Konzernkommunikation, Wolfsburg, S. 2f.)

Antworten von Vorstandsmitglied Dr. Francisci Javier Garcia Sanz und dem Vorsitzenden der Volkswagen AG Prof. Dr. Martin Winterkorn

FRAGE: Sie sind ja als Autohersteller nicht nur in Deutschland, sondern weltweit vertreten. Wie werden Sie Ihrer Verantwortung für Mitarbeiter und Umwelt im Ausland gerecht?

FRANCISCI JAVIER GARCIA SANZ: In der Grundausrichtung gibt es kaum Unterschiede. Wir kümmern uns intensiv um unsere Mitarbeiter und deren unmittelbares Umfeld, weil wir glauben, dass nur engagierte und gesunde Mitarbeiter Höchstleistungen bringen. Allerdings berücksichtigen wir die lokalen Gegebenheiten.

FRAGE: Worin bestehen die lokalen Unterschiede?

GARCIA SANZ: Im mexikanischen Puebla beispielsweise stellen wir unseren Arbeitern die Betriebsärzte bei Bedarf auch als Hausärzte zur Seite. Und weil dort Wasser ein sehr knappes Gut ist, haben wir in unserem Werk einen Brauchwasserkreislauf eingerichtet, der den Frischwasserbedarf drastisch reduziert hat, und eine moderne Kläranlage gebaut, die die lokalen Standards deutlich übertrifft.

PROF. DR. WINTERKORN: Das verstehen wir unter gesellschaftlicher Verantwortung. Daher unterstützen wir auch den „Global Compact" der Vereinten Nationen und engagieren uns für Menschenrechte, Arbeits- und Umweltschutz sowie gegen Korruption. Indem wir Verantwortung übernehmen und Nachhaltigkeit praktizieren, stärken wir die Innovations- und Wettbewerbsfähigkeit unseres Konzerns.

(aus: VW-Geschäftsbericht 2006, S. 17)

Die Auswirkungen der Globalisierung, die sich seit Anfang der 1990er-Jahre immer mehr beschleunigt hat, schlagen sich in vielen Lebensbereichen, nicht nur in der Wirtschaft, nieder. In Europa wird sie von der Bevölkerung heute überwiegend als Bedrohung begriffen, verbinden doch die meisten Menschen damit verschärften Wettbewerb und Arbeitsplatzabbau. Ihr Vorwurf: Global agierende Unternehmen würden ihre Standorte beliebig in jene Länder verlagern, in denen Arbeitskräfte besonders billig und die Umweltauflagen niedrig seien. Diesem Zerrbild stehen die Hoffnungen der Menschen in den Schwellen- und Entwicklungsländern auf bessere Entwicklungsmöglichkeiten gegenüber.

DURCH PIONIERROLLE VERPLFICHTET

Für den Volkswagen-Konzern bedeutet Globalisierung mehr als eine Rahmenbedingung nachhaltigen Wirtschaftens. Wir sind überzeugt, dass internationale Arbeitsteilung verbunden mit dem freien Zugang zu Märkten sowohl in Industrie- als auch in Schwellen- und Entwicklungsländern Wachstum und Wohlstand fördert. Eine verantwortungsbewusste Globalisierung stellt für uns einen Beitrag zum nachhaltigen Wirtschaften weltweit dar und sichert gleichzeitig unsere Wettbewerbsfähigkeit. Der Volkswagen-Konzern hat daher wie kein zweites Automobilunternehmen seine Internationalisierung schon früh vorangetrieben – ob in Lateinamerika, wo wir bereits seit 50 Jahren produzieren, in Südafrika, Asien oder Osteuropa. Aus unserer Pionierrolle leiten wir dabei immer die Verpflichtung ab, in Sachen Umwelt- und Sozialverträglichkeit vorbildlich zu agieren und dadurch unseren Teil zu einer verantwortlichen Globalisierung beizutragen.

STANDORTE FÖRDERN

Überall, wo der Volkswagen-Konzern produziert, ob in Deutschland, Brasilien oder China, spielt er nicht nur für die Beschäftigung, sondern ebenso für die Infrastruktur und die regionale Entwicklung eine wichtige Rolle. Denn von einem Standort mit 20000 Mitarbeitern hängen indirekt mindestens noch einmal so viele Beschäftigte ab – bei den Zulieferbetrieben sowie in infrastrukturellen Einrichtungen wie Schulen, Verkehrsbetrieben, Handel, Verwaltung und Gastronomie. Damit verbindet sich eine große soziale Verantwortung für die Standorte, die wir weltweit durch überdurchschnittlich gute Arbeitsbedingungen und Vergütungen, Beiträge zur strukturellen Entwicklung vor Ort und den konzernweiten Transfer moderner Technologien und Verfahren einlösen.
(...)

(aus: Volkswagen AG Nachhaltigkeitsbericht 2005/2006, S. 23)

1 *In welchen Ländern produziert der VW-Konzern? Vergleiche die Karte auf Seite 130 mit einem Atlas.*

2 *VW als Global Player: Welche der Angaben dazu sind für dich besonders aussagekräftig?*

3 *Wie sehen die Verantwortlichen im VW-Konzern ihre Rolle als Global Player? Werte die Aussagen in dem Interview aus und notiere stichwortartig.*

Kapital global

$ 1.200.000.000.000

Zentrale Schauplätze der globalen Vernetzung sind die internationalen Finanzmärkte. Das Foto zeigt Börsenhändler an der New York Stock Exchange.

Milliarden rasen um die Welt

Geld regiert die Welt, heißt es im Volksmund. Wahrscheinlich lag der Volksmund damit noch nie so richtig wie zur Zeit. Nirgendwo hat sich die Globalisierung so konsequent durchgesetzt wie auf den Finanzmärkten. Die Devisenbörsen der Welt setzen täglich rund 1200 Milliarden US-Dollar um – 1970 waren es noch 70 Milliarden. Da 30 bis 40 Milliarden US-Dollar täglich zur Abwicklung des Welthandels genügen würden, sind 1160 bis 1170 Milliarden Dollar reine Geldanlagen. Und dieses spekulative Kapital rast mit hoher Geschwindigkeit um die Welt: 80 Prozent dieser Gelder werden alle acht Tage wieder in andere Währungen umgetauscht – völlig unkontrolliert von staatlichen Behörden. Diese rasende Geldmenge stammt aus den Anlagen multinationaler Konzerne, aus Petrodollars, US-Pensionsfonds und aus den riesigen Anlagebeständen von Versicherungen und anderen Kapitalsammelstellen, die vor allem der Alterssicherung dienen. Für die meisten Finanzexperten ist das alles kein Problem, weil der eine Spekulant nur verliert, was der andere gewinnt. Außerdem trieben die Finanzmärkte das Geld mit geringst möglichem Aufwand dorthin, wo es am dringendsten gebraucht werde. Doch dieser Trost ist nicht viel wert. Wie gefährlich sich die vagabundierenden Dollar-Milliarden auswirken können, zeigte die Asienkrise 1997. Nachdem in mehreren asiatischen Ländern Fehlinvestitionen gemeldet wurden, flohen in wenigen Tagen hunderte Milliarden aus den Währungen dieser Länder – in Dollar und Yen. Die Landeswährungen verloren rasant an Wert – mit der Folge, dass sich alle Dollarimporte stark verteuerten. Nach Angaben des Internationalen Währungsfonds hat die Asienkrise in Indonesien, Thailand und Südkorea mehr als 20 Millionen Menschen in Armut gestürzt. Dieser Verlust wiegt weit schwerer als die Verluste der Spekulanten. Die Schnelllebigkeit des vagabundierenden Finanzkapitals an den elektronisch vernetzten und deshalb besonders schnell reagierenden Weltbörsen ist eine schwere Hypothek. Die Spekulation kann in wenigen Tagen Wirtschaftskrisen auslösen. (...)

(http://www.attac.de/themen/globalisierung/Globalisierung.php?print=1 16. 06. 2007)

Wichtige Veränderungstrends: Globalisierung

Besondere Aufmerksamkeit genießt in der Globalisierungsdiskussion die Internationalisierung der Finanzmärkte: Große institutionelle Geldanleger wie Banken, Versicherungen oder Investmentfonds verfolgen heute gezielt Strategien der globalen Risikostreuung („Diversifikation") und verteilen ihre Anlagegelder nach Risiko- und Renditeeinschätzungen rund um den Erdball. Diese Streuung der Anlagegelder ist aus Sicht der Anleger sicherlich rational, weil auf diese Weise die Vermögensentwicklung nicht mehr alleine von der Entwicklung eines Landes oder Kontinents abhängt. Auch Arbeitnehmer, die etwa im Rahmen ihrer Altersvorsorge auf internationale Aktienfonds setzen, profitieren ja im Grunde von dieser Dimension der Globalisierung.

Allerdings wird die Finanzmarkt-Globalisierung auch sehr kritisch diskutiert. Das Bild der „Heuschrecke", das besonders mit Bezug auf die so genannten Hedge-Fonds geprägt worden ist, macht die Vorbehalte deutlich. Hedge-Fonds sind im Unterschied zu normalen Aktien- oder Rentenfonds sehr viel freier in ihrer Anlagestrategie und international praktisch in keiner Weise reguliert. Die Heuschrecke als Symbol für derartige innovative Finanzprodukte steht für Schnelligkeit, Mobilität und Gefräßigkeit, und das Bild verdeutlicht insofern Ängste vor möglichen destruktiven Folgen der Globalisierung. Richtig ist, dass Anlagekapital heute hochmobil und außerdem stets auf der Suche nach rentablen Anlageformen ist. Die Mobilität und Renditeorientierung von Anlagegeldern ist aber nicht notwendigerweise von Nachteil. Beispielsweise profitieren heute Schwellenländer von dem Zufluss investiver Anlagegelder und erfahren auf diese Weise eine Hilfe bei der Modernisierung ihrer Volkswirtschaften. Bei ausschließlich kurzfristigen Anlagegeldern besteht allerdings immer die Gefahr, dass es – etwa bei plötzlichen Zweifeln an der politischen Stabilität eines Landes – zur abrupten Kapitalflucht kommen kann mit dann unter Umständen dramatischen wirtschaftlichen Konsequenzen.

(Auszug aus: Friedrich Heinemann: Fit für die Zukunft? Deutschland im Wandel. Info aktuell 2007, Informationen zur politischen Bildung, S. 7. Hg.: Bundeszentrale für politische Bildung, Bonn)

(...) Grundsätzlich sind Hedge-Fonds einfache Kapitalsammelstellen wie Aktienfonds oder Rentenfonds auch. Ihre Aufgabe ist es, für ihre Kunden eine möglichst hohe Rendite zu erwirtschaften. Im Gegensatz zu klassischen Fonds, die strengen Anlagerichtlinien und Kontrollen unterliegen, genießen Hedge-Fonds alle Freiheiten der Welt. Sie können in Aktien, Anleihen oder Immobilien und sogar Rohstoffe investieren. Sie dürfen sich an Unternehmen beteiligen, die nicht an der Börse notiert sind. Und vor allem können sie sich an den Terminbörsen engagieren und alle dort möglichen Spekulationsstrategien nutzen. Das eröffnet ihnen die Chance, auch in schwachen Börsenzeiten Gewinne einzufahren. (...) Da Hedge-Fonds allerdings in der Vergangenheit auch in schwachen Börsenzeiten verhältnismäßig gut abgeschnitten haben, erfreuen sie sich eines starken Zulaufs institutioneller Investoren wie Banken und Versicherungen, aber auch betuchter Privatanleger. Insgesamt managen die „Hedger" bereits ein Vermögen von rund 1,2 Billionen Dollar und kontrollieren damit 20 bis 25 Prozent des Umsatzes an den großen Börsen der Welt. (...)

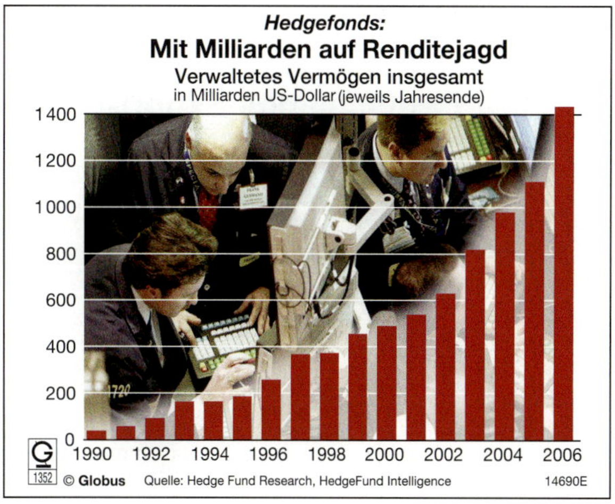

(aus: Udo Perina: Alle Freiheiten der Welt, in: Frankfurter Rundschau, 23.06.2006)

Tobinsteuer

Globale Gerechtigkeit erfordert die Kontrolle des Kapitalmarktes. Besonders wichtig ist dafür die so genannte Tobinsteuer, benannt nach dem US-Ökonom James Tobin. Sie sieht vor, dass alle Käufe und Verkäufe an allen Börsen mit einem geringen Steuersatz belastet werden, zum Beispiel mit 0,5 Prozent. Die erhoffte Wirkung: Wer langfristig investiert, wird sich durch eine Steuer von 0,5 Prozent nicht abhalten lassen. Sie trifft vor allem Spekulanten, die am kurzfristigen Gewinn interessiert sind – und streut Sand in das Spekulationskarussell. Diese Entschleunigung stabilisiert die Finanzmärkte. Außerdem bringt die Steuer jährlich mindestens zweistellige Milliardenbeträge ein, die in die Entwicklung einer gerechteren Welt investiert werden könnten. (...)

(http://www.attac.de/themen/globalisierung/Globalisierung.php?print=1/ 16.06.2007)

Auch heute noch findet diese Idee, vor allem in der globalisierungskritischen Bewegung Attac, ihre Befürworter, die sich von der (...) Steuer den Schutz von schwachen Volkswirtschaften und eine bessere Entwicklungshilfe durch die aus der Steuer erzielten Einnahmen erhoffen. Tobin selbst hat allerdings nie von einer Verwendung der Einnahmen für die Entwicklungshilfe gesprochen. Sein Ziel war lediglich die Stabilisierung der Finazmärkte. (...)

(Auch) bei den meisten Fachleuten stößt die TobinTax auf Skepsis und Ablehnung. Das am häufigsten vorgebrachte Gegenargument lautet, die Steuer sei überhaupt nur machbar, wenn sich alle Länder daran beteiligten, da andernfalls Devisenhändler die Möglichkeit hätten, auf andere Börsenplätze auszuweichen. Darüber hinaus sei zu bedenken, dass Banken die zusätzlichen Kosten einfach auf Verbraucher und Unternehmen abwälzen könnten, was wiederum negative Auswirkungen auf die Volkswirtschaften hätte. Auch blieben große Finanzkrisen durch die Steuer nicht aus, da sie die Flucht aus einer Währung nicht verhindern könnte. So vielversprechend die Idee auf den ersten Blick auch sein mag, bei genauerer Betrachtung wird deutlich, dass auch die Tobin-Steuer kein Allheilmittel ist, und es bleibt festzuhalten, dass sie weder alleine die Armut in der Dritten Welt bekämpfen noch ohne zusätzliche Schritte für eine stabilere Weltwirtschaft sorgen kann. Sie könnte wohl lediglich – wie Tobin es formulierte – ein „bisschen Sand im Getriebe unserer übermäßig effizienten internationalen Geldmärkte" streuen. (...)

(Sven Eiermann, in: Frankfurter Allgemeine Zeitung, 4.9.2003; Zit. nach: Politik und Unterricht 4/2003, S. 43))

1. *Notiere die wichtigsten Fakten, die der Text „Milliarden rasen um die Welt" über die weltweiten Finanzmärkte enthält.*
2. *Der Text nennt auch Gefahren und Nachteile. Welche?*
3. *In dem Text auf Seite 132 unten werden Vorteile der internationalen Finanzströme genannt. Notiere.*
4. *Was ist das Wesentliche bei „Hedge-Fonds"? Worin liegen ihre Gefahren?*
5. *Welcher Gedanke liegt der „Tobinsteuer" zugrunde? Welche Argumente gegen sie werden genannt?*

Deutschland – ein Globalisierungsgewinner?

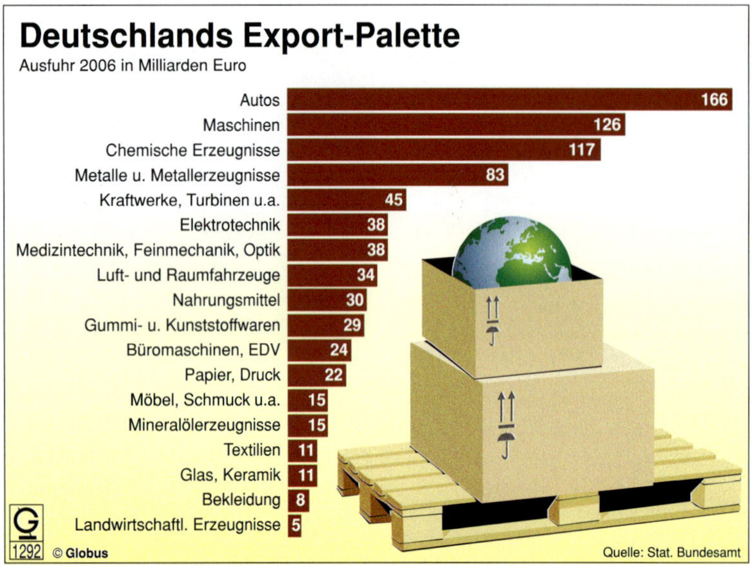

Containerschiff auf der Elbe in Hamburg. Ohne die Frachtschifffahrt wäre es für Exportnationen wie Deutschland unmöglich, ihre Waren zu den Abnehmern in aller Welt zu transportieren.

Die 10 größten Exportnationen der Welt
Wert der Ausfuhren in Milliarden US-Dollar, 2006

1.	Deutschland	969,9
2.	USA	904,4
3.	China	762,0
4.	Japan	594,9
5.	Frankreich	460,2
6.	Niederlande	402,4
7.	Großbritannien	382,8
8.	Italien	367,2
9.	Kanada	359,4
10.	Belgien	334,3

L&P/2932

(Zahlen: Welthandelsorganisation)

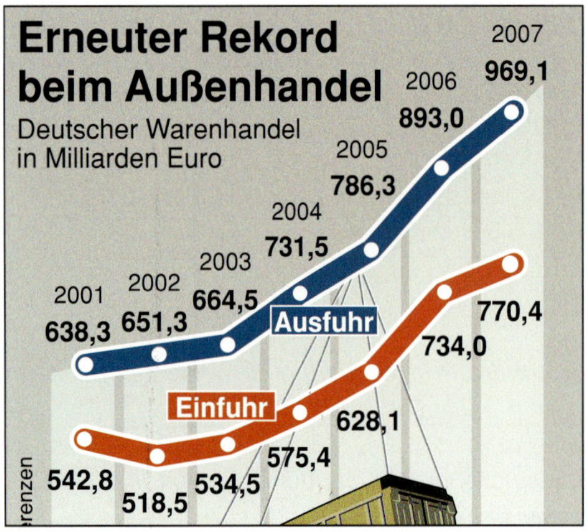

(Zahlen: Statistisches Bundesamt)

Mittelstand profitiert von Globalisierung

BERLIN (rtr). Der deutsche Mittelstand profitiert einer Studie zufolge zunehmend von der Globalisierung der Wirtschaft. „Die Auslandaktivitäten der mittelständischen Unternehmen haben sowohl im Export als auch in Form von Direktinvestitionen in den vergangenen Jahren stark zugenommen", teilte der Bundesverband der Deutschen Volksbanken und Raiffeisenbanken (BVR) mit. Die Exportquote der Firmen habe seit 1997 um rund 20 Prozent zugelegt. Zudem habe sich der Anteil der Mittelständler mit Töchterfirmen im Ausland seit Beginn des Jahrzehnts verdoppelt.

Zuletzt hatten zahlreiche Umfragen gezeigt, dass sich die Stimmung der Mittelständler im Zuge des Aufschwungs deutlich aufgehellt hat. In der Studie hieß es weiter, die Ängste vieler Bundesbürger vor der Globalisierung seien unbegründet. Denn diese verspreche den darin eingebundenen Ländern einen spürbaren Wohlstandsgewinn und damit Wachstums- und Entwicklungschancen.

„Deutschland verdankt einen großen Teil seines Wohlstandes dem Austausch von Waren, Dienstleistungen und Kapital mit dem Ausland." Deutschlands Wirtschaft nutzt nach einer IW-Analyse die Chancen des Auslandsgeschäfts und profitiert dabei von einer günstigen Preisentwicklung.

(aus: Stuttgarter Zeitung, 12. 4. 2007, S. 11)

Globalisierung und deutsche Verbraucher

Globalisierungsvorteil
Günstiger einkaufen

Die Globalisierung hat viele Gesichter – unter anderem lachende Konsumenten. Würden Spielzeug, Digitalkameras und Laufschuhe nicht in Niedriglohnländern, sondern in Deutschland hergestellt, wären sie für zahlreiche Bundesbürger kaum erschwinglich, wie ein Blick in die Verbraucherpreisstatistik schnell klarmacht.

Wenn das Stichwort Globalisierung fällt, bekommen in Deutschland viele Menschen Bauchschmerzen – vor allem jene Arbeitnehmer, deren Tätigkeiten zunehmend in Fernost für kleines Geld erledigt werden. Ihre Sorge ist nicht unberechtigt, denn China und andere aufstrebende Niedriglohnländer setzen die Arbeitsplätze in den Industrienationen zunehmend unter Druck. Doch wer die weltweite Arbeitsteilung aus diesem Grund geißelt, vergisst allzu leicht, wie sehr die westliche Hemisphäre von den Produkten aus Asien, Lateinamerika und Co. profitiert. (…)
Ohne die Lieferungen aus den Niedriglohnländern müssten die hiesigen Konsumenten heute also sehr viel tiefer in die Tasche greifen, um bestimmte Anschaffungen zu tätigen. Wie der Blick auf einzelne Gütergruppen in der Verbraucherpreisstatistik zeigt, haben sich die Preise gerade jener Produkte moderat entwickelt, die heute häufig made in China oder Taiwan sind. (…)

(iwd – Informationsdienst des Instituts der deutschen Wirtschaft Köln, Nr. 48/2006, © Deutscher Institutsverlag GmbH, Köln, 30.11.2006, S. 8)

Ein Blick auf das Herkunftsetikett belegt: Bekleidung wird heute zum großen Teil in asiatischen Ländern gefertigt

(…) Wir buchen Flüge zu Preisen, von denen wir wissen, dass sie auf Niedriglöhnen und Stellenabbau beruhen. Wir kaufen ein in Supermärkten, deren Preise angemessene Gewinne für die Produzenten ausschließen – ebenso wie eine umwelt- und tiergerechte Produktion. Wir haben gelesen, dass den Angestellten hinter der Kasse landesübliche Rechte vorenthalten werden. Wir wissen, dass Hosen und Pullover, Computer und DVD-Player, die wir zu Spottpreisen kaufen, nicht in Deutschland, sondern im Ausland gefertigt werden, in sogenannten Niedriglohnländern.

Sozialdumping, Stellenabbau, Verlagerung der Produktion ins Ausland – als Kunde fördern wir alles, was uns als Bürger empört. Wir tun genau das, was wir Politikern und Managern vorwerfen. Wie die Manager an der Spitze der Konzerne treiben wir Globalisierung und Deregulierung voran. Die Manager schauen auf jeden Cent und nehmen nur das Billigste? Genau das tun wir, als fortwährend rechnende und vergleichende Kunden, als knallharte Manager unserer Lebenshaltung. Wir drücken die Preise, bis als Produktionsstandort unserer Waren nur noch Fernost infrage kommt. Wir selbst sind die globalen Heuschrecken. Volk und Elite sind sich einig in ihrem radikalen Ökonomismus. Und wie die Elite sind wir teils getrieben, teils Treibende. Arbeitslose und Geringverdiener müssen auf jeden Cent schauen. Der Rest hat aus seinem Portemonnaie einen Fetisch gemacht wie die Manager aus dem Shareholder-Value. (…)

Zum ersten Mal seit Jahrzehnten sind wir wieder Gewinner und Verlierer zugleich. Immer mehr Menschen müssen wieder für Niedriglöhne arbeiten – jedenfalls gemessen an den „Normallöhnen" unserer Breiten. Zum ersten Mal machen wir wieder die Erfahrung der Entrechtung. Es ist die Schutzlosigkeit derer, die keine Wahl haben, die schweigen müssen, wenn sie Arbeit haben wollen. Wir verlieren unsere Arbeit. Die Ausländer nehmen uns die Arbeitsplätze weg. Jetzt stimmt der Satz, doch sind es nicht die Ausländer im Inland, sondern die Ausländer im Ausland. Da gibt es auch viel mehr: In Polen, Tschechien, Rumänien, in der Ukraine, Irland, Bangladesh, Indien, China, Taiwan, Japan, Korea … (…)

(aus: Sven Hillenkamp: Selbst schuld!, in: DIE ZEIT, 8.6.2006, S. 59)

1. *Beschreibe anhand der statistischen Daten auf Seite 134 Deutschlands Stellung im Export.*
2. *„Globalisierungsgewinner sind bei uns nur die Großkonzerne!" – Was sagt der Text auf Seite 134 dazu?*
3. *Deutsche Exporte und Globalisierung: Wie hängt beides zusammen?*
4. *Globalisierung und deutscher Verbraucher: Welche Fakten nennen die beiden Texte oben? Welche Meinung wird vertreten? Stimmst du dieser Meinung zu oder lehnst du sie ab? Begründe.*

Globalisierung und berufliche Anforderungen

Die Arbeitswelt und ihre Anforderungen verändern sich infolge der Globalisierung grundlegend. Insbesondere in international tätigen Unternehmen lassen sich die gestiegenen Ansprüche an die Mitarbeiter und Mitarbeiterinnen gut beobachten.

ABB: Setzt beim Nachwuchs auf Weltoffenheit

Wen wir suchen

Als internationaler Technologiekonzern braucht ABB Mitarbeiter, die zukunftsorientiert, kompetent und zuverlässig denken und handeln. Gute Produkte und Systeme alleine reichen nicht aus. Die Mitarbeiter sind der eigentliche Schlüssel zum Unternehmenserfolg.
Dabei legen wir besonderen Wert auf unsere Geschäftsgrundlagen, die Business Principles: Verantwortung, Respekt, Entschlossenheit. Sie bedeuten für uns: Raum für persönliche Entwicklung zu geben, andere Meinungen, kulturelle, geschlechtsspezifische und religiöse Unterschiede zu achten, sich in besonderem Maße zu engagieren und kontinuierlich nach Verbesserungsmöglichkeiten zu suchen.
Der einzelne Mitarbeiter kann zwar nicht das Unternehmen als solches ändern, aber mit seinem Engagement und seiner Leistung nimmt er Einfluss auf seinen Tätigkeitsbereich und gestaltet sein Arbeitsumfeld. (...)

(www.abb.de 08. 03. 2009)

Teamarbeit im Dialog

Der Schlüssel zum Erfolg ist die Arbeit in der Gruppe – Ihrer „Stammgruppe". Als aktiver Teil des Teams lösen Sie vielseitige Aufgaben und werden dadurch immer besser. Dabei lernen Sie im Dialog.

Verantwortung übernehmen

Sie trauen sich etwas zu und tragen gerne Verantwortung. Deshalb nehmen Sie die Dinge in die Hand und arbeiten während Ihrer Ausbildung bei Heraeus eigenverantwortlich, qualitätsbewusst und engagiert. Logisch, dass Sie mit dieser Haltung ernst genommen werden.

Vielseitigkeit erleben

Eine Ausbildung bei Heraeus ist so vielseitig wie Sie selbst. Nach Ihrer Einführungswoche erleben Sie die Vielfalt der Fachbereiche. Sie werden sehen, wie international Heraeus als Konzern aufgestellt ist. Davon profitieren Sie gleich mehrfach. Zum Beispiel durch gezielte Förderung Ihrer englischen Sprachqualifikation. Oder durch Auslandsaufenthalte, beispielsweise im Rahmen des EU-Austauschprogramms „Leonardo". Oder durch den Erwerb des ECDL (Europäischer Computer Führerschein). Kurz: Sie werden ein Profi. Genauso arbeiten Sie.

(www.heraeus.konzern.de)

Selbsteinschätzung

Anforderung / Fähigkeit	++	+	0	–	––
Bin kontaktfreudig					
Bin kommunikationsfreudig					
Bin eigenverantwortlich					
Trage Verantwortung					
Bin weltoffen					
Bin engagiert					
Bin teamfähig					
Lerne gerne Neues					
Bin mobil					

Führe die Selbsteinschätzung durch. Benutze dazu das Arbeitsblatt oder übertrage die Tabelle auf ein Blatt. Wenn du dies willst, kannst du eine Mitschülerin oder einen Mitschüler bitten, deine Selbsteinschätzung aus Ihrer bzw. seiner Sicht zu beurteilen.

Methode: Erstellen einer Mind Map

Thema: Globalisierung

1 Auf einem großen Bogen Papier wird in der Mitte in einen Kreis oder ein Oval stichwortartig das Thema geschrieben, um das es geht. Dieser Kreis ist der zentrale Platz der „Ideen-Landkarte“.

2 Ein Gedanke, der sich mit dem Thema verbindet, wird als „Hauptstraße“ eingezeichnet, die vom zentralen Platz wegführt. Dazu wird ein entsprechendes Stichwort notiert.

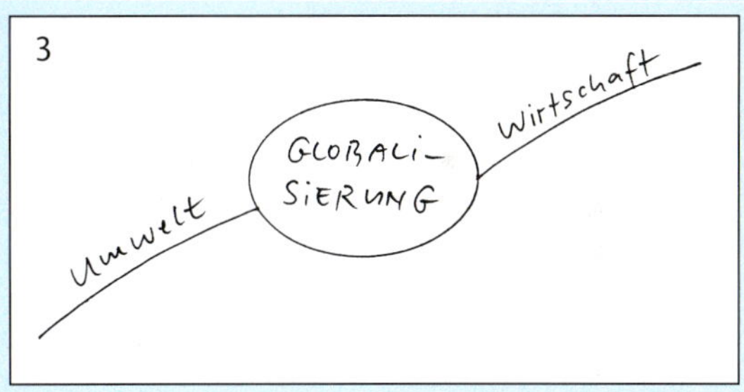

3 Jeder neue Gedanke wird als neue „Hauptstraße“ eingezeichnet und ebenfalls beschriftet.

4 Fällt euch etwas ein, was zu einer bereits eingezeichneten „Hauptstraße“ gehört, so wird dieser Gedanke als abzweigende „Nebenstraße“ eingezeichnet.

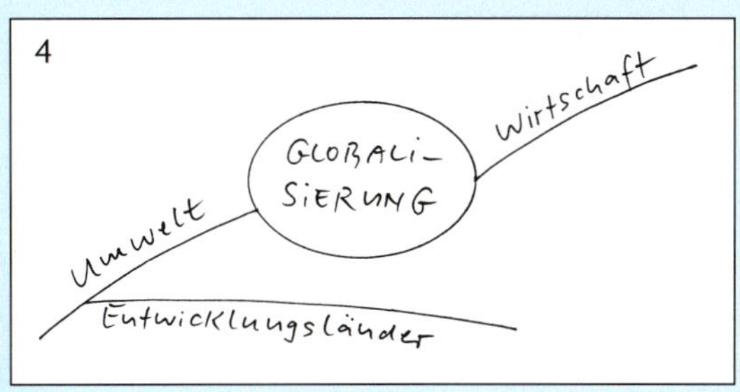

5 Mit einer „Nebenstraße“ kann sich ein neuer Gedanke verbinden. Er wird als weitere Abzweigung in die „Ideen-Landkarte“ eingezeichnet.

Eure Mind Map entwickelt sich während des Überlegens ständig weiter. Die bereits notierten Stichwörter und Gedankenverbindungen können zu immer neuen Ideen führen.

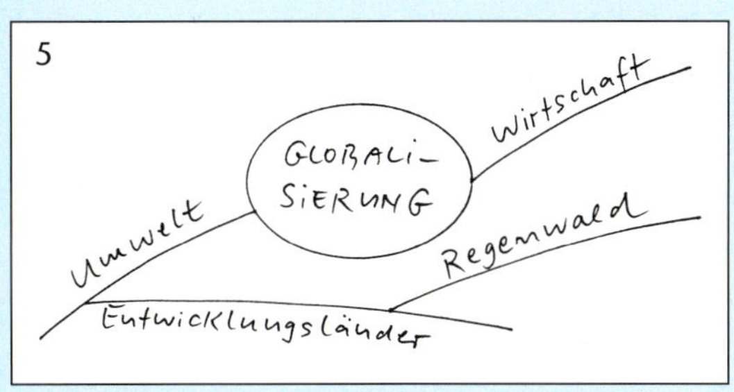

1 *Erstelle eine Mind Map zum Thema „Globalisierung“. Übernimm dazu die Vorlage auf ein größeres Blatt Papier und arbeite sie aus.*

2 *Vergleicht eure Mind Maps: Wo ähneln, wo unterscheiden sie sich?*

3 *Erstellt dann an der Tafel eine gemeinsame Mind Map der Klasse zum Thema „Globalisierung“.*

Das Wichtige in Kürze

Globalisierung

Mit Globalisierung bezeichnet man im weiten Sinn das weltweite Zusammenwachsen in allen Bereichen der Gesellschaft, Politik, Kultur usw. Im engeren Sinn ist damit die zunehmende Internationalisierung der Wirtschaft gemeint. Die weltumspannende Verflechtung des Wirtschaftslebens führt zur Herausbildung eines einzigen, die ganze Erde umfassenden Marktes.

„Global Players"

Die wirtschaftliche Internationalisierung ist gekennzeichnet durch „Global Players", also multinationale Konzerne, die in vielen Ländern der Erde produzieren und ihre Waren verkaufen. Diese weltweit tätigen Firmen haben eine große wirtschaftliche Bedeutung; ihre Umsätze sind oft größer als das Bruttoinlandsprodukt mittlerer Staaten.

Deutschland und die Globalisierung

Deutschland spielt eine führende Rolle im Welthandel und steht derzeit noch an erster Stelle der Exportnationen. Die Globalisierung bringt Chancen, aber auch Risiken. Die deutschen Verbraucher profitieren von billigen Einfuhren. Andererseits verlagern viele deutsche Unternehmen aus Kostengründen ihre Produktion in das Ausland. Dadurch gehen in Deutschland Arbeitsplätze in der Fertigung verloren. Allerdings können so deutsche Firmen qualifizierte Arbeitsplätze, zum Beispiel in der Forschung und Entwicklung, erhalten, weil sie im Ausland kostengünstiger produzieren und auf den Märkten präsent sind.

Globales Kapital

Die Finanzmärkte sind weltweit vernetzt. Riesige Geldmengen können in kürzester Zeit dort angelegt werden, wo die höchsten Profite zu erwarten sind. Internationale Kapitalfonds, z. B. die Hedge-Fonds, suchen weltweit nach gewinnbringenden Anlagemöglichkeiten. Manche sehen darin eine Gefahr, wenn solche spekulativ angelegten Gelder rasch aus einem Land wieder abgezogen werden.

Globalisierung und berufliche Anforderungen

Die Globalisierung verändert die Anforderungen an die Erwerbstätigen drastisch. Gute Sprachkenntnisse, eine weltoffene Einstellung, Kontaktfreudigkeit, Mobilität, Improvisations- und Organisationstalent sind gefragt. Wer global arbeiten will muss lernen, auch global zu denken.

„Die Vielfalt der Bevölkerung und Kulturen soll sich in unserer Mitarbeiterstruktur widerspiegeln."

„Wir legen Wert darauf, dass unsere Mitarbeiter Menschen anderer Nationalitäten offen und respektvoll behandeln."

Beim internationalen Automobilhersteller Ford sind alle Weichen auf Globalisierung gestellt. Das spiegelt sich deutlich in der Herkunft der Mitarbeiter wider. Allein am Standort Köln sind Menschen aus 19 verschiedenen Nationen vertreten – aus ganz Europa, aber auch Afrikaner, Asiaten und Südamerikaner sind mit dabei.

Weißt du Bescheid?

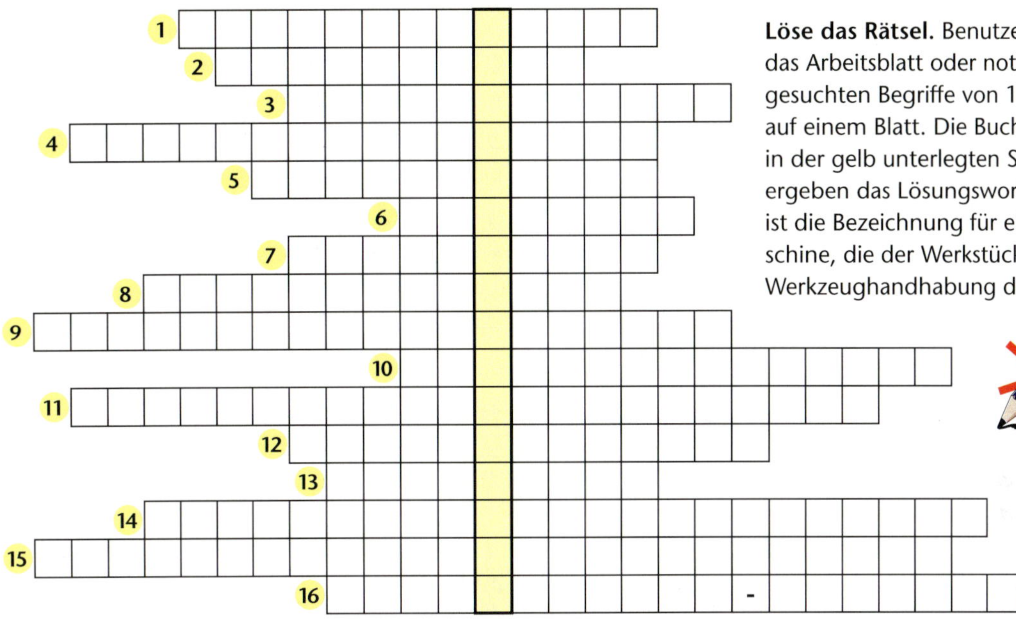

Löse das Rätsel. Benutze dazu das Arbeitsblatt oder notiere die gesuchten Begriffe von 1 bis 16 auf einem Blatt. Die Buchstaben in der gelb unterlegten Spalte ergeben das Lösungswort. Es ist die Bezeichnung für eine Maschine, die der Werkstück- und Werkzeughandhabung dient.

1 Mit … können Firmen ihre Mitarbeiterzahl kurzfristig und zeitlich begrenzt aufstocken, z. B. in Zeiten erhöhter Nachfrage.

2 Eine umstrittene neue Technologie ist die … . Sie wird z. B. bei der Tier- und Pflanzenzucht, aber auch bei der Herstellung von Medikamenten eingesetzt.

3 Das Internet hat sich zu einer wichtigen Verkaufsplattform entwickelt. Bei Jugendlichen besonders beliebt ist das Herunterladen von … .

4 Im Wirtschaftsbereich … wird die Zahl der Erwerbstätigen in den nächsten Jahren weiter zunehmen.

5 Die durchschnittliche wöchentliche … bei einem Normalarbeitsverhältnis beträgt etwa 38 Stunden.

6 Einkaufen im … wird immer beliebter. Beim Versandhandel macht der Onlineumsatz bereits etwa 40 Prozent aus.

7 Als … wird eine Tätigkeit bezeichnet, die mithilfe von Internet, Computer und Handy an einem Arbeitsplatz außerhalb der normalen Arbeitsstätte verrichtet wird.

8 Bei einem … Beschäftigungsverhältnis darf man höchstens 410 Euro monatlich verdienen. Ein typisches Beispiel für Erwerbstätige mit solchen Beschäftigungsverhältnissen sind Zeitungsausträger.

9 Die Land- und Forstwirtschaft und der Handel sind zwei verschiedene … .

10 Ohne einen … wird es in Zukunft noch schwerer werden, eine Arbeitsstelle zu finden, da der Bedarf an unqualifizierten Arbeitnehmern weiter drastisch sinkt.

11 Mit dem Begriff … wird der Ausbildungsstand der Erwerbstätigen insgesamt umschrieben. Der Anteil der Erwerbstätigen mit qualifizierten Berufsabschlüssen wird deutlich zunehmen, der ohne Berufsschulabschluss drastisch abnehmen.

12 Personen, die einer bezahlten Beschäftigung nachgehen, nennt man … .

13 Ohne den … wäre die rasante technologische Entwicklung der letzten Jahrzehnte nicht möglich gewesen. Dieses kleine Bauteil befindet sich z. B. in jedem Computer und in jedem Handy.

14 Ausgelöst durch die Zunahme von Events mit einer immer aufwendigeren Bühnentechnik ist der neue Beruf … entstanden.

15 Bei der … wird die Gentechnik eingesetzt, um die Produktion zu beschleunigen, Pflanzen widerstandsfähiger gegen Schädlinge zu machen, eine bessere Lagerfähigkeit zu erreichen u. a. m.

16 Viele Internetnutzer nutzen die sogenannten … um sich zu informieren.

Weißt du Bescheid?

M	U	L	T	I	N	A	T	I	O	N	A	L	E	X	K	O	N	Z	E	R	N	E	R	E	L	G	E	I	Z
S	B	X	E	P	P	A	M	R	E	U	A	S	I	Q	G	L	O	B	A	L	X	P	L	A	Y	E	R	S	Q
N	I	E	D	R	I	G	L	O	H	N	L	Ä	N	D	E	R	Y	D	R	A	N	N	I	E	R	X	I	L	U
B	E	R	U	F	L	I	C	H	E	X	A	N	F	O	R	D	E	R	U	N	G	E	N	D	Y	P	E	R	W
C	R	R	K	H	T	O	R	E	S	I	E	D	U	D	R	B	Z	N	I	E	H	M	E	R	W	O	O	R	E
W	I	R	T	S	C	H	A	F	T	L	I	C	H	E	X	G	L	O	B	A	L	I	S	I	E	R	U	N	G
F	L	O	W	W	E	L	T	K	U	L	T	U	R	Y	P	R	E	T	E	I	D	G	O	T	L	T	T	Z	K
																						R	T	T	T	N	S	E	O
																						A	L	E	H	A	C	E	T
																						T	U	F	A	T	L	I	M
																						I	D	W	N	I	G	T	M
																						O	E	E	D	O	E	M	E
																						N	Ö	L	E	N	I	A	N
																						Q	N	T	L	Y	D	R	D
																						I	S	Q	E	R	O	T	H
																						A	U	S	F	U	H	R	X

(Thomas Plaßmann)

In dem Buchstabenfeld sind zwölf Begriffe zum Thema „Globalisierung" versteckt. Finde sie und schreibe zu jedem Begriff eine stichwortartige Erklärung auf.

(Gerhard Mester)

Wie die Globalisierung und ihre Folgen zu bewerten sind, ist umstritten. Verfasse einen Text zum Thema „Globalisierung – Segen oder Fluch?", in dem du deine Gedanken dazu festhältst. Beziehe dabei die beiden Karikaturen ein.

Soziale Fragen in der Bundesrepublik Deutschland

Nach dem Grundgesetz ist die Bundesrepublik Deutschland ein sozialer Bundesstaat. Daraus leitet sich der Anspruch ab, dass jeder, unabhängig von seinem Einkommen, bei Krankheit, im Alter oder im Pflegefall gut versorgt wird. Diesem Anspruch steht aber das Problem der Finanzierung gegenüber. Die sozialen Leistungen verursachen immer höhere Kosten, die von allen Bürgerinnen und Bürgern getragen werden müssen. Wie vieles andere ist daher in der Gesellschaft auch die Frage umstritten, wie das Sozialstaatsgebot des Grundgesetzes im Alltag verwirklicht werden soll.

Auf den folgenden Seiten geht es um soziale Fragen in der Bundesrepublik Deutschland. Unter anderem erhaltet ihr Antworten auf diese Fragen:

- Was versteht man unter einem Sozialstaat? Was kennzeichnet unsere Sozialordnung?
- Wie sieht unser soziales Sicherungssystem aus? Welche Personengruppen erhalten Hilfe?
- Wie hoch ist die Arbeitslosigkeit in Deutschland? Gibt es bei uns auch Menschen, die in Armut leben müssen?
- Wie verhält es sich mit dem Generationenvertrag? Muss die Altersvorsorge geändert werden?
- Vor welchen Problemen steht unser Sozialsystem? Was hat sich in den letzten Jahren daran geändert? Welche Reformen werden versucht?

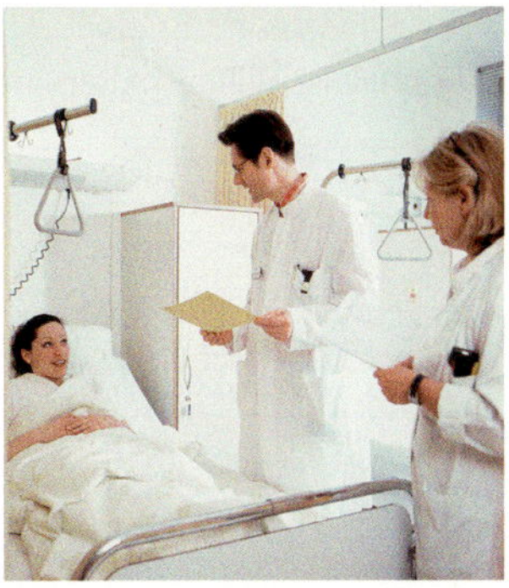

Sozialstaat Deutschland

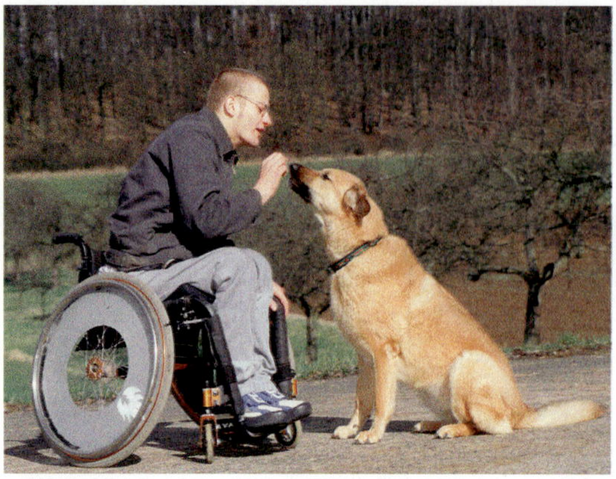

Nach dem Grundgesetz ist die Bundesrepublik Deutschland ein demokratischer und sozialer Bundesstaat. Der Staat hat somit unter anderem die Pflicht, die ...(1)... zu fördern.
Im Sozialstaat Deutschland wurde das sogenannte ...(2)... in den vergangenen Jahrzehnten immer weiter ausgebaut. „Große Knoten" im sozialen Netz wie beispielsweise die ...(3)... wurden durch „kleinere Knoten" wie beispielsweise die ...(4)... ergänzt.
Drei große ...(5)... sorgen dafür, dass das soziale Netz nicht reißt: der Staat, die Unternehmen und die privaten Haushalte. Da der Staat seinen Anteil über Steuern finanziert und die Unternehmen ihren Anteil in die Preise der Waren und Dienstleistungen einkalkulieren, sind es letztlich allein die ...(6)... und Konsumenten, die den Sozialstaat finanzieren.
Zu Beginn der 1960er-Jahre gab die Bundesrepublik etwa 20 Prozent ihrer ...(7)... für Soziales aus, im Jahr 2006 waren es bereits etwa 31 Prozent. Fast jeder ...(8)... erwirtschaftete Euro wurde somit 2006 für Sozialleistungen ausgegeben. Rechnet man die Sozialleistungen auf den einzelnen Einwohner um, so waren dies im Jahr 1961 etwa 650 Euro und im Jahr 2006 etwa 8540 Euro. Damit haben sich die ...(9)... innerhalb von 45 Jahren mehr als ...(10).... Damit das soziale Netz nicht reißt und die wirklich ...(11)... ausreichend finanzielle Hilfe erhalten, muss reformiert werden.

verdreizehnfacht — soziale Gerechtigkeit — Steuerzahler — Wirtschaftsleistung — Pflegeversicherung — dritte — Bedürftigen — soziale Netz — Geldgeber — Rentenversicherung — Pro-Kopf-Ausgaben

A

Grundlage ist die Mitgliedschaft des Versicherten, in deren Rahmen er sich verpflichtet, Beiträge an die Versicherung zu erbringen. Durch diese Beiträge erwirbt der Versicherte einen Rechtsanspruch auf die Leistungen. Bei Vorliegen bestimmter Voraussetzungen (Versicherungsfall) erhält er dann Leistungen aus der Versicherung. Bedürftigkeit ist dabei keine Voraussetzung. Die Versicherung kann freiwillig oder als Pflichtversicherung geführt werden, Träger dieser Versicherungen können private oder staatliche Organisationen sein. Kennzeichnend für das … ist, dass der Versicherte innerhalb bestimmter Grenzen selbst den Umfang der Leistungen und damit die Höhe seiner Beiträge bestimmen kann. Während Letzteres bei privaten Anbietern (z. B. Lebensversicherungen, private Krankenversicherungen) durchaus üblich ist, sind entsprechende Elemente in der gesetzlichen Sozialversicherung bisher nur ansatzweise eingeführt worden. Das … entspricht am ehesten der Marktwirtschaft. Nur hier kann es einen Wettbewerb zwischen mehreren Anbietern geben, die Leistungen sind selbst erworbene Ansprüche, und deren Umfang kann in einem gewissen Rahmen selbst bestimmt werden.

B

Grundlage ist die Zugehörigkeit zu einer bestimmten Gruppe und/oder die Einbringung von nichtgeldlichen Vorleistungen. Es kommt vor allem im staatlichen Bereich zur Anwendung. Beispiele für dieses Prinzip sind die Pensionen, Beihilfen und ähnliche Leistungen für Beamte oder die Leistungen für die Kriegsopfer und Hinterbliebenen. Diese Leistungen werden nicht aus Beiträgen, sondern aus dem allgemeinen Haushalt finanziert. Auch hier besteht ein Rechtsanspruch, der unabhängig von der individuellen Bedürftigkeit ist.

C

Das … setzt keinerlei Vorleistungen für den Bezug von Leistungen voraus. Ausschlaggebend ist hierbei nur der Grad der Bedürftigkeit. Dabei wird in der Regel das Vermögen des Betreffenden und das seiner engsten Familienangehörigen berücksichtigt. Ein Rechtsanspruch besteht oft nicht oder nur dem Grunde nach, d. h., über den Umfang der Leistungen entscheidet meist die entsprechende Behörde, wenn auch im Rahmen entsprechender Richtlinien. Die Sozialhilfe ist das typische Beispiel für soziale Leistungen nach dem …. Das … ist das leistungsfeindlichste, aber auch das flexibelste Prinzip einer sozialen Absicherung. Aufgrund seines starken Almosencharakters eignet es sich vor allem für die Fälle, die durch die anderen Maschen des sozialen Netzes nicht aufgefangen werden.

Prinzipien der sozialen Sicherung

Leistungen nach dem …	**Versicherungsprinzip**	**Versorgungsprinzip**	**Fürsorgeprinzip**

durch die …	**Sozialversicherung**	**öffentliche Versorgung**	**Sozialhilfe**
erhalten …	**Mitglieder der Sozialversicherung, wenn sie Versicherungsbeiträge gezahlt haben**	**bestimmte Bevölkerungsgruppen, wenn sie besondere Opfer oder Leistungen für die Gemeinschaft erbracht haben**	**alle Bürgerinnen und Bürger, wenn sie bedürftig sind**
finanziert durch …	**Versicherungsbeiträge und Staatszuschüsse**	**Steuermittel**	**Steuermittel**

© Erich Schmidt Verlag — ZAHLENBILDER 141 050

1 *Betrachte die vier Fotos auf Seite 142. Warum bedürfen diese Menschen der Hilfe des Staates?*

2 *Ordne die Begriffe den Nummern im Lückentext zu. Benutze dein Heft oder das Arbeitsblatt.*

3 *Ordne die Erläuterungstexte A–C den Prinzipien in der Grafik zu. Notiere dir einige typische Merkmale für jedes Prinzip.*

Das soziale Netz

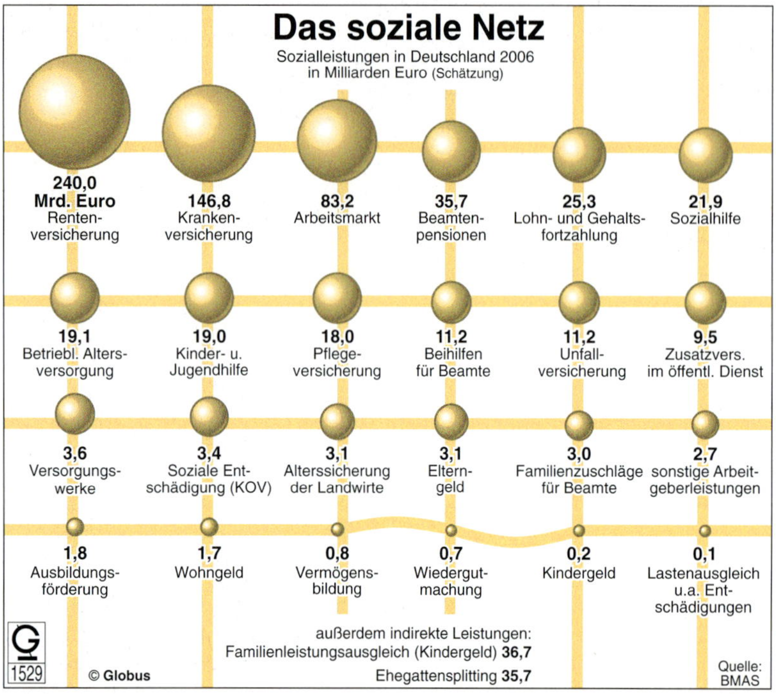

Grundgesetz Artikel 20
Die Bundesrepublik Deutschland ist ein demokratischer und sozialer Bundesstaat.

Das soziale Netz in Deutschland ist aus vielen Knoten geknüpft – großen und kleinen. Größter Knoten ist die Rentenversicherung mit 240 Milliarden Euro. Es folgen die Krankenversicherung mit 147 Milliarden Euro und die Leistungen für den Arbeitsmarkt (also auch die Zahlungen für Arbeitslose) mit gut 83 Milliarden Euro. Wesentlich kleinere Knoten – dennoch für viele Menschen wichtig – sind beispielsweise das Wohngeld, das Erziehungsgeld oder die Ausbildungsförderung.

Globus, 6. 8. 2007

Behauptung		richtig	falsch
1	Die Sozialleistungen betrugen 2006 insgesamt weniger als 600 Milliarden Euro.		
2	Den größten Anteil an der Gesamtsumme der Sozialleistungen hatte die Jugendhilfe.		
3	Die Rentenversicherung machte ca. ein Drittel aller Sozialleistungen aus.		
4	Die Sozialleistungen aus der Unfallversicherung betrugen etwas mehr als die Hälfte der Sozialhilfe.		
5	Rentenversicherung und Krankenversicherung machten zusammen mehr als die Hälfte aller Sozialleistungen aus.		
6	Neben den direkten gibt es noch die indirekten Sozialleistungen. Dazu zählen z. B. Steuererleichterungen für Verheiratete.		
7	Für Familien mit Kindern gibt es keine Sozialleistungen.		
8	Allein die Sozialhilfe betrug mehr als die zwölf kleinsten Sozialleistungen zusammen.		
9	Unter den vielen Sozialleistungen gibt es auch mehrere, die Kindern und Jugendlichen zugute kommen.		
10	Sozialleistungen werden nur von staatlichen Einrichtungen erbracht.		
11	Staatsdiener, z. B. Beamte, erhalten keine Sozialleistungen.		
12	Das Ehegattensplitting ist eine direkte Sozialleistung.		

Herr Bauer ist körperbehindert und arbeitsunfähig. Er hat kein Vermögen und auch keine Rente.

Christian macht seine berufliche Ausbildung in Berlin und kann daher nicht mehr bei seinen Eltern in Kassel wohnen. Mit seiner Ausbildungsvergütung allein kann er seinen Unterhalt nicht bestreiten.

Frau Lang hat eine Rente von 450 Euro. Sie wohnt in einer Altbauwohnung in Wiesbaden. Ihre Miete kann sie nicht in vollem Umfang von ihrer Rente bezahlen.

Familie Brauer hat ein Kind. Frau Brauer ist nicht erwerbstätig, weil sie sich ganz der Betreuung ihres Sohnes widmen möchte.

Herr und Frau Mathies haben zwei Töchter im Alter von 11 und 13 Jahren sowie einen Sohn, der 14 Jahre alt ist.

Der Unternehmer Herr Hemker besitzt eine mittelständische Firma und einige große Grundstücke. Eines Tages verspielt er sein ganzes Bargeld in einer Spielbank.

Frau Geldermann trinkt am Ende ihrer Arbeitszeit aus Ärger über ihren Chef in der Kantine einige Gläser Wein. Auf dem Nachhauseweg hat sie mit ihrem Auto einen selbst verschuldeten Unfall und erleidet einen komplizierten Armbruch.

Die Eheleute Donner sind beide berufstätig und kinderlos. Sie verdienen zusammen ca. 8000 Euro pro Monat. Eines Tages entscheiden sie sich, ein großes Haus zu bauen. Die Bausumme von 400 000 Euro können sie aber nicht aufbringen.

- Sozialhilfe
- Rente
- Ausbildungsförderung
- Elterngeld
- Wohngeld
- Kindergeld
- Begleichung der Arztkosten
- Arbeitslosengeld

1 *Entscheide, ob die Behauptungen in der Tabelle auf Seite 144 richtig oder falsch sind. Kreuze dazu auf dem Arbeitsblatt an oder notiere von 1 bis 12 auf einem Blatt. Benutze zur Beantwortung die Grafik „Das soziale Netz".*

2 *Entscheide in den acht oben beschriebenen Fällen, ob und wenn ja, welche finanziellen Leistungen des Staates die Personen jeweils erhalten können.*

Leistungen der Sozialversicherung

Das ist eigentlich ungerecht, dass wir uns versichern müssen! Wir sind 16 oder 17 Jahre alt, gesund und sportlich. In diesem Betrieb haben wir nach der Lehre einen sicheren Arbeitsplatz und werden trotzdem wegen „Krankheit", „Rente" und „Arbeitslosigkeit" zur Kasse gebeten. Das sollen doch die Älteren bezahlen, die so was eher mal brauchen!

Fall 1: **Frau Fabian** wurde gekündigt. Das Unternehmen musste wegen hoher Verluste und schlechter Auftragslage das Zweigwerk stilllegen. Frau Fabian hat in dieser Firma fünf Jahre gearbeitet. Zuletzt hat sie 1500 € netto im Monat verdient. Sie hat keine Kinder.

Fall 2: **Herr Bubeck** arbeitet als Maschinenarbeiter in einer Schleiferei. Durch Unachtsamkeit zieht er sich eine Schürfung an der linken Hand zu. Ein Kollege bringt ihn sofort zum Unfallarzt. Dieser behandelt die Schürfung und schreibt Herrn Bubeck für eine Woche krank.

Fall 3: **Herr Sinner** arbeitet als Monteur bei einer Baufirma. In letzter Zeit hat er starke Rückenschmerzen, daher sucht er seinen Arzt auf. Dieser stellt bei ihm einen schweren Bandscheibenschaden fest. Er weist ihn in das nächste Krankenhaus ein. Herr Sinner wird dort operiert. Er bleibt insgesamt vier Wochen im Krankenhaus; anschließend ist er nochmals vier Wochen krank zu Hause.

Fall 4: **Herr und Frau Leinebach** sind beide schon viele Jahre erwerbstätig. Frau Leinebach ist 63 Jahre alt, Herr Leinebach ist 65 Jahre alt. Beide wollen wegen ihres Alters in Rente gehen.

Fall 5: **Frau Tamm** ist 80 Jahre alt; sie ist Witwe und lebt allein in einer Wohnung. Sie ist gebrechlich und kann daher viele tägliche Dinge nicht selbst erledigen, z. B. nicht waschen, einkaufen, kochen. Da ihre Tochter nicht berufstätig ist und ganz in der Nähe wohnt, hat sie die Pflege ihrer Mutter übernommen. Sie hilft ihrer Mutter täglich für mehrere Stunden. Sie möchte jedoch auch mit ihrem Mann und ihren Kindern in Urlaub gehen. Während dieser Zeit kann sie aber ihre Mutter nicht allein lassen.

1 *Nimm zu der Meinungsäußerung der Jugendlichen Stellung.*

2 *Beantworte mithilfe der Übersicht auf Seite 147 für jeden Fall folgende Fragen:*
- *Welcher Zweig der Sozialversicherung ist zuständig?*
- *Welche Leistungen kann der bzw. die Versicherte in Anspruch nehmen?*

Die Sozialversicherung

Krankenversicherung	Rentenversicherung	Arbeitslosenversicherung	Pflegeversicherung	Unfallversicherung
Versicherungsleistungen				
• ärztliche und zahnärztliche Behandlung • Arznei-, Verbands-, Heilmittel und Brillen (ein Eigenanteil muss bezahlt werden) • Krankengeld in Höhe von 70 % des letzten Bruttoarbeitslohns, wenn der Arbeitgeber nach 6 Wochen die Lohnfortzahlung einstellt • Vorsorge- und Früherkennungsuntersuchungen	• Rente wegen Alters – Altersrente ab 65 J. (von 2012–2029 Anhebung auf 67 J.) – Altersrente für langjährig Versicherte ab 63 J. (bis 1948 geb.) / ab 62 J. (ab 1949 geb.) – Altersrente für Schwerbehinderte sowie Arbeitslose ab 60 J. (mit Rentenabschlägen) • Rente an Hinterbliebene • Rehabilitationsmaßnahmen zur Besserung oder Wiederherstellung der Erwerbsfähigkeit	• Arbeitslosengeld I: 60 % des Nettoentgelts, 67 % mit Kind (Dauer begrenzt) • Arbeitslosengeld II: – Regelleistung für Lebensunterhalt: – alleinstehende Person 351 € – Ehepaar ohne Kind 667 € – Ehepaar mit 1 Kind unter 14 J. 878 € – Ehepaar mit 2 Kindern unter 14 J. 1089 € – Zuschläge für Unterkunft und Verpflegung – Zuschläge z. B. für Behinderte, Schwangere etc. (Stand: 01.07.2008)	• häusliche Pflege durch Angehörige, Nachbarn, Pflegedienste (Zuschuss bzw. Kostenübernahme) • stationäre Pflege (begrenzte Kostenübernahme) Kostenübernahme für eine Ersatzpflegekraft für 4 Wochen im Jahr • Pflegehilfsmittel	• ärztliche Versorgung nach Eintritt eines Arbeits- oder Wegeunfalles sowie bei einer Berufskrankheit • Unfallverhütung
Beiträge Arbeitgeber und Arbeitnehmer zahlen in der Regel jeweils 50 % der Beiträge (Seit dem 1. 1. 2009 zahlt bei der Krankenversicherung der Arbeitnehmer einen höheren Anteil.)				**Beitrag** wird zu 100 % vom Arbeitgeber bezahlt.
Versicherungsträger				
verschiedene z. B. • Allgemeine Ortskrankenkassen • Betriebskrankenkassen • Innungskrankenkassen • Ersatzkassen	• Rentenversicherung der Angestellten • Rentenversicherung der Arbeiter	• Bundesanstalt für Arbeit (über die Arbeitsämter)	• Pflegekassen der Krankenkassen	• Berufsgenossenschaften • Unfallversicherungsträger von Bund, Ländern, Städten und Gemeinden

Sozialversicherung: Beispiel Krankenversicherung

Jeder Auszubildende ist vom ersten Tag der Lehre bei einer Krankenkasse pflichtversichert. Genauso wie Arbeiter, Angestellte, Arbeitslose, Sozialhilfeempfänger, Rentner, landwirtschaftliche Unternehmer, Heimarbeiter, Studenten, Wehr- und Zivildienstleistende. Aber auch Ehepartner und Kinder sind (familien-)versichert, wenn sie selbst nicht arbeiten oder nur geringfügig beschäftigt sind.
Nur wer die sogenannte Jahresentgeltgrenze (im Jahr 2006: 47 250 Euro) überschreitet, scheidet aus der Krankenversicherungspflicht aus und kann entweder freiwillig zu einer gesetzlichen Krankenkasse gehen oder sich privat versichern. (...)

Die Stärkeren stützen die Schwächeren

Die gesetzliche Krankenversicherung (GKV) wird ganz besonders vom Solidaritätsgedanken getragen. Das heißt: Ihre Sachleistungen (Versorgung, die direkt von den Kassen bezahlt wird) bekommen alle im gleichen, jeweils erforderlichen Umfang ohne Rücksicht darauf, wie hoch die Beitragsleistung des Einzelnen ist. Arbeitnehmer mit höheren Löhnen oder Gehältern zahlen mehr Beiträge, Arbeitnehmer mit kleinerem Einkommen weniger. Ehepartner ohne eigenes Einkommen und Kinder sind mitversichert und müssen keine Beiträge zahlen.

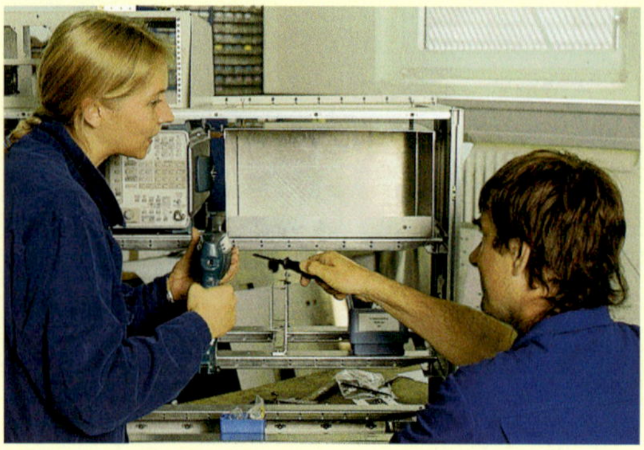

Das ist in der privaten Krankenversicherung (PKV) anders: Hier muss jeder Versicherte eine Prämie zahlen, die nach Krankheitsrisiko (Gesundheitsprüfung), Alter und Geschlecht unterschiedlich hoch ist. Alte und kranke Menschen zahlen in der PKV daher höhere Prämien als junge und gesunde Versicherte. (...)

Was bietet die Krankenkasse?

Gesundheitliche Prävention: Die gesetzlichen Krankenkassen betreiben gesundheitliche Prävention, um die Kosten für Krankheitsfälle möglichst gering zu halten. Hierzu zählen die Kursangebote zur gesunden Ernährung und Bewegung sowie kostenfreie Untersuchungen im Kindes- und Jugendalter oder Früherkennungsuntersuchungen auf Krebserkrankungen.
Finanzielle Absicherung: Bei ernsteren Krankheitsfällen bekommt der Arbeitnehmer in der Regel sechs Wochen lang seinen Lohn weitergezahlt, danach zahlen die Krankenkassen Krankengeld. Es beträgt 70 Prozent des regelmäßig erzielten Bruttoarbeitslohns.
Sozialversichert auch bei Krankheit: Auch während des Bezuges von Krankengeld endet der soziale Schutz nicht. Wie dem Arbeitnehmer wird auch dem Krankengeldbezieher sein Anteil an den Beiträgen zur Renten- und Arbeitslosenversicherung abgezogen.

(nach: www.sozialpolitik.com/webcom/show_article.php?wc_c=14&wc_id=1)

1 *Welche Leistungen erbringt die gesetzliche Krankenversicherung?*
2 *Wie verwirklichen die Krankenkassen den Solidaritätsgedanken?*
3 *Woher bekommen die Krankenkassen ihre Einkünfte und wofür geben sie dieses Geld wieder aus?*

Sozialversicherung: Beispiel Unfallversicherung

Bei Arbeitsunfällen oder Berufskrankheiten sollen die Betroffenen nicht auch noch unter den materiellen Folgen leiden. Deshalb gibt es die gesetzliche Unfallversicherung – eine Art Haftpflichtversicherung der Unternehmen. Sie sichert diejenigen gegen die Folgen von Arbeitsunfällen, Wegeunfällen und Berufskrankheiten ab, die in einem Arbeits-, Dienst- oder Ausbildungsverhältnis stehen.
Daneben sind bestimmte Selbstständige versichert, Schüler und Studenten, Helfer bei Unglücksfällen sowie Personen, die im Interesse des Gemeinwohls etwa in Vereinen und Verbänden ehrenamtlich tätig sind – ohne Rücksicht auf Alter, Geschlecht, Familienstand, Nationalität, Religion oder Höhe des Einkommens.

Die Träger der gesetzlichen Unfallversicherung kümmern sich um Behandlung, Kosten, Reha-Maßnahmen und spätere Berufshilfen. Wenn nötig, zahlen sie sogar Umschulungen oder Renten. Priorität vor der Rentenzahlung hat jedoch die Wiedereingliederung in das Berufsleben.

Die gesetzliche Unfallversicherung kommt auch für anerkannte Berufskrankheiten auf, also solche, die nachweislich durch den Beruf verursacht worden sind. Erstes Ziel der gesetzlichen Unfallversicherung ist es, Arbeitsunfälle und Berufskrankheiten gar nicht erst entstehen zu lassen – nach dem Prinzip: Prävention vor Rehabilitation vor Entschädigung.

Im Gegensatz zu allen anderen Zweigen der Sozialversicherung brauchen die Arbeitnehmer keinen Cent zur gesetzlichen Unfallversicherung beizusteuern. Sie wird ausschließlich aus den Beiträgen der Unternehmen der jeweiligen Branche finanziert. Das heißt: Der Chef zahlt an die Berufsgenossenschaft oder die Unfallkasse und diese wiederum übernimmt die Kosten für den Versicherten.

Es gibt gewerbliche Berufsgenossenschaften, landwirtschaftliche sowie eine Gartenbau-Berufsgenossenschaft. Die Beschäftigten des öffentlichen Dienstes sind je nach Bereich bei den Unfallkassen, Gemeindeunfallversicherungsverbänden und Landesunfallkassen versichert. (...)

Gesetzlich unfallversichert sind auch Kinder in Tageseinrichtungen, Schüler sowie Studierende über die sogenannte Schüler-Unfallversicherung.
Neben dem Schulunterricht und dem Schulweg stehen z. B. auch Schulausflüge, Schulreisen, Sport- und andere schulische Veranstaltungen unter dem Versicherungsschutz. Die Leistungen reichen, wie bei der Unfallversicherung für Arbeitnehmer, von Heilbehandlungen über schulisch-berufliche Rehabilitationen bis zur ggf. lebenslangen Rente. (...)

Bis 2001 gab es noch eine gesetzliche Berufsunfähigkeitsrente aus der gesetzlichen Rentenversicherung. Mittlerweile erhalten jedoch nur noch Berufsunfähige, die vor 1961 geboren wurden, Leistungen aus der Rentenkasse. Alle anderen sollten sich mit einer privaten Versicherung gegen den Verlust des Berufs schützen – je früher, desto besser.

(nach: www.sozialpolitik.com/webcom/show_article.php?wc_c=15&wc_id=1&wc_lkm=28)

1 *Welche Risiken sind durch die gesetzliche Unfallversicherung abgesichert?*
2 *Welche Leistungen erbringt die gesetzliche Unfallversicherung?*
3 *Wie finanziert sich die gesetzliche Unfallversicherung?*
4 *Welche Personen sind in der gesetzlichen Unfallversicherung versichert?*

Methode: Karikaturenrallye

Thema: Soziale Sicherung

Eine Karikatur ist ein zeichnerisch gestalteter Kommentar zu einer politischen, wirtschaftlichen oder gesellschaftlichen Streitfrage. Dabei versucht der Zeichner, durch seine übertreibende Darstellung auf ein Problem hinzuweisen, Stellung zu beziehen bzw. Kritik zu üben.
Bei einer Karikaturenrallye werden zu einem Themenbereich verschiedene Karikaturen untersucht. Durch die unterschiedlichen Darstellungen wird man auf verschiedene Aspekte aufmerksam gemacht und erfährt so mehr über den Themenbereich.

(Gerhard Mester)

Vorbereitung

Die Karikaturen werden vergrößert und dann an verschiedenen Stellen im Klassenzimmer ausgehängt. Die Klasse teilt sich in Kleingruppen entsprechend der Anzahl der ausgewählten Karikaturen auf.

(Jupp Wolter)

Durchführung

Jede Kleingruppe begibt sich zu einer der Karikaturen und untersucht sie nach diesen Gesichtspunkten:

- Um welches Problem, welchen Sachverhalt geht es in der Karikatur?
- Mit welchen zeichnerischen und textlichen Mitteln stellt der Karikaturist das Problem dar?
- Was bringt die Karikatur zum Ausdruck?

Die Ergebnisse werden stichwortartig notiert. Nach einer festgelegten Zeit gehen die Kleingruppen zur nächsten Karikatur weiter.

Auswertung

Im gemeinsamen Auswertungsgespräch tragen die Kleingruppen zu jeder Karikatur vor, was sie sich notiert haben. Der Vergleich zeigt, wie die Karikaturen von den verschiedenen Gruppen gedeutet wurden und ob es Unterschiede in den Deutungen gibt.

(Gerhard Mester)

(Gerhard Mester)

(Thomas Plaßmann)

(Gerhard Mester)

(Jupp Wolter)

(Jan Tomaschoff)

1 Führt eine Karikaturenrallye zum Thema „soziale Sicherung" durch.

2 Jeweils zwei Karikaturen gehen auf den gleichen Sachverhalt ein. Vergleicht die beiden. Welche findet ihr besser? Warum?

Der Generationenvertrag

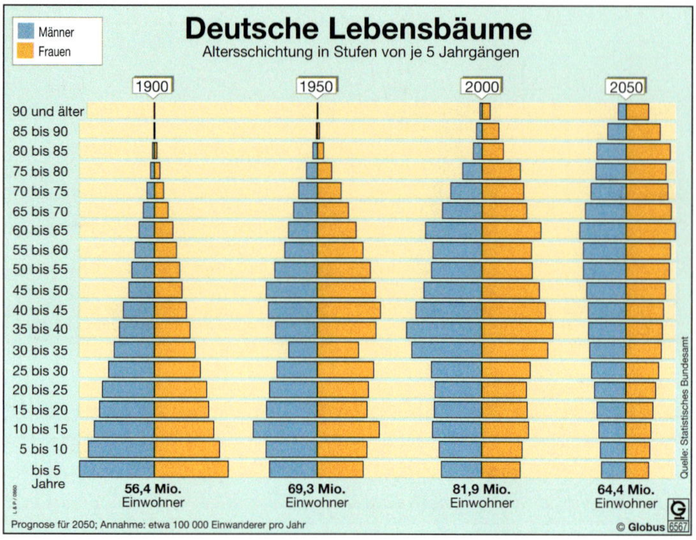

Die Pyramide steht Kopf

Geburtenrate: Die Geburtenrate in Deutschland gehört mit 1,4 Kindern je Frau weltweit zu den niedrigsten. Darunter liegen in der EU nur Italien und Spanien (je 1,2) sowie Griechenland (1,3). In den USA dagegen liegt die Zahl bei rund zwei Kindern je Frau. Dies ist ein Wert, der die Bevölkerungszahl auch ohne Zuwanderung langfristig stabil halten würde.

Lebenserwartung: Die durchschnittliche Lebenserwartung für Männer lag 1910 noch bei 44,8 Jahren, für Frauen bei 48,3. Sie hat sich im 20. Jahrhundert verdoppelt, sodass heute ein Junge mit 74,8 Jahren und ein Mädchen mit 80,8 Jahre rechnen kann. Jährlich steigt die Lebenserwartung um ca. 6 bis 8 Wochen. Im Jahr 2050 könnte deshalb ein Mann im Durchschnitt 78 und eine Frau 84,5 Jahre alt werden.

(Bruno Zandonella: Bevölkerungsentwicklung und Sozialstaat. Themenblatt Nr. 26/A. Hg.: bpb, Bonn 2003)

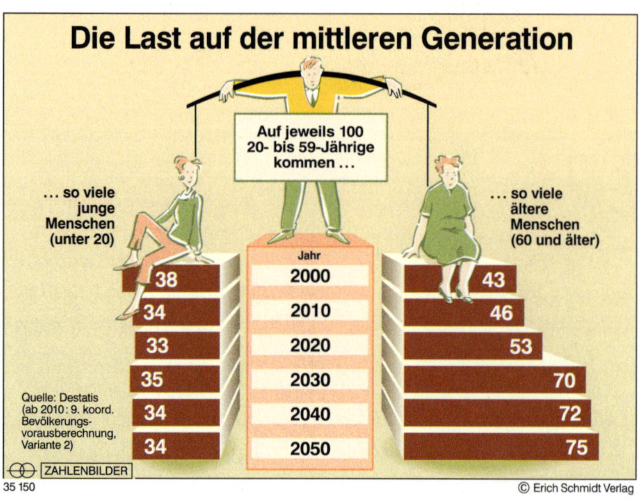

Der deutsche Rentenzahler der Zukunft

(Horst Haitzinger)

Über viele Generationen war der Generationenvertrag in Deutschland nicht gefährdet. Die Zahl der Bevölkerung stieg von etwa 56 Mio. im Jahre 1900 auf etwa 82 Mio. im Jahre 2000. Durch die ansteigende Zahl der Bevölkerung gab es genügend erwerbstätige Personen zwischen 20 und 60 Jahren, die mit ihren Beiträgen zur Rentenversicherung die Renten der älteren Menschen bezahlten.

In den nächsten 50 Jahren wird jedoch die Zahl der Bevölkerung auf etwa 64 Mio. sinken, da die Zahl der Geburten zurückgeht. Dadurch wird auch die Zahl der erwerbstätigen Personen zwischen 20 und 60 Jahren sinken. Eine sinkende Zahl von Erwerbstätigen muss somit die Renten einer steigenden Zahl von älteren Menschen bezahlen.

Hinzu kommt, dass die Menschen in Deutschland immer länger leben und somit auch länger Rente beziehen. Die finanzielle Last für die erwerbstätigen Personen wird dadurch verstärkt. Wenn der Generationenvertrag auch weiterhin halten soll, muss er an die veränderten gesellschaftlichen Bedingungen angepasst werden.

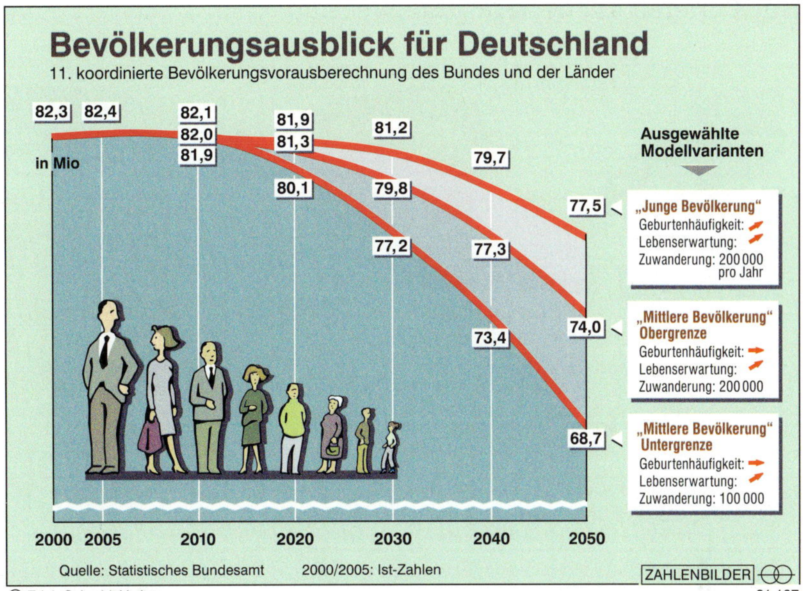

© Erich Schmidt Verlag 21 107

(Thomas Plaßmann)

1 *Die Schaubilder enthalten Informationen über den gesellschaftlichen und wirtschaftlichen Wandel in Deutschland. Notiere für jedes Schaubild zwei, drei wichtige Aussagen.*

2 *Erläutere, was unter dem Begriff „Generationenvertrag“ zu verstehen ist. Welche Auswirkungen werden die in den Schaubildern zu erkennenden Entwicklungen auf den Generationenvertrag haben? Beziehe dabei auch die Karikaturen und den dazugehörigen Text mit ein.*

Änderungen am Generationenvertrag

Fernsehgespräch zwischen einem Journalisten und einem Wissenschaftler

J: Herr Wiest, wir haben Sie heute zu einem Gespräch über die Rentenversicherung eingeladen. Früher hieß es „die Renten sind sicher", heute weiß jeder, dass die Renten in der Zukunft nicht so sicher sind. Warum?

W: Deutschlands Bevölkerungszahl wird in den nächsten 50 Jahren dramatisch sinken. Die Erwerbspersonen zwischen 20 und 60 Jahren werden immer weniger und die Rentner immer mehr. Bis zum Jahre 2050 verdoppelt sich die Zahl der Rentner.

J.: Und diese Rentner werden älter als früher. Daher muss die Rente auch länger bezahlt werden. Hinzu kommt, dass Arbeitslose keine Rentenbeiträge zahlen.

W.: Ja, das ist richtig. All dies führt dazu, dass die Rentenbeiträge stark steigen müssten, wenn die Rentenhöhe wie bisher gehalten werden soll. Die Erwerbspersonen würden das nicht mitmachen. Sie würden aus dem Generationenvertrag aussteigen und vermehrt in die Schwarzarbeit ausweichen.

J.: Was ist also zu tun?

W.: Die Höhe der gesetzlichen Rente wird sinken. Im Jahre 2030 wird ein Rentner im Durchschnitt weniger bekommen als heute. Dies muss allen klar sein. Daher sollte jeder auch an eine private Altersvorsorge denken.

J.: Und wie kann das geschehen?

W.: Zum Beispiel durch eine private Lebensversicherung oder eine private Rentenversicherung. Seit 2002 fördert der Staat durch Zuschüsse die private Altersvorsorge, die sogenannte „Riester-Rente". Walter Riester war Arbeitsminister und hat diese staatlich geförderte private Altersvorsorge eingeführt. Außerdem gibt es noch die betriebliche Altersvorsorge. Für etwa 19 Millionen Arbeitnehmer bestehen Tarifverträge mit den entsprechenden Regelungen für eine mögliche Betriebsrente.

J.: Gibt es noch weitere Vorschläge zur Rentenreform?

W.: Natürlich! Heute gehen die Leute im Schnitt mit 60 Jahren in die Rente, obwohl das gesetzliche Renteneintrittsalter bei 65 Jahren liegt. Das tatsächliche Renteneintrittsalter muss sich auf 65 Jahre erhöhen. Wer früher geht, muss mit deutlich höheren Rentenabschlägen rechnen. Manche Wissenschaftler empfehlen auch das Renteneintrittsalter noch weiter zu erhöhen als auf 67 Jahre.

J.: Könnte man nicht auch die Einnahmen erhöhen und nicht nur bei den Ausgaben sparen?

W.: Auch dafür gibt es Vorschläge. Bisher ist die Beitragspflicht zur Rentenversicherung an das Arbeitseinkommen gekoppelt. Wer Gehalt bezieht, bezahlt Rentenbeiträge. Wer von Zinseinnahmen oder Mieteinnahmen lebt, bezahlt keine Rentenbeiträge. Wenn diese Einkommen auch rentenpflichtig werden, verbreitert man die sogenannte Beitragsbasis. Dies gilt auch, wenn Beamte rentenpflichtig werden. Dies würde zu höheren und stabileren Einnahmen führen.

J.: Das sind ja viele Vorschläge. Was wird kommen?

W.: Vielleicht von jedem etwas.

Notiere in Stichworten die Vorschläge zur Rentenreform, die in dem Gespräch erwähnt werden.

Das Wichtige in Kürze

Sozialordnung

Nach dem Grundgesetz ist die Bundesrepublik Deutschland ein Sozialstaat. Er ist darauf ausgerichtet, die soziale Gerechtigkeit zu fördern. Daher gibt es bei uns das sogenannte soziale Netz. Ein wichtiger Bestandteil des sozialen Netzes sind die verschiedenen Zweige der gesetzlichen Sozialversicherung: die Kranken-, Unfall-, Arbeitslosen-, Pflege- und Rentenversicherung. Das soziale Netz wurde in den vergangenen Jahrzehnten immer weiter ausgebaut.

Soziales Netz

Der sozialen Sicherung liegen drei Prinzipien zugrunde. Die Sozialversicherung erhalten die Arbeitnehmer, die Versicherungsbeiträge gezahlt haben (Versicherungsprinzip). Aus Steuermitteln erhalten Personen eine Versorgung, wenn sie besondere Opfer oder Leistungen für die Gemeinschaft erbracht haben (Versorgungsprinzip). Sozialhilfe aus Steuermitteln erhalten Personen, wenn sie bedürftig sind (Fürsorgeprinzip). Die gesetzliche Sozialversicherung ist eine Pflichtversicherung für fast alle Arbeitnehmer, d. h. sie müssen ihr angehören. Das soziale Netz und die gesetzliche Sozialversicherung müssen ständig der gesellschaftlichen Entwicklung angepasst werden.

Bevölkerungsentwicklung

Betrachtet man die Entwicklung der Bevölkerungszahl über einen längeren Zeitraum, so zeigt sich in Deutschland ein starker Anstieg von etwa 56 Millionen Einwohnern vor hundert Jahren auf derzeit ca. 82 Millionen. Man rechnet aber damit, dass bis zur Mitte dieses Jahrhunderts die Bevölkerungszahl auf etwa 65–70 Millionen zurückgehen wird. Der Altersaufbau in Deutschland verändert sich stark. Früher stellten die Jüngeren die stärksten Jahrgänge und bei gleichmäßiger Abnahme gab es nur wenige Alte. Durch den Geburtenrückgang und die gestiegene Lebenserwartung wird es künftig immer weniger Jüngere und immer mehr Ältere geben.

Generationenvertrag

Der Rentenversicherung liegt der Generationenvertrag zugrunde. Die Erwerbstätigen zahlen mit ihren Beiträgen die heutigen Renten; sie vertrauen darauf, dass spätere Generationen dies auch für sie tun. Dieses Vertrauen in den Generationenvertrag ist gefährdet, weil die Bevölkerungsentwicklung und damit auch die Zahl der Erwerbspersonen bis 2050 stark zurückgeht und die Dauer der Rentenzahlung aufgrund der längeren Lebenserwartung steigt. Damit die Last der mittleren Generation, den Erwerbspersonen zwischen 20 und 60 Jahren, nicht zu schwer wird, muss die soziale Sicherung angepasst werden. Jüngere Generationen müssen zunehmend auch private Altersvorsorge treffen, z. B. mit einer „Riester-Rente", einer Lebensversicherung oder einer Betriebsrente. Die private Altersvorsorge wird vom Staat durch Zuschüsse gefördert. Das tatsächliche Renteneintrittsalter, das zurzeit bei 60 Jahren liegt, muss sich an das gesetzliche Renteneintrittsalter von zurzeit 65 Jahren annähern.

Arbeitslosigkeit

Arbeitslosigkeit unter der Lupe

Angaben für Deutschland in Millionen

	1999	2000	2001	2002	2003	2004	2005	2006	2007
registrierte Arbeitslose	4,10	3,89	3,85	4,06	4,38	4,38	4,86	4,53	3,78
West:	2,60	2,38	2,32	2,50	2,75	2,78	3,25	3,04	2,49
Ost:	1,50	1,51	1,53	1,56	1,62	1,60	1,61	1,49	1,29
+ **verdeckte Arbeitslosigkeit**	1,93	1,81	1,77	1,76	1,52	1,39	1,29	1,27	1,20
= **Arbeitslose insgesamt**	6,03	5,70	5,62	5,82	5,90	5,77	6,15	5,80	4,98
Langzeitarbeitslose (1 Jahr und länger arbeitslos; Stand jeweils September)	1,530	1,454	1,354	1,369	1,521	1,681	1,728	1,483	–
Kurzarbeiter	0,119	0,086	0,123	0,207	0,195	0,151	0,060	0,030	–
offene Stellen	0,456	0,515	0,507	0,452	0,355	0,286	0,413	0,591	0,621

L & P / 3563

(Zahlen bis 2004: www.sachverstaendigenrat-wirtschaft.de/timerow/reihen.php; ab 2005 eigene Recherchen)

	Aussagen	richtig	falsch
1	1999 war die Zahl der registrierten Arbeitslosen in Deutschland am höchsten.		
2	Seit 1999 nimmt die Zahl der offenen Stellen ab.		
3	Seit 1999 fehlen in Deutschland etwa 6 Millionen Arbeitsplätze.		
4	Von 2001 bis 2005 ist die Zahl der registrierten Arbeitslosen im Westen stets gestiegen.		
5	Seit 1999 steigt die Zahl der Kurzarbeiter von Jahr zu Jahr.		
6	Die Zahl der Langzeitarbeitslosen sank bisher nie unter eine Million.		
7	Die Zahl der verdeckten Arbeitslosen war 1999 am höchsten.		
8	Im Osten Deutschlands ist die Zahl der Arbeitslosen etwa doppelt so hoch wie im Westen.		
9	Die Zahl der Arbeitslosen insgesamt war 1999 in Deutschland am höchsten.		
10	Seit 2002 liegt die Zahl der registrierten Arbeitslosen über vier Millionen.		

Welche Aussagen sind richtig, welche falsch? Kreuze auf dem Arbeitsblatt an oder notiere von 1 bis 10.

Arbeitslos: Was tun?

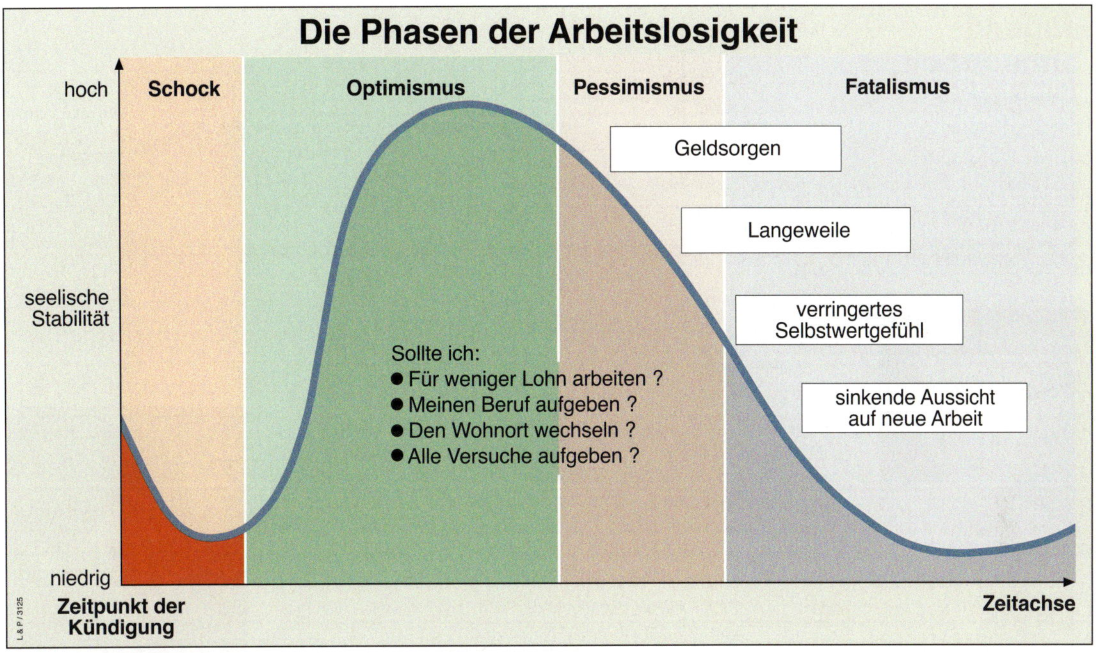

(aus: H. Welzer, A. Wacker, H. Heinelt: Leben mit der Arbeitslosigkeit. Zur Situation einiger benachteiligter Gruppen auf dem Arbeitsmarkt. In: Aus Politik und Zeitgeschichte. B 38/88 vom 16. 09. 1988, S. 18)

Bericht eines Arbeitslosen

„Als ich entlassen wurde, weil meine Firma in Konkurs gegangen ist, war ich zuerst total geschockt. Ich habe doch meine Arbeit immer gut gemacht und meine Vorgesetzten waren immer sehr zufrieden mit mir. Und obwohl die Firma ja Pleite gegangen ist, habe ich die Schuld für die Arbeitslosigkeit erstmal bei mir gesucht: Habe ich etwas falsch gemacht? Viele meiner Kollegen haben sofort eine neue Arbeit gefunden. Mein Sachbearbeiter bei der Arbeitsagentur hat mich dann aufgebaut und versucht eine neue Stelle für mich zu finden. Und ich war mir sicher, dass dies auch bald gelingen würde. Ich habe viele Bewerbungen geschrieben und auch einige Vorstellungsgespräche gehabt. Aber einen neuen Job habe ich nicht bekommen. Von dem Arbeitslosengeld konnte ich ja auch noch ganz gut leben. Dann erhielt ich aber nach einem Jahr auch nur noch Hartz IV. Das reicht gerade zum Überleben und ich musste mir eine

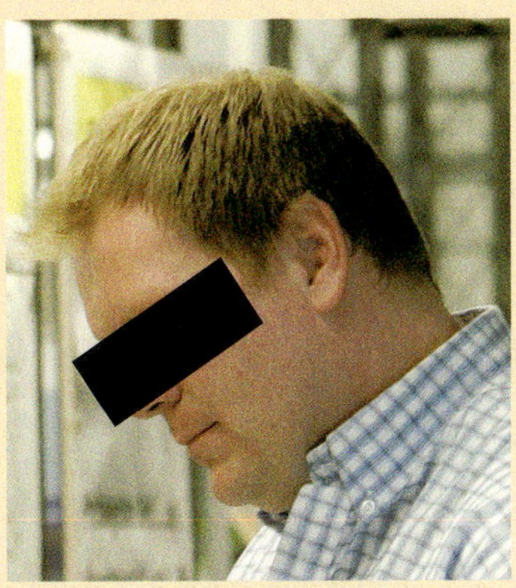

neue, kleinere Wohnung suchen. Ich wohne nun in einem Viertel, wo ich keinen kenne. Weil ich nichts anderes zu tun habe, zappe ich mich von morgens bis abends durch die Fernsehprogramme. Meine alten Freunde sehe ich kaum noch. Ich lebe sehr zurückgezogen und verbringe sehr viel Zeit allein. Ich fühle mich sehr einsam. Meine Stimmung ist häufig gedrückt. Eigentlich rede ich fast nur mit meinem Sachbearbeiter von der Arbeitsagentur. Mittlerweile frage ich mich wirklich: Habe ich versagt? Bin ich noch zu irgendetwas zu gebrauchen? Ich fühle mich oft unfähig, irgendetwas zu tun und bin ständig mit allem unzufrieden. Ich bekomme oft Kopfschmerzen und Magenprobleme. Ich habe sehr zugenommen und Kreislaufprobleme bekommen. Alles, was ich versuche, kostet sehr viel Kraft. Ich schaffe kaum noch etwas. Jeden Tag verliere ich mehr Orientierungspunkte, wie etwa feste Zeiten im Ablauf der Woche und der einzelnen Tage."

Vergleiche die Grafik mit dem Bericht. Markiere die vier Phasen der Grafik in dem Bericht des Arbeitslosen. Orientiere dich an den Farben in der Grafik.

Jugendarbeitslosigkeit

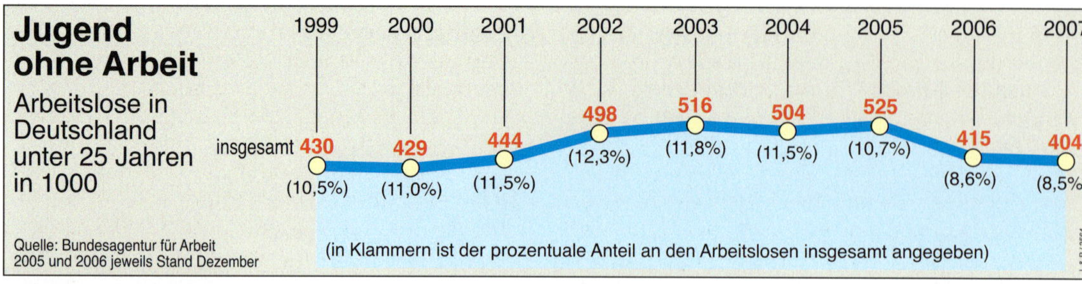

Gespräch zwischen einer Journalistin und einer Sozialwissenschaftlerin

Frau Wille, wir möchten mit Ihnen heute über die Arbeitslosigkeit von Jugendlichen sprechen. Wie sieht die Situation für die Jugendlichen aus?

Wenn wir von Jugendarbeitslosigkeit sprechen, meinen wir die Arbeitslosigkeit von Personen unter 25 Jahren. Im Dezember 2007 waren etwa 404 000 Jugendliche arbeitslos. Das entspricht einer Arbeitslosenquote von 8,5 Prozent.

Welche Jugendlichen sind besonders von Arbeitslosigkeit betroffen?

Jugendliche ohne Schulabschluss und Jugendliche ohne berufliche Ausbildung. Eine abgeschlossene Berufsausbildung ist daher der beste Schutz vor Arbeitslosigkeit.

Ein wichtiger Hinweis. Aber es gibt doch viel zu wenig Lehrstellen. Jedes Jahr im Herbst suchen Tausende einen Ausbildungsplatz, es gibt aber viel zu wenige offene Ausbildungsstellen.

Das trifft zu. Dieses Problem müssen die Arbeitgeberverbände, die Gewerkschaften und die Politik möglichst bald lösen. Jeder Jugendliche sollte eine berufliche Ausbildung erhalten. Es ist aber auch wichtig, dass die Jugendlichen die offenen Ausbildungsstellen auch in Anspruch nehmen.

Gibt es weitere Punkte, die im Hinblick auf die Jugendarbeitslosigkeit von Bedeutung sind?

Ja, natürlich. Es kommt auch darauf an, in welcher Region jemand lebt. So sind die Jugendlichen in den neuen Bundesländern deutlich stärker von Arbeitslosigkeit betroffen, als die Gleichaltrigen in den alten Ländern. Außerdem ist auch die Branche wichtig. Jugendliche, die im Dienstleistungsbereich beschäftigt sind, haben im Vergleich zu denen in der Land- und Forstwirtschaft z. B. deutlich bessere Chancen ihren Job zu behalten.

Also kann man den Jugendlichen empfehlen, bei der Ausbildungsplatzsuche regional mobil zu sein und ihren Ausbildungsplatz eher in einer Zukunftsbranche zu suchen?

Ja, im Prinzip ist das richtig. Hinsichtlich der Mädchen möchte ich einen Punkt ganz deutlich herausstreichen: Weibliche Jugendliche sind im Vergleich zu den männlichen stärker von Arbeitslosigkeit betroffen. Sie sind nicht nur häufiger arbeitslos, sondern im Schnitt auch länger. Für junge Frauen spielen somit die in unserem Gespräch angeführten Risiken eine noch größere Rolle.

Frau Wille, vielen Dank für das Gespräch.

1. *Welche Jugendlichen sind besonders von Arbeitslosigkeit bedroht? Notiere.*
2. *Welche Entwicklung beschreibt die Grafik?*

Armut in Deutschland

Armut – was ist das? Ist jemand arm, der zu verhungern oder zu erfrieren droht? Ist arm, wer weniger besitzt als die meisten anderen? Oder ist arm, wer sich dafür hält? Eine allgemeingültige Begriffsbestimmung gibt es nicht; für „Reichtum“ gilt übrigens das Gleiche. Dennoch haben sich einige (...) Definitionen durchgesetzt. In der Entwicklungspolitik ist es üblich, von „absoluter Armut“ zu sprechen, wenn jemand weniger als einen Dollar am Tag zum Leben hat. Die EU-Kommission verwendet das Konzept der „relativen Armut“. Arm in diesem Sinne sind Menschen, die über „so geringe soziale und kulturelle Mittel verfügen, dass sie von der allgemein üblichen Lebensweise ausgeschlossen sind“.
Über zehn Millionen Deutsche sind nach dieser Definition arm oder von Armut bedroht. Auf der anderen Seite gibt es unter den Bundesbürgern eine relativ kleine Gruppe, die über ein enormes Vermögen verfügt. (...)

(aus: Im Klartext, Informationen zur sozialen Marktwirtschaft, Januar 2005, S. 3. Hg.: Ludwig-Erhard-Stiftung, Bonn)

Immer mehr Arme in Deutschland

Armuts- und Reichtumsbericht der Regierung sieht weitere Öffnung der sozialen Schere

(BERLIN. (AFP/ddp). Jeder vierte Bundesbürger ist von Armut betroffen oder muss durch staatliche Leistungen vor ihr bewahrt werden. Dies geht aus dem neuen Armuts- und Reichtumsbericht der Bunesregierung hervor. (...)

Die Kluft zwischen Arm und Reich hat sich in Deutschland weiter vertieft. 13 Prozent der Bundesbürger gelten nach Aussage von Bundessozialminister Olaf Scholz (SPD) mittlerweile als arm. Weitere 13 Prozent würden durch Leistungen wie Kinder- oder Arbeitslosengeld vor dem Abrutschen in die Armut bewahrt, so Scholz gegenüber der „Bild am Sonntag“. (...)

Scholz erläuterte, arm sei nach EU-Definition, wer als Alleinlebender „weniger als 60 Prozent des mittleren Einkommens verdient, also 781 Euro netto“. Nach seinen Aussagen sind die Einkünfte der Reichen gewachsen. „Dagegen sinken die Einkommen im unteren Bereich leicht, im mittleren stagnieren sie.“ Als reich gilt, wer als Alleinlebender monatlich netto mehr als 3418 Euro oder als Familie mit zwei Kindern mehr als 7178 Euro netto zur Verfügung hat.

Am schlimmsten, so Scholz, sei die Lage für Langzeitarbeitslose sowie Alleinerziehende und deren Kinder. Besonders bedrücke ihn, dass auch die Zahl derer, die arbeiteten und trotzdem von Armut bedroht seien, größer geworden sei. (...)

Scholz räumte ein, es handle sich um statistische Werte. Viele der 13 Prozent statistisch Armen in Deutschland hätten noch immer mehr zum Leben als die Durchschnittsverdiener in vielen anderen Ländern. „Doch man vergleicht die eigene Situation mit der des Nachbarn“, sagt er. Es „tut weh“, wenn man sich selbst und seinen Kindern nicht das ermöglichen könne, was man bei anderen sieht, so der Sozialminister. (...)

(aus: Stuttgarter Zeitung, 19. 05. 2008, S. 1)

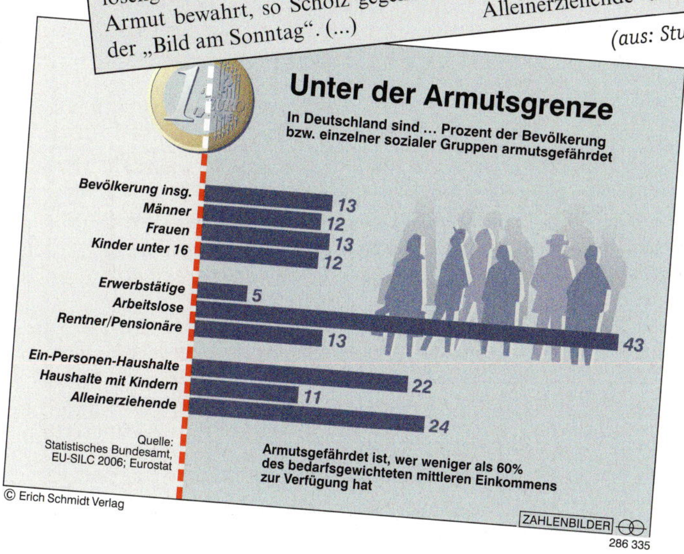

(Klaus Stuttmann)

1 Wer gilt als arm? Schreibe die verschiedenen Definitionen aus den Materialien heraus.
2 Was sagt die Grafik „Unter der Armutsgrenze“ aus?
3 Werte den Bericht „Immer mehr Arme in Deutschland“ aus. Notiere wesentliche Punkte.

Alle zwei Wochen zur Tafel

Rund 20 Tafeln versorgen in Sachsen-Anhalt Bedürftige mit Lebensmitteln, die von Händlern und Herstellern gespendet werden. Die Zahl der Empfänger steigt – auch in Bitterfeld.

Sie hat ein Schicksal, das sie in ihrer Region mit vielen teilt: der Job in der Filmfabrik Wolfen, die Entlassung bald nach der Wende. Seitdem zwei Umschulungen, mehrere ABM, Ein-Euro-Jobs. Hunderte Bewerbungen, aber keinen festen Arbeitsplatz. Stattdessen immer weniger Geld. „Mir bleiben heute noch 100 Euro im Monat zum Leben", sagt Sabine Stolle. Vor knapp vier Jahren ist sie den Schritt gegangen, der ihr so schwer fiel. Sie hat sich bei der Bitterfelder Tafel angemeldet, erhält seitdem dort alle zwei Wochen für einen minimalen Unkostenbeitrag Lebensmittel.
„Ich habe mich geschämt damals", sagt die 46-jährige Wolfenerin. Ein Gefühl, das Tafel-Chefin Annerose Schulze bei vielen erlebt. Sie kennt Betroffene, denen bei Besuchen Tränen in den Augen stehen. Auch solche, die am Ende doch verzichten, weil sie die Scham nicht ertragen. Den meist langzeitarbeitslosen Menschen dieses Gefühl zu nehmen, ist nicht immer einfach. „Wir sind da, um zu helfen, das steht ihnen zu", sagt Schulze dann.

Zeitweilig Wartelisten

Seit sechs Jahren existiert die Bitterfelder Tafel unter dem Dach der Arbeiterwohlfahrt. Anmelden kann sich, wer mit einem Hartz-IV-Bescheid oder einer GEZ-Befreiung nachweist, dass er bedürftig ist. Die Zahl derer steigt, sagt AWO-Kreisvorsitzende Heidi Hirsch. Zeitweise mussten Wartelisten angelegt werden, weil die Lebensmittel nicht für alle reichten. „Bis zu 20 Menschen hatten wir schon auf der Warteliste", so Hirsch. Lebensmittelspenden und auch die Lagerkapazitäten in den Räumen von ehemals zwei Wohnungen reichen heute, um gut 60 Familien pro Tag zu versorgen – im Durchschnitt je zwei Erwachsene und zwei Kinder. Einen Beutel Backwaren, einen voller Obst und Gemüse und einen mit Lebensmitteln von abgepackter Wurst, Butter, Joghurt bis zu Süßigkeiten gibt es dann.
Pro Ausgabetag bezahlen die Betroffenen 1,05 Euro für jeden Erwachsenen und 55 Cent für jedes Kind. Das Geld ist ausschließlich da, um die Betriebskosten zu finanzieren. „Die Tafel muss sich selbst erwirtschaften", sagt Hirsch. Wasser ist zu bezahlen, Strom, Gas, Kohle. Und der Diesel für den Transporter, der täglich seine Tour bei rund 15 Händlern dreht. (...)
Große Sprünge sind da nicht drin – der spartanischen Möblierung der Tafel ist es anzusehen. „Wir kommen hin, wir müssen uns eben danach richten, was wir einnehmen", sagt Hirsch. Mit Geldspenden, die ab und an kommen, werden kleine Feiern für die Bedürftigen ausgerichtet. Über neue Sponsoren kann sich Annerose Schulze freuen wie ein kleines Kind. „Meine ABM ist bis zum 31. Dezember befristet, bis dahin gebe ich hier alles", sagt die 57-Jährige. Und sie berichtet aufgeregt von ihrem Besuch beim neuesten Sponsor der Tafel: Die Zörbiger Konfitüren GmbH hat ihre Hilfe gerade zugesagt.
Nun hofft Schulze, dass es auch personell weiter Unterstützung geben wird. Derzeit sind fünf Ein-Euro-Jobber bei der Tafel beschäftigt, deren Maßnahmen laufen im Oktober aus. Ehrenamtliche Helfer könnten den Verlust der Ein-Euro-Kräfte nur zeitweilig überbrücken. Eine von denen, die ohne Vergütung helfen, ist Kerstin Seidel. Selbst seit vielen Jahren arbeitslos und inzwischen auch Tafel-Empfängerin, kommt die Sandersdorferin nahezu täglich für rund sechs Stunden. „Ohne Ehrenamtliche geht hier gar nichts", sagt Hirsch.

Spende aus Kleingarten

Vor dem Tafel-Domizil steht längst die Schlange derer, die sich für die nächsten Tage versorgen. Pflaumen gibt es diesmal zusätzlich – sieben Eimer voll, spontan gespendet von einer Kleingärtnerin. Hilfen, für die Annerose Schulze dankbar ist. Auch bei manchem Betroffenen weicht die Scham irgendwann der Dankbarkeit für die Spenden – und vor allem für das Engagement der Mitarbeiter. „Ich kann jetzt öfter mal Ja sagen", erzählt die 34-jährige Doreen Geßler. Ja, wenn die beiden Kinder sich auch einmal ein Eis wünschen oder Schokolade.
„Ohne Tafel, das könnte ich mir nicht vorstellen", sagt Sabine Stolle, als sie sich mit ihren Beuteln auf den Heimweg macht. Eine gute Woche wird der Vorrat reichen. In zwei Wochen kommt sie wieder.

(Katrin Lowe, in: Mitteldeutsche Zeitung, 21. 08. 2006)

Die Tafelgrundsätze

Präambel Nicht alle Menschen haben ihr täglich Brot – und doch gibt es Lebensmittel im Überfluss. Die Tafeln in Deutschland bemühen sich hier um einen Ausgleich. Ziel der Tafeln ist es, qualitativ einwandfreie Nahrungsmittel, die im Wirtschaftsprozess nicht mehr verwendet werden können, an Menschen in Not zu verteilen.

Grundsatz 1 Die Tafeln sammeln überschüssige Lebensmittel, die nach den gesetzlichen Bestimmungen noch verwertbar sind, und geben diese an Bedürftige ab.

Grundsatz 2 Die Arbeit der Tafeln ist grundsätzlich ehrenamtlich. Sie kann – wenn möglich und notwendig – unterstützt werden durch unterschiedlich finanzierte und geförderte Mitarbeiter.

Grundsatz 3 Die Arbeit der Tafeln wird durch Spender und Sponsoren unterstützt.

Grundsatz 4 Die Tafeln arbeiten unabhängig von politischen Parteien und Konfessionen. Die Tafeln helfen allen Menschen, die der Hilfe bedürfen.

Geschichte der Tafel

1963	Gründung der ersten Foodbank in Phoenix/Arizona (USA)
1993	Erste Tafel Deutschlands in Berlin
1995	35 Tafeln
1998	100 Tafeln
2001	300 Tafeln
2004	400 Tafeln
2006	630 Tafeln
2007	749 Tafeln
2008	808 Tafeln
2009	843 Tafeln *(Stand: April 2009)*

Mehr Informationen über die Arbeit der Tafeln findet man im Internet unter: www.tafel.de

Bundespräsident ehrt Mitglied des Tafel-Bundesvorstandes

Bundespräsident Horst Köhler hat Gerda D. Hohaus die Verdienstmedaille des Verdienstordens der Bundesrepublik Deutschland verliehen. Im Rahmen einer Feierstunde im Schleswig-Holsteinischen Landeshaus wird diese Auszeichnung für über 20 Jahre intensives soziales Engagement an das Vorstandsmitglied des Bundesverbandes Deutsche Tafel e.V. überreichen (...).

„Besonders dankbar sind wir Gerda D. Hohaus", so der amtierende Vorsitzende des Bundesverbandes Deutsche Tafel e.V., Frank Müller-Penzlin, „wie sehr sie sich dafür eingesetzt hat, dass Lebensmittelspenden nicht auf Sozialleistungen angerechnet werden."

Die deutschen Tafeln (...) gelten als die größte soziale Bewegung unserer Zeit und eine der großen Erfolgsgeschichten des Social Sponsorings in Deutschland.

(Pressemitteilung, Preetz, 7.2.2005, Die Tafeln; Auszug)

1. *Beschreibe die Probleme von Frau Stolle. Finde heraus, inwieweit die Tafel ihr hilft, ihr Leben zu meistern.*
2. *Welches ist der Grundgedanke der Tafel?*
3. *Nenne Gründe, warum es sich lohnt, Engagement für andere zu übernehmen.*
4. *Überlegt, in welchem Bereich ihr euch engagieren könntet.*

Methode: Grafiken auswerten

Thema: Soziale Probleme

Gesellschaftliche Sachverhalte haben viel mit Zahlen und Statistiken zu tun; Zahlenmaterial wiederum lässt sich durch grafische Darstellungen veranschaulichen.
Um eine Grafik zu verstehen, muss man vor allem wissen, was die Zahlen bedeuten. Dazu muss man die Zahlen und erklärende Texte im Zusammenhang sehen.

Grafiken zeigen Zusammenhänge. Diese kann man erkennen, indem man die Zahlen miteinander vergleicht. Zusammenhänge können etwas Bemerkenswertes zum Thema der Grafik aufzeigen und Erkenntnisse ermöglichen. In Grafiken gibt es oft Zahlen, die sich beim gleichen Sachverhalt auf unterschiedliche Zeiträume beziehen. Es ist daher wichtig, die Zahlen genau zu betrachten.

Nachdem man die Bedeutung einzelner Zahlen herausgearbeitet hat, gilt es, die Grafik auch in allen anderen Punkten auszuwerten. Dazu sind weitere Arbeitsschritte notwendig. Die folgenden sieben Hilfsfragen können bei der Auswertung der Grafik helfen:

1 Welches Thema steht im Mittelpunkt?

2 Handelt es sich um eine seriöse Quelle?

3 Reichen die Zahlenwerte in der Grafik bis in die Gegenwart?

4 Welche Bezugsgrößen werden verwendet?

5 In welchem Verhältnis stehen die Zahlen zueinander?

6 Gibt es starke Abweichungen, sind Tendenzen zu erkennen?

7 Welche Schlussfolgerungen lassen sich aus den einzelnen Erkenntnissen ableiten?

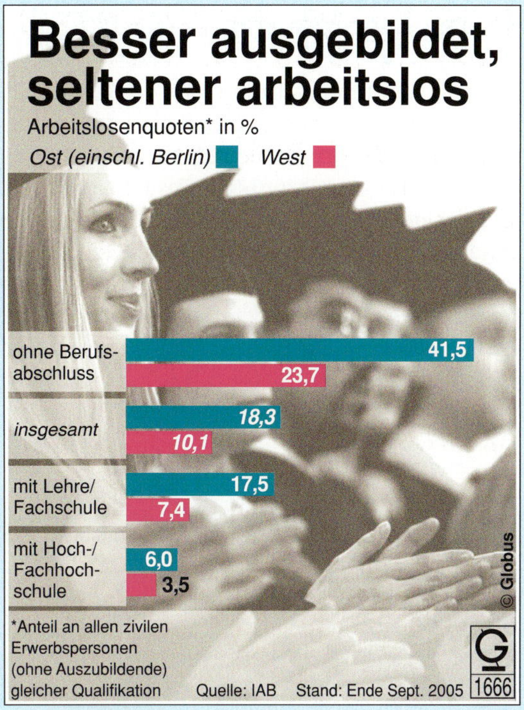

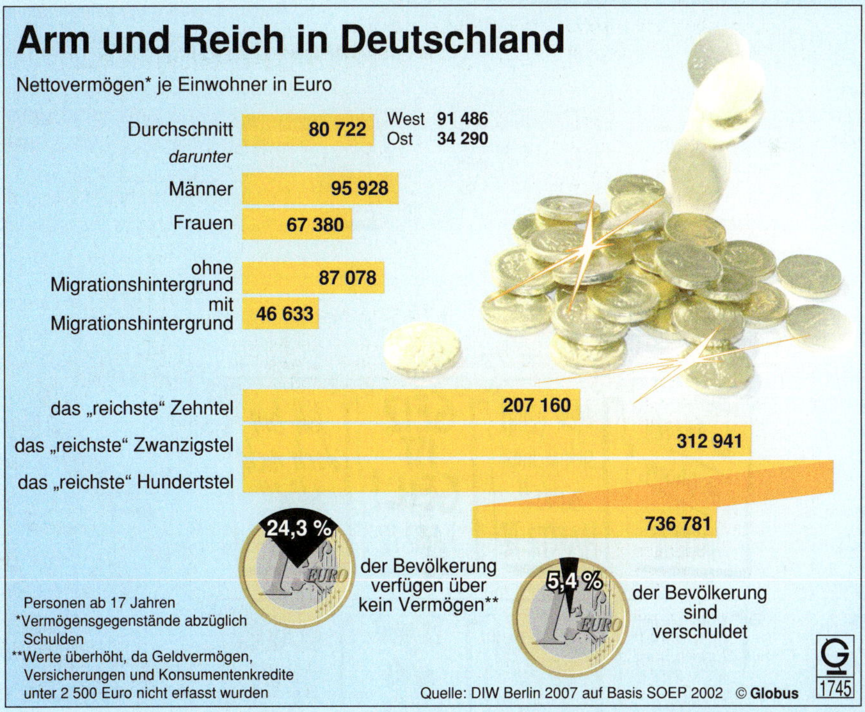

1 *Beantworte die vier Fragen zur Grafik auf Seite 162. Bestimme das Thema der Grafik genauer.*

2 *Werte die Grafik „Besser ausgebildet, seltener arbeitslos“ aus. Nutze dazu die sieben Hilfsfragen. Formuliere, welche Schlussfolgerung du für dich ziehen kannst.*

3 *Werte die Grafik „Arm und Reich in Deutschland“ aus. Formuliere einen zusammenfassenden Text.*

Reform des Sozialstaates

In seiner Regierungserklärung vom 14. März 2003 hat der frühere Bundeskanzler Gerhard Schröder (SPD) die Pläne der Bundesregierung zur Reform der sozialen Sicherungssysteme, des Arbeitsmarktes und der öffentlichen Finanzen unter dem Namen „Agenda 2010" vorgestellt. Schröder fasste die Zielsetzungen wie folgt zusammen: „Wir werden die Leistungen des Staates kürzen, Eigenverantwortung fördern und mehr Eigenleistung von den Einzelnen fordern".

Die Agenda 2010 besteht aus insgesamt 30 Einzelvorhaben. Sie sieht ein milliardenschweres Investitionsprogramm sowie Kürzungen bei Sozialleistungen vor. Am 1. Januar 2005 sind Gesetze, die unter dem Namen „Hartz IV" bekannt geworden sind, in Kraft getreten. Sie stellen die größte Arbeitsmarkt- und Sozialreform in der Geschichte der Bundesrepublik Deutschland dar. Kernpunkt ist die Zusammenlegung von Arbeitslosen- und Sozialhilfe zum sogenannten Arbeitslosengeld II. Viele Betroffene treibt die Sorge vor dem sozialen Abstieg um. Doch künftig soll nicht nur gefordert, sondern auch gefördert werden. Die folgende Übersicht enthält nähere Informationen.

FÖRDERN

Persönliche Ansprechpartner. Personal Service Agenturen (PSA) / Job Center – ein Fallmanager betreut nicht mehr als 75 Arbeitslose.
Neue Leistungen. Trainingsmaßnahmen, Arbeitskleidung oder Führerschein.
Arbeit für junge Menschen. Schnelle Vermittlung in Arbeit, Ausbildung oder befristete Jobs.
Arbeit lohnt sich. Hinzuverdienstmöglichkeit mit Ein-Euro-Jobs: Wer arbeitet, hat mehr in der Tasche.
Einstiegsgeld. Zuschüsse, wenn der Lohn den Lebensunterhalt nicht deckt.
Kinderzuschlag. Zuschlag für Eltern, wenn das Einkommen nicht für den Lebensunterhalt des Kindes reicht.
Soziale Sicherung. Beiträge zur Gesundheits-, Pflege-, Rentenversicherung werden übernommen.

FORDERN

Zumutbare Arbeit. Zuweisung von Arbeit ist möglich, wenn diese nicht gegen Gesetze oder die guten Sitten verstößt.
Kürzungen des ALG II bei Ablehnung. Bei Ablehnung von zumutbarer Arbeit wird das ALG II gekürzt.
Streichung für drei Monate. Lehnen Jugendliche einen Job ab, erhalten sie für drei Monate kein Geld.
Vermögen wird angerechnet. Wenn Vermögen und Geldreserven einen bestimmten Freibetrag übersteigen, müssen diese erst verbraucht werden.
Wohnraum muss angemessen sein. Als angemessen gelten z. B. rund 60 m² für zwei Personen.
Auto ist Vermögen. Ein Auto bis 5000 Euro gilt als angemessen.
Kleingarten ist Vermögen. Kleingärten müssen nur verkauft werden, wenn dies wirtschaftlich sinnvoll ist.

(Klaus Stuttmann)

1 *Welche Gründe könnte es haben, dass der Staat Arbeitslose nicht nur fördern, sondern auch fordern will? Was verspricht sich der Staat davon?*

2 *Welcher Widerspruch wird in der Karikatur deutlich?*

Arbeitslosengeld und Sozialhilfe

Arbeitslosengeld I

Jedem fest angestellten Arbeitnehmer werden auf der Lohnabrechnung automatisch Beiträge zur Arbeitslosenversicherung abgezogen. Zurzeit sind es 6,5 Prozent des Bruttolohns – bis zur Beitragsbemessungsgrenze von 5500 Euro (seit 1. 1. 2010). Arbeitgeber und Arbeitnehmer zahlen jeweils die Hälfte. Daraus wird das Arbeitslosengeld I finanziert. (...) Das Arbeitslosengeld I ist keine Hilfe des Staates an Bedürftige, sondern die Leistung einer Versicherung an ihre Mitglieder. Man bekommt diese Leistung daher auch nur, wenn man zuvor selbst eingezahlt hat. Arbeitnehmer, die arbeitslos werden, haben Anspruch darauf, wenn sie innerhalb der letzten zwei Jahre mindestens zwölf Monate lang einer versicherungspflichtigen Beschäftigung nachgegangen sind. Wer also direkt nach der Schule oder dem Studium keinen Job findet, hat ebenso wenig Anspruch wie ein Freiberufler, der sich mangels Aufträgen arbeitslos meldet. Die Höhe des Arbeitslosengeldes richtet sich nach dem bisherigen Einkommen und einer Reihe anderer Faktoren. In der Regel werden 60 Prozent des letzten Nettogehalts gezahlt (bei Arbeitslosen mit Kindern 67 Prozent) – und zwar für maximal zwölf Monate (an ältere Arbeitslose auch länger).

Arbeitslosengeld II bzw. Hartz IV

Wer keinen Anspruch (mehr) auf Arbeitslosengeld I hat, aber arbeitsfähig ist, kann Arbeitslosengeld II (ALG II) beantragen. Die beiden Hilfsleistungen klingen ähnlich, sind aber grundverschieden. Denn anders als das „klassische" Arbeitslosengeld I wird das ALG II aus Steuern finanziert und soll der Grundsicherung dienen. ALG-II-Empfänger müssen deshalb im Prinzip auch jeden Job annehmen, der ihnen angeboten wird (...). Der ALG-II-Regelsatz liegt seit dem 1. 7. 2009 bundesweit bei 359 Euro. Darüber hinaus werden die Kosten für eine „angemessene" Miete sowie die Mietnebenkosten übernommen. Außerdem werden Beiträge für die Kranken- und Pflegeversicherung sowie in die Rentenversicherung gezahlt. Berücksichtigt wird beim ALG II allerdings Vermögen, das über einer bestimmten Freigrenze liegt. (...) Außerdem sind Ehe- und Lebenspartner in der Regel unterhaltspflichtig – sie werden zu einer sogenannten Bedarfsgemeinschaft zusammengefasst. Ist einer der Partner arbeitslos, wird nur dann ALG II gezahlt, wenn das Einkommen und Vermögen des anderen zur Grundsicherung nicht ausreicht.

Sozialhilfe

Die Sozialhilfe bekommen – vereinfacht gesagt – alle Menschen unter 65, die bedürftig sind, aber nicht arbeiten können. Die Leistungen sind ähnlich wie beim ALG II, zuständig dafür sind aber in der Regel alleine die Kommunen. Wer Sozialhilfe beantragt, muss seine gesamten finanziellen Verhältnisse offenlegen. Gerade viele ältere Menschen empfinden das als entwürdigend. Sozialverbände gehen deshalb davon aus, dass viele Menschen keine Sozialhilfe beantragen, obwohl sie Anspruch darauf hätten. Gedacht ist die Sozialhilfe eigentlich nur als Nothilfe zur Überbrückung schwieriger Lebensphasen. Mitunter leben Menschen aber über Jahre hinweg ausschließlich von dieser staatlichen Unterstützung.

(nach: www.tagesschau.de, 27. 5. 2006; Zahlen aktualisiert)

Welche Aussage ist richtig, welche falsch? Kreuze auf deinem Arbeitsblatt an oder notiere in deinem Heft. Stelle die falschen Aussagen richtig.

	Aussage	richtig	falsch
1	Das Arbeitslosengeld I wird ausschließlich vom Staat bezahlt.		
2	Wenn Jugendliche nach Abschluss der Realschule keine Arbeit finden, erhalten sie kein ALG II.		
3	Sozialhilfe wird überwiegend nur von Jugendlichen bezogen.		
4	Die Leistungen beim ALG II und der Sozialhilfe sind ähnlich.		
5	Wer Arbeitslosengeld II bezieht, erhält keine weiteren Zuschüsse.		
6	Jeder Arbeitslose hat Anspruch auf Arbeitslosengeld II.		
7	Arbeitslosengeld I erhält man für zwei Jahre.		
8	Einige Menschen können nur mit staatlicher Hilfe überleben.		
9	ALG-II-Empfänger müssen eigentlich jeden Job annehmen.		
10	Die Höhe des Arbeitslosengeld I ist für jeden Empfänger gleich.		

Missbrauch von Arbeitslosengeld II/Hartz IV

Wenn morgens Ermittler klingeln

... dann klingeln sie ein zweites Mal, um ihre Kunden zu überprüfen. Die Dame ist noch nicht richtig angezogen, als sie gegen halb zehn Uhr morgens die Tür öffnet. Ob es nun daran liegt, dass sie in diesem Aufzug niemanden empfangen möchte, oder daran, dass sie etwas zu verbergen hat – sie will die beiden Hartz-Ermittler nicht in ihre Wohnung lassen, wie sie wenig freundlich erklärt.

Das passiert Susanne Hofer und Martin Klein selten. Seit Juni sind die beiden Ermittler im Auftrag von „Arbeit Hellweg Aktiv", der Arbeitsgemeinschaft von Arbeitsagentur und Soester Kreisverwaltung, unterwegs. Denn per Gesetz sind alle Arbeitsgemeinschaften spätestens seit dem 1. August dazu verpflichtet, solche Kontrollen durchzuführen. In Werl, Warstein, Lippstadt und Soest machen Klein und Hofer täglich unangemeldet Hausbesuche, um aufzudecken, wer zu Unrecht ALG II bezieht.

„Bislang sind wir mit allen gut klar gekommen", erzählt Martin Klein. Kaum einer werde unfreundlich, die meisten Kunden seien sehr kooperativ. Schließlich kann solch ein Besuch auch von Vorteil sein: „Bekommt der Arbeitslose sein Geld zu Recht, dann hat er anschließend keine Schwierigkeiten mehr mit seinem Sachbearbeiter", sagt Klein. Zudem haben die beiden Ermittler gute Argumente, wenn sie klingeln: Per Gesetz sind die Hartz-IV-Empfänger verpflichtet mitzuwirken. Wer die Ermittler nicht in die Wohnung lässt, muss damit rechnen, dass das Geld gekürzt oder gestrichen wird.

Doch selbst dieser Hinweis kann die Dame in Werl an diesem Morgen nicht überzeugen. Klein und Hofer

werden wiederkommen, wieder unangemeldet. Vorerst machen sie eine Notiz für den zuständigen Sachbearbeiter. Er hat die Ermittler zu der Dame geschickt, weil er mutmaßt, dass sie mit ihrem Freund zusammenwohnt und nicht, wie im Hartz-IV-Antrag angegeben, in einer Wohngemeinschaft lebt. Stutzig geworden ist er, weil die Kundin deutlich über 40 Jahre alt ist. „In diesem Alter lebt man für gewöhnlich nicht mehr in einer Wohngemeinschaft", erklärt Hofer.

In anderen Fällen ist es die Größe der Wohnung, die die Sachbearbeiter aufmerksam werden lässt: „Wenn ein Mann und eine Frau auf 36 Quadratmetern leben, dann ist das selten eine WG", erklärt Martin Klein. Ein Großteil der Fälle, denen die beiden Ermittler nachgehen, sind solche Paare, die ihre „eheähnliche Gemeinschaft" leugnen, um Sozialleistungen in voller Höhe zu bekommen.

(aus: www.westfalenpost.de, 11. 8. 2006)

Datenabgleich zeigt geringen Missbrauch

Ein Datenabgleich bei den Beziehern von Arbeitslosengeld II hat nach Angaben der Bundesagentur für Arbeit (BA) bislang in weniger als drei Prozent der Fälle einen Missbrauch ans Licht gebracht.

Die BA und die Job-Center hätten rund 3,2 Millionen Datensätze verglichen, bei denen ALG-II-Bezieher gleichzeitig etwa in einem Beschäftigungsverhältnis stünden, Kapitaleinkünfte erzielten oder eine Rente erhielten. Davon seien etwa 70 Prozent bearbeitet, teilte die BA am Dienstag mit. Die überwiegende Zahl der Leistungsbezieher habe die anderen Einkommensquellen bei der Antragstellung angegeben. In fast 60 000 Fällen seien aber Tatsachen bekannt geworden, die zu Leistungskürzungen führten.

In diesen Fällen wurden 26,9 Millionen Euro Arbeitslosengeld II und rund 8,8 Millionen Euro bei den Miet- und Heizkosten zu viel gezahlt.

(aus: www.fr-aktuell.de/in_und_ausland/politik/aktuell/?em_cnt=909983)

1. *Beschreibe, warum Hartz-Ermittler eingesetzt werden und wie deren Arbeit aussieht.*
2. *Bisweilen ist von häufigem Leistungsmissbrauch die Rede. Was ist von dieser Aussage zu halten?*
3. *Was meinst du zur Karikatur?*

Rentenreform

Änderungen in der Rentenversicherung

In der Rentenversicherung verändert sich einiges: Die Lebensarbeitszeit wird ab dem Jahr 2012 schrittweise von derzeit 65 auf 67 Jahre verlängert werden. Wer vorzeitig in Rente geht, muss Rentenkürzungen hinnehmen. Außerdem ist die jährliche Erhöhung der laufenden Renten 2004 und 2005 komplett ausgefallen – und für die kommenden Jahre bahnen sich weitere „Nullrunden“ an.

Für die heutigen Ruheständler, die ein Leben lang für ihre Rente gearbeitet haben, ist das ziemlich hart. Mit der geplanten Erhöhung des Rentenbeitragssatzes von 19,5 auf 19,9 Prozent werden aber auch die Erwerbstätigen belastet. Außerdem können sich die künftigen Rentnergenerationen nicht mehr darauf verlassen, dass die gesetzliche Rente ausreicht. Wenn sie im Alter gut versorgt sein wollen, müssen sie privat vorsorgen und Zusatzversicherungen abschließen.

Die Reformen und Gesetze zur Rettung des Rentensystems haben im Prinzip alle das Gleiche zur Folge: Die gesetzliche Rente wird gekürzt, und die Versorgungslücke im Alter vergrößert sich weiter. Um diese Lücke zumindest teilweise auszugleichen, unterstützt der Staat die Menschen beim Vorsorgesparen.

Bereits in den Jahren 2000 und 2001 gab es eine Rentenreform, die den Anstieg der Renten bremste. Gleichzeitig wurde die sogenannte Riester-Rente eingeführt (benannt nach dem damaligen Arbeits- und Sozialminister Walter Riester). Damit fördert der Staat bestimmte Formen der betrieblichen oder privaten Altersvorsorge durch Zuschüsse oder Steuererleichterungen: Wer als Arbeitnehmer ab 2004 zwei Prozent, ab 2006 drei Prozent und ab 2008 vier Prozent seines Einkommens für die zusätzliche Altersvorsorge aufwendet, bekommt den maximalen Fördersatz.

(nach: safety1st.de; Staatlicher Schutz und Vorsorge, S. 18/19)

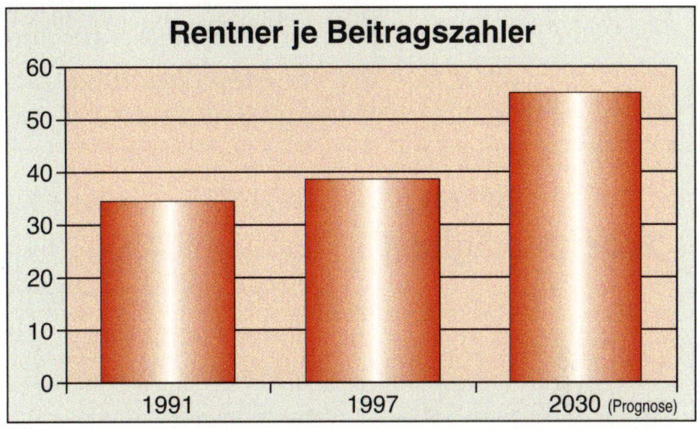

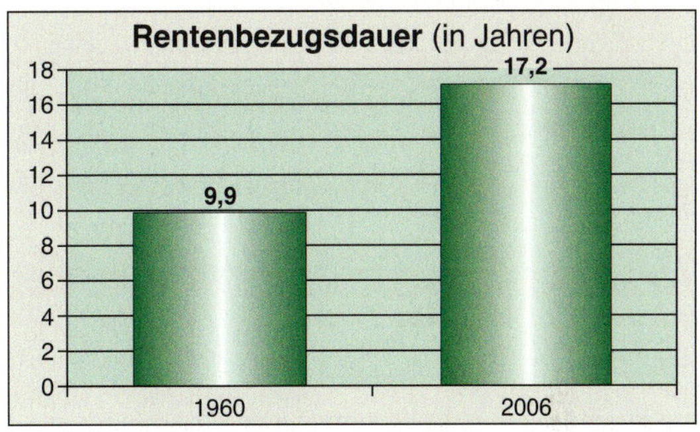

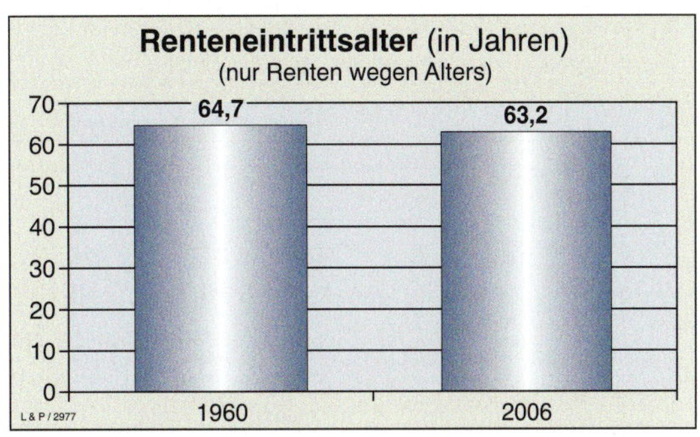

(Angaben zum Teil für alte Bundesländer; nach: Rentenversicherung in Zahlen 2007, www.deutsche-rentenversicherung.de)

1 *Ergänze die angefangenen Sätze in den Sprechblasen.*

2 *Welche Probleme der Rentenversicherung werden in den Grafiken deutlich?*

3 *Was bedeuten die im Text angesprochenen Beschlüsse zur Rentenreform jeweils für die oben abgebildeten Personen?*

Das Wichtige in Kürze

Arbeitslosigkeit

Seit vielen Jahren gibt es in Deutschland keine Vollbeschäftigung mehr. Die Zahl der registrierten Arbeitslosen liegt derzeit bei etwa vier Millionen. Rechnet man noch verdeckte Arbeitslosigkeit wie Kurzarbeit, Arbeitsbeschaffungsmaßnahmen, Umschulung und Vorruhestand hinzu, kommt man auf eine weit höhere Zahl. In den östlichen Bundesländern ist die Arbeitslosigkeit deutlich höher als in den westlichen Bundesländern. Für viele der Betroffenen ist es nicht nur ein finanzielles Problem, dass sie keine Arbeit haben. Je länger die Arbeitslosigkeit andauert, desto mehr leidet ihr Selbstwertgefühl und die Mutlosigkeit nimmt zu. Arbeitslosigkeit bedeutet zudem für die Familien der Betroffenen eine große finanzielle und oft auch seelische Belastung.

Jugend-arbeitslosigkeit

Besonders von Arbeitslosigkeit bedroht sind Jugendliche ohne Schulabschluss und Jugendliche ohne eine abgeschlossene berufliche Ausbildung. In den letzten Jahren gab es wiederholt mehr Lehrstellenbewerber und -bewerberinnen als offene Ausbildungsstellen. Jugendliche in den neuen Bundesländern sind deutlich stärker von Arbeitslosigkeit betroffen als die Gleichaltrigen in den alten Bundesländern.

Armut

Ob es Armut in einer Gesellschaft gibt, ist zunächst eine Frage der Definition von Armut. Die Grenze zur Armut lässt sich definieren: Ein Haushalt ist danach arm, wenn sein Nettoeinkommen unter dem als Armutsgrenze festgelegten Betrag liegt. In den Entwicklungsländern gilt ein Mensch erst als absolut arm, wenn er weniger als einen Euro pro Tag zur Verfügung hat. In den entwickelten Ländern, also auch bei uns, wird Armut anders, nämlich relativ definiert. Danach gilt ein Haushalt als arm, wenn er weniger als 60 Prozent des durchschnittlichen Nettoeinkommens vergleichbarer Haushalte zur Verfügung hat. Untersuchungen in Deutschland zeigen, dass die Armut in den letzten 25 Jahren zugenommen hat.

„Die Tafel"

Nicht alle Menschen haben ihr tägliches Brot – und dennoch gibt es Lebensmittel im Überfluss. Die Tafeln bemühen sich für die Bedürftigen ihrer Stadt um einen Ausgleich. Ihr Ziel ist es, dass alle qualitativ einwandfreien Nahrungsmittel, die im Wirtschaftsprozess nicht mehr verwendet werden können, an Bedürftige verteilt werden. Zahlreiche ehrenamtliche Helferinnen und Helfer arbeiten zu diesem Zweck bei den Tafeln mit.

Reformen

Wer arbeitslos ist, erhält Arbeitslosengeld. Da der Staat dafür sehr viel Geld aufwenden muss, wurden Änderungen vorgenommen. Das Motto lautet: Fordern und Fördern. Arbeitslose müssen fast jede Arbeit annehmen. Wenn sie dies nicht tun, wird ihr Arbeitslosengeld gekürzt. Reformen gab es auch bei der Altersrente, da immer mehr Menschen eine Rente beziehen und immer weniger Menschen in die Rentenversicherung einzahlen werden. Angesichts eines sinkenden Rentenniveaus ist es wichtig, für das Alter zusätzlich privat vorzusorgen.

Weißt du Bescheid?

Löse das Rätsel. Benutze dazu das Arbeitsblatt oder notiere die gesuchten Begriffe untereinander auf einem gesonderten Blatt. Die Buchstaben in der gelb unterlegten Spalte ergeben von oben nach unten gelesen das Lösungswort. Es ist der Begriff dafür, dass der Staat soziale Aspekte beachten muss und die soziale Gerechtigkeit fördern soll.

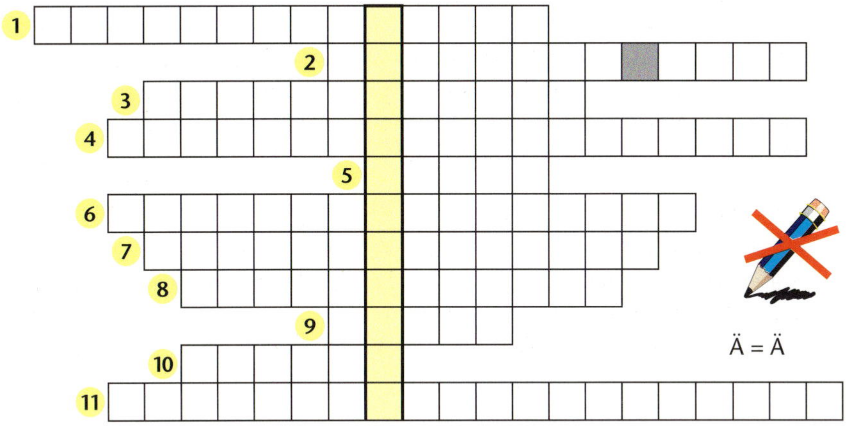

Ä = Ä

1 Durch die unsichere Zukunft der Rentenversicherung wird die private … immer wichtiger.
2 Die Gesamtheit der staatlichen Sozialleistungen wird auch als … bezeichnet.
3 Letztlich sind es allein die … und die Verbraucher, die den Sozialstaat finanzieren.
4 Die Grundlage für die Rentenversicherung ist der … .
5 Die zunehmende … ist ein großes soziales Problem in der Bundesrepublik Deutschland.
6 Nach Zeiten ständigen Ansteigens ist die … in den letzten Jahren wieder zurückgegangen.
7 Weil in Zukunft die Zahl der … weiter sinken wird, steht die Rentenversicherung vor großen Problemen.
8 Die … in Deutschland ist mit 1,4 Kindern je Frau weltweit eine der niedrigsten.
9 In einer „…“ werden gespendete Lebensmittel an Bedürftige verteilt.
10 Der frühere Bundeskanzler Gerhard Schröder hat die Reform der sozialen Sicherungssysteme unter die Bezeichnung „… 2010“ gestellt.
11 Ein … ist, wer ein Jahr oder länger arbeitslos ist.

Analysiere die Karikatur:
- Um welches Problem, welchen Sachverhalt geht es in der Karikatur?
- Was will der Zeichner mit seiner Karikatur zum Ausdruck bringen?
- Nimm Stellung zur Aussage des Zeichners.

(Zeichnung: Thomas Plaßmann)

„Mit leerem Magen lernt sich's schlecht.“

Weißt du Bescheid?

Richtig oder falsch?

1 Nach dem Grundgesetz ist die Bundesrepublik ein sozialer Bundesstaat.

2 Das „soziale Netz" wird vom Staat und der Wirtschaft finanziert.

3 Die Sozialleistungen in der Bundesrepublik Deutschland betrugen 2006 pro Einwohner etwa 8540 Euro.

4 Die größten Kosten bei den Sozialleistungen verursacht die Pflegeversicherung.

5 Sozialhilfe erhalten nur die Bürger und Bürgerinnen, die Mitglied in der Sozialversicherung sind.

6 Zum „sozialen Netz" gehören auch die Lebensversicherungen.

7 Zum „sozialen Netz" gehören auch die Ausgaben für die Arbeitslosen.

8 Die Unfallversicherung ist ein Zweig der Sozialversicherung.

9 Der Beitrag zur Arbeitslosenversicherung wird ganz von den Arbeitgebern bezahlt.

10 In den nächsten Jahrzehnten wird die Bevölkerungszahl in Deutschland sinken.

11 Die Lebenserwartung für Männer ist seit 1910 leicht gesunken.

12 Die Geburtenrate in Deutschland gehört weltweit zu den niedrigsten.

13 Die Zahl der Arbeitslosen insgesamt hat in den letzten drei Jahren stark zugenommen.

14 Jugendliche ohne Schulabschluss und berufliche Ausbildung sind stark von Arbeitslosigkeit bedroht.

15 In den neuen Bundesländern ist die Jugendarbeitslosigkeit geringer als in den alten Ländern.

16 Es gibt immer mehr Arme in Deutschland.

17 Alleinerziehende sind in Deutschland besonders von Armut betroffen.

18 Der Generationenvertrag ist die Grundlage der Krankenversicherung.

19 „HARTZ IV" bedeutet, dass Arbeitslose zum Beispiel jetzt fast jede Arbeit annehmen müssen.

20 Die „Hartz IV"-Reformen stehen unter dem Motto: „Kürzen und fordern!"

Welche Aussage ist richtig, welche falsch? Kreuze auf deinem Arbeitsblatt an oder notiere auf einem Blatt. Stelle dann die falschen Aussagen richtig.

Abgeordnete 30 f.
Vertreter (Repräsentanten) des Volkes, die auf Zeit gewählt werden und für ihre Tätigkeit Diäten erhalten.

Abonnementszeitung 79
Eine Zeitung, die den Lesern, den Abonnenten, jeden Tag per Zeitungszusteller oder Post geliefert wird.

Affären, politische 93

aktives Wahlrecht 15

Aktuelle Stunde 33

Ampelspiel 14

Arbeitsinhalte 112 f., 124

Arbeitskreis 30

Arbeitslosengeld II 166

Arbeitslosigkeit 156 ff., 168

Arbeitswelt im Wandel 114 f.

Armut 159 ff., 168

Aufgaben der Medien 90, 104
Medien sollen unterhalten, informieren, zur Meinungsbildung beitragen und die Mächtigen kontrollieren.

Außenhandel 134

Ausländer 69, 72
In Deutschland leben über sieben Millionen Ausländer. Viele von ihnen wurden als „Gastarbeiter" angeworben, andere haben ihre Heimatländer wegen Verfolgung, Krieg oder aus wirtschaftlichen Interessen verlassen.

Ausländerextremismus 60

Ausschuss 28, 30, 33
In den Ausschüssen wird die eigentliche parlamentarische Arbeit geleistet. Dort werden die Gesetzentwürfe und sonstige Initiativen diskutiert und formuliert, um dann im Plenum zur Beschlussfassung vorgelegt zu werden.

Autonome 60

Befragung 57

befristetes Arbeitsverhältnis 110

Behinderte 66, 72
Menschen, die infolge körperlicher, geistiger oder seelischer Behinderung auf die Hilfe anderer angewiesen sind.

berufliche Anforderungen 112 f., 124, 136

Bevölkerungsentwicklung 152 ff.

Boulevardzeitung 79
Eine Zeitung, die vor allem an Kiosks, auf der Straße (franz. Boulevard) verkauft wird.

Bundesflagge 25

Bundeshaushalt 33

Bundeskanzler/in 26 f.
Leiter/in der Bundesregierung. Der Bundeskanzler bzw. die Bundeskanzlerin wird vom Bundestag gewählt. Bestimmt die Richtlinien der Politik.

Bundeskanzleramt 27

Bundesländer 24

Bundesland Hessen 38 ff., 46
Hessen ist eines der 16 Bundesländer. Nähere Informationen auf der nächsten Seite unter „Hessen".

Bundespräsident/in 36 f., 175
Der Bundespräsident oder die Bundespräsidentin ist das Staatsoberhaupt der Bundesrepublik Deutschland. Er bzw. sie wird von der Bundesversammlung auf fünf Jahre gewählt. Der Bundespräsident oder die Bundespräsidentin vertritt die Bundesrepublik völkerrechtlich und fertigt die Gesetze aus.

Bundesrat 25, 175
Organ, durch das die Bundesländer bei der Gesetzgebung und Verwaltung des Bundes und in Angelegenheiten der Europäischen Union mitbestimmen.

Bundesregierung 26 f., 33, 37, 175

Bundesstaat 10, 22, 24
Zusammenschluss von Bundesländern zu einem Gesamtstaat. Jedes Bundesland hat ein Landesparlament, eine Landesregierung und eine Landesverwaltung. Der Bundesstaat Bundesrepublik Deutschland besteht aus 16 Bundesländern.

Bundestag 30, 33, 175

Bundestagswahl 17 ff.

Bundesverfassungsgericht 34, 37, 175

Demokratie 7 ff., 22
Dieses Wort stammt aus dem Griechischen und bedeutet „Volksherrschaft".

demokratische Gesellschaft 8

Einheitsstaat 24

Einschaltquote 83

Erststimme 18 f.

Erwerbsformen 110

Erwerbstätigkeit 108 ff., 124
Die Erwerbstätigen sind alle in einer Volkswirtschaft tätigen Menschen, die mit ihrer Tätigkeit ein Einkommen erzielen. Es zählen hierzu alle abhängig Beschäftigten (Arbeiter, Angestellte, Beamte) und alle Selbstständigen (z. B. Ärzte, Rechtsanwälte).

Expertenbefragung 31
Methode, bei der man fachkundige Personen zu ihrer Tätigkeit, ihren Erfahrungen usw. befragt, um Informationen zu einem bestimmten Thema oder Sachverhalt zu erhalten.

Export 134

Exportnation 134

Extremismus 60, 64
Parteien, Gruppierungen und Organisationen, die gegen die freiheitliche demokratische Grundordnung sind, gelten als extremistisch. Mitunter wenden sie Gewalt an, um ihre Ziele durchzusetzen. Man unterscheidet Links- und Rechtsextremismus.

Fernsehen 81 ff., 89

Fernsehgewohnheiten 81

Flexibilisierung 111

Föderalismus 25, 37
Zusammenfassung mehrerer Staaten unter einer gemeinsamen Regierung, wobei den einzelnen Staaten weitgehend Selbstverwaltung gelassen wird.

Fragestunde 33

Fraktion 30
Zusammenschluss von Mitgliedern eines Parlaments, die der gleichen Partei angehören oder die die gleichen politischen Ziele verfolgen.

Freizeit 54, 64

Fünf-Prozent-Klausel 18
Bei der Zuteilung der Sitze werden nur Parteien berücksichtigt, die mindestens 5 Prozent der Listenstimmen errungen haben.

Funktionen der Wahl 16

Fürsorgeprinzip 143
Nach diesem Prinzip der sozialen Sicherung erhalten bedürftige Personen Sozialhilfe aus Steuermitteln.

Gabriel, Sigmar (SPD-Vorsitzender) 11, 12

Generationenvertrag 152 ff., 155
Bei der Rentenversicherung gilt der sogenannte Generationenvertrag. Die Erwerbstätigen heute zahlen mit ihren Beiträgen die heutigen Renten. Sie vertrauen dabei darauf, dass spätere Generationen dies auch für sie tun werden.

Gentechnik 122 ff.

gesellschaftliches Engagement 53, 57 ff., 64

gesetzgebende Gewalt 23
Im Bund liegt die gesetzgebende Gewalt (Legislative) beim Bundestag. Er erlässt (unter Mitwirkung des Bundesrates) die Bundesgesetze. Auf Länderebene haben die Landtage die gesetzgebende Gewalt.

Gesetzgebung 28 f., 37

Gewaltdarstellung 102

Gewaltenteilung 23, 37
Auf Bundesebene wie auf Länderebene ist die Macht zwischen der gesetzgebenden, der vollziehenden und der rechtsprechenden Gewalt aufgeteilt.

Luftaufnahme von Bad Wilhelmshöhe mit der Kurhessentherme – im Hintergrund Schloss Wilhelmshöhe und der Herkules

Fachwerkhäuser prägen das Gesicht der Altstadt von Marburg, einer traditionsreichen Universitätsstadt in Mittelhessen

Blick aus der Vogelperspektive auf die Skyline von Hessens Wirtschaftsmetropole Frankfurt am Main

Markttag in der Landeshauptstadt Wiesbaden – im Hintergrund ist das Gebäude des hessischen Landtages zu sehen

Mögliche Formen politischer Beteiligung der Bürgerinnen und Bürger

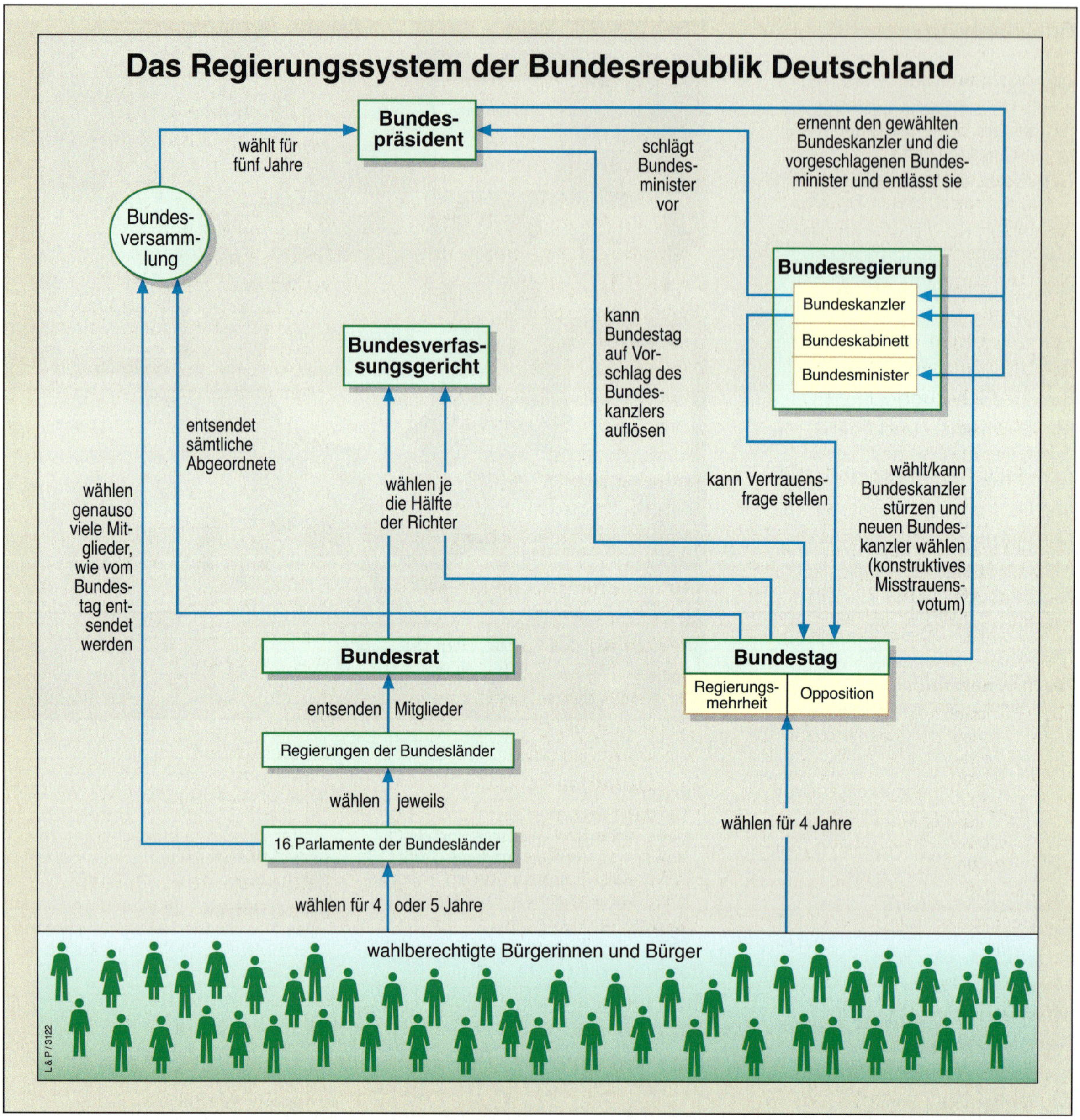
Das Regierungssystem der Bundesrepublik Deutschland
Bundes-präsident
wählt für fünf Jahre
Bundes-versamm-lung
schlägt Bundes-minister vor
ernennt den gewählten Bundeskanzler und die vorgeschlagenen Bundes-minister und entlässt sie
Bundesregierung
Bundeskanzler
Bundeskabinett
Bundesminister
Bundesverfas-sungsgericht
kann Bundestag auf Vor-schlag des Bundes-kanzlers auflösen
entsendet sämtliche Abgeordnete
wählen genauso viele Mit-glieder, wie vom Bundes-tag ent-sendet werden
wählen je die Hälfte der Richter
kann Vertrauens-frage stellen
wählt/kann Bundeskanzler stürzen und neuen Bundes-kanzler wählen (konstruktives Misstrauens-votum)
Bundesrat
Bundestag
Regierungs-mehrheit
Opposition
entsenden Mitglieder
Regierungen der Bundesländer
wählen jeweils
16 Parlamente der Bundesländer
wählen für 4 Jahre
wählen für 4 oder 5 Jahre
wahlberechtigte Bürgerinnen und Bürger
L&P/3122

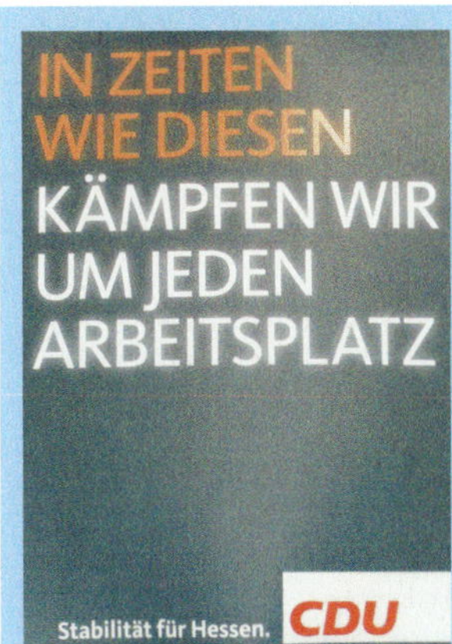

Wahlplakat der CDU

Wahlplakat der SPD

Wahlplakat der FDP

Wahlplakat der Partei DIE LINKE

Freie Wahlen sind für eine Demokratie unerlässlich. Die abgebildeten Wahlplakate stammen aus dem Wahlkampf für die hessische Landtagswahl am 18. Januar 2009. Neben der CDU, der SPD, der FDP und der Partei DIE LINKE sind auch BÜNDNIS 90 / DIE GRÜNEN im Landtag vertreten. Zum Ergebnis der Wahl und zur Sitzverteilung siehe Seite 41.

action press, Hamburg: 132 o. re. (Xinhua); AFP, Berlin: 120 M. re. (R. Wise/dpa); akg-images, Berlin: 9 o. li. (E. Lessing), 23 u. li.; amnesty international, Bonn: 20 li.; Appenzeller, H., Stuttgart: 7 u. li.; Arco Images, Lünen: 142 o. re. (C. Steimer); argus Fotoarchiv, Hamburg: 90 o. li.; Associated Press, Frankfurt/Main: 15 o. li. (H. Edinger), 44 o. li. (T. Kienzle); Atelier Erich Paulmichl, Augsburg: 166 o. re.; Axel Springer AG, Hamburg: 79 o. re.; Baaske Cartoons, Müllheim: 47 u. re. (J. Tomaschoff), 59 u. re. + 63 u. re. (G. Mester), 96 u. re. (B. Mohr), 106 u. re. (M. Ammann), 107 u. M. + 140 M. re. (T. Plaßmann), 150 o. re. (G. Mester), 151 u. li. (J. Tomashoff), 153 M. re. + 169 u. re. (T. Plaßmann); Bergmoser + Höller Verlag, Aachen: 48 u. li., 76 o., 77 o. li., 82 u., 108 u., 118 o., 143 u., 152 M. li., 152 u. li., 153 o. re., 159 u. li.; Bundesagentur für Arbeit, Nürnberg: 136 o. li., 138 u. re., 157 u. M.; Bundesverband der Deutschen Industrie e.V., Berlin: 20 li.; BÜNDNIS 90/DIE GRÜNEN, Berlin: 12 o. re.; CCC/www.c5.net, Pfaffenhofen: 21 u. re. (B. Mohr), 60 u. li. (R. Schwalme), 74 M. re. (G. Mester), 93 M. re. (H.-J. Starke), 95 M. li. (G. Mester), 96 u. li. (B. Mohr), 98 M. re. (H.-J. Starke), 102 u. li. (N. Ebert), 106 o. li. (L. Schneider), 106 u. li. (Luff), 140 u. re. + 150 u. re. + 151 M. li. + 151 o. li. (G. Mester), 151 o. re. (T. Plaßmann); Daimler Chrysler AG, Stuttgart: 108 (2 o.), 109 o. li.; ddp images, Hamburg: 141 M. li. + 142 u. re. (O. Stratmann), 172 u. li. (K. Lenz); Deiseroth, D., Niederaula: 7 u. M., 7 u. re., 14 (3), 19 (3), 38 (9), 40 (2), 41 (3), 55 o. re., 70 (2), 111 li. 2. v. o., 115 o. re., + u. re., 123 o. li., 127 (2), 128 (2), 129 (3), 135, 137 re., 137 re., 145 u. re., 172 li. zw. v. o., 175 (4); Deutscher Bundestag, Berlin: 33 u. re. (Lichtblick/A. Melde); Deutsches Archäologisches Institut, Rom: 9 o. M.; DLR Deutsches Zentrum für Luft- und Raumfahrt, Weßling, OT Oberpfaffenhofen: 125 M.; dpa Infografik, Hamburg: 81 u., 117 u. li., 133 o. re., 134 (2), 144 o. li., 152 o. li., 162 u., 163 (2); Dägling, A., Wardenburg: 50 u. li., 51 o. re., 158 (2), 167 (3); EXPRESS, Köln: 78 li. 2. v. u.; Fabian, M., Hannover: 53 o. re. + re. zw. v. u. + u. re., 57 (2), 111 o. li., 118 o. li., 145 (A–G); Fischer, J.- A., Hannover: 119 u. li., 123 o. re., 146 o. li.; Fotoagentur SVEN SIMON, Mülheim an der Ruhr: 141 u. re.; Fotostudio Druwe & Polastri, Cremlingen/Weddel: 56 (4), 148 o. re.; Frankfurter Allgemeine Zeitung, Frankfurt/Main: 79 u. li.; FREELENS Pool, Hamburg: 45 o. li. (J.W.Alker); Getty Images, München: 107 o. (J. Jordan/AFP); GPS GmbH, Stuttgart: 119 M. li.; Greenpeace Deutschland e.V., Hamburg: 20 li.; Griese, D., Hannover: 15 u. re., 20 u. re., 74 u. li., 85, 106 o. re., 126, 137 o. li.; Grolik, M., München: 75 u. M.; Gruner + Jahr, Hamburg: 94 (2); Hafen Hamburg Marketing e. V., Hamburg: 134 o. re. (Hettchen); Haitzinger, H., München: 152 u. re.; Hamburger Tafel e.V., Hamburg: 161 M. li.; Hoffmann, K., Hannover: 117 u. re., 149 M. M.; Ipon, Berlin: 13 M. re. + 141 o. (S. Boness); iStockphoto, Calgary: 1 o. re.; Klant, M., Freiburg: 27 o. M.; Kohn, K., Braunschweig: 49 u. re., 67 o. re.; Kuhnle, W., Freiberg: 65 M. M., 66 o. li.; laif, Köln: 107 u. re. (M. Wolf); Landesmedienzentrum Baden-Württemberg, Stuttgart: 9 o. re.; Lenz, A.: 43 M. li.; Löffler, R., Dinkelsbühl: 95 u. li.; mauritius images, Mittenwald: 65 u. re.; Meier, Ditzingen: 81 o. re., 86 u. re.; NDR Presse und Information, Hamburg: 97 o. re. (W. Borrs); Off Road Kids Stiftung, Bad Dürrheim: 20 li.; Paracelsus-Kliniken Deutschland, Osnabrück: 141 u. 2. v. re.; Patner, Hannover: 155 u. re.; Picture-Alliance, Frankfurt/Main: 9 u. li. (Weißbrod/dpa), 9 u. re. (dpa), 11 o. li. (P. Grimm), 12 M. li. (Felix Heyder/dpa), 12 u. li. (M. Metelsiefen/dpa), 13 M. li. (dpa), 13 o. re. (T. Schulze/dpa/ZB), 13 u. li. (K. Schindler/ZB), 27 o. re. (M. Brandt/dpa), 32 o. li. (K. Schindler/ZB), 32 u. li. (dpa), 36 o. re. (P. Endig/ZB), 39 o. re. (F. v. Erichsen/dpa), 45 M. re. (dpa), 49 o. (dpa), 49 u. M. (I. Wagner/dpa), 49 u. li., 62 o. li. (R. Hischberger), 65 M. re., 65 o. re. (Herrmann), 65 u. li., 75 o. (dpa), 75 u. re. (dpa), 76 u. li. (J. Carstensen), 100 u. li. (C. Hoffmann/dpa), 112 u. re. (R. Magunia), 142 o. re. (OKAPIA), 148 u. li. (N. Bachmann), 164 M.; Presse- und Informationsamt der Bundesregierung - Bundesbildstelle, Berlin: 7 o. (B. Kühler), 16 o. re., 26 u. li. (G. Bergmann), 27 (7 li.), 30 o., 34 o. li. (U. Wienke), 36 (8 u.); pro familia, Frankfurt/Main: 20 li.; Sanofi-Aventis Deutschland GmbH, Frankfurt/Main: 141 u. re. (A. Kloos); Stiebritz, A., Karlsruhe: 67 M. re. + u., 81 (3 o. li.), 86 M. li. + M. re. + o. li. + u. li.; Stiftung Haus der Geschichte der Bundesrepublik Deutschland, Bonn: 47 u. li. (P. Leger), 150 M. re. + 151 M. re. (J. Wolter); Ströer Media Deutschland GmbH & Co. KG, Köln: 74 o. li.; Stuttgarter Zeitung: 99 o. (A. Zweygarth); Stuttmann, K., Berlin: 97 u. li., 159 u. re., 164 u. li.; Tourist GmbH – Kurzentrale Kassel: 172 o. li.; ullstein bild, Berlin: 11 o. re. (Bleicker/CARO), 16 u. re. (Sven Simon), 17 u. li. (M. Begst/Imagebroker.net), 87 u. M. (Europress), 112 u. li. (Imagebroker.net); vario images, Bonn: 90 o. re. (U. Baumgarten); Visum, Hamburg: 12 M. re. (S. Boness); Volkswagen AG, Wolfsburg: 109 o. re.; wdv Gesellschaft für Medien und Kommunikation mbH & Co. OHG, Bad Homburg v. d. H.: 65 M. li.; Wolf, H.-U., Steinheim: 29 u. li., 31 u. M., 53 re. zw. v. o., 114 u. re., 115 M. re.